Claudia Mayer
Lob der Lüge

Claudia Mayer

LOB DER LÜGE

Warum wir ohne sie
nicht leben können

List

List ist ein Verlag der Ullstein Buchverlage GmbH

ISBN 978-3-471-79552-1

© Ullstein Buchverlage GmbH, Berlin 2007
Alle Rechte vorbehalten
Gesetzt aus der Candida bei LVD GmbH, Berlin
Druck und Bindung: CPI books, Leck
Printed in Germany

Für Oma und Ilse

Inhalt

WIR WERDEN BELOGEN

ANHANG

„Die Lüge ist jung und hübsch,
die Wahrheit ist alt und hässlich."
(Manuel Gutierrez Najera)

Eine Chance für die Lüge

Jeder von uns lügt durchschnittlich zweihundert Mal am Tag, behaupten manche Psychologen. Ungefähr zweimal in einem zehnminütigen Gespräch, sagen andere. Über die genaue Zahl wird heftig gestritten, aber über eines sind sich alle einig, die Lügen wissenschaftlich untersuchen: Wir alle tun es täglich und viel öfter, als wir denken. Ungläubiges Kopfschütteln oder ein „Ich? Niemals!" sind meist die erste Reaktion auf diese Behauptungen. Denn Lügen ist falsch und böse, das wissen wir seit unserer Kindheit. Die Geschichte von Pinocchio zeigte uns damals, was notorischen Lügnern blüht – weit mehr als eine lange Nase nämlich. Die Holzpuppe muss im Verlauf der Geschichte beinahe ertrinken, verhungern, erfrieren und verbrennen. Und in Äsops Fabel „Der Hirtenjunge und der Wolf" konnten wir nachlesen, was passiert, wenn ein frecher Hirte aus reiner Langeweile „Hilfe, der Wolf ist da!" ruft. Beim ersten Mal eilen ihm alle zu Hilfe, beim zweiten Mal schreit er vergeblich, obwohl der Wolf nun tatsächlich die Schafherde bedroht. Das geschieht ihm recht, fanden wir als Kinder und hatten, ohne es zu merken, die Moral von der Geschichte verinnerlicht: „Wer einmal lügt, dem glaubt man nicht, und wenn er auch die Wahrheit spricht."

Wie aber würde unser Alltag ohne die anscheinend so böse Lüge aussehen? Mal angenommen, wir wären wie Jim Carrey in dem Film „Der Dummschwätzer" plötzlich nicht mehr in der Lage zu schwindeln, zu flunkern, zu mogeln und zu lügen. Was würde passieren? Von der unfreundlichen Bäckereiverkäuferin würden wir uns nicht mit „Auf Wiedersehen" verabschieden, sondern mit „Auf Nimmerwiedersehen", vielleicht sogar mit „Sie können mich kreuzweise". Der netten, aber nicht besonders hübschen Kollegin würden wir statt „Steht dir sehr gut, die neue Haarfarbe" die verletzende Wahrheit an den Kopf werfen: „Dieses grässliche Karottenrot lenkt immerhin von deiner schiefen Nase ab." Im Bewerbungsgespräch müssten wir zugeben, dass der sechsmonatige „Sprachkurs" in Südspanien nichts weiter als eine einzige Strandparty war und dass „Ungeduld" noch die beste unserer unzähligen schlechten Eigenschaften ist. Den Brief ans Finanzamt würden wir „Mit sehr unfreundlichen Grüßen" abschließen. Unserer Mutter würden wir das Herz brechen, wenn wir gestehen, dass uns ihr Rinderbraten noch nie geschmeckt hat. Und auch unser Liebster wird ziemlich enttäuscht sein, wenn er erfährt, dass unsere Freude über die spießigen Perlenohrringe zu Weihnachten nur gespielt war – eigentlich hatten wir auf einen iPod gehofft. Und wie ist es mit: „Ich war schon jahrelang nicht mehr bei McDonald's", „Ich sehe nicht viel fern", „Ich habe morgen in aller Herrgottsfrühe einen Termin, darum muss ich schon weg", „Die Jeans war ein Sonderangebot", „Mein Gewicht? Unter 60 Kilo", „Die Verbindung ist gerade so schlecht", „Das mit dir ist etwas ganz Besonderes", „Welche E-Mail? Die ist nie angekommen", „Er ist nur ein Arbeitskollege, nichts weiter", „Nein, ich finde Angelina Jolie nicht hübscher als dich", „Ich gehe zweimal die Woche zum Sport", „Ohoh, ich komme".

Fühlen Sie sich ertappt? Keine Sorge, Sie sind mit Ihren kleinen und großen Schwindeleien nicht allein. Immer mehr Wissenschaftler sind sogar davon überzeugt, dass die Lüge viel besser ist als ihr Ruf, ja sie ergreifen sogar Partei für Lügner und verteidigen das Lügen. David Nyberg, Professor für Philosophie an der Universität von New York, ist der Ansicht, die Wahrheit zu sagen werde in unserer Gesellschaft überbewertet. Der amerikanische Psychiater George Serban erklärt Lügen zur „zweiten Natur des Menschen". Sein Landsmann, der Psychologe Robert Feldman von der Universität in Massachusetts, hält „Lügen auf eine gewisse Art für soziale Begabung".

Und der Sozialpsychologe und Lügenforscher Marc-André Reinhard von der Universität Mannheim bezeichnet Lügen gar als „äußerst wichtig für das soziale Zusammenleben". Lügen gehören zum Leben und zum Menschsein, sie sind Evolutionsmotor, Überlebensstrategie und eine Art soziales Schmiermittel; man kann mit ihnen viel Gutes bewirken. Anders ausgedrückt: Lügen hält unsere Welt zusammen.

WIR LÜGEN

Warum wir lügen

Schwarze und weiße Lügen:
Wo und wann fängt das Schwindeln an

Kann es wirklich stimmen, dass jeder von uns zweihundert Mal am Tag lügt? Die Zahl unserer täglichen Schwindeleien hängt natürlich von unseren sozialen Kontakten ab. Verkäufer, Arzthelferinnen, Anwälte, Psychologen oder Journalisten flunkern schon allein deshalb mehr als ein einsamer Schafhirte, weil sie dazu viel mehr Möglichkeiten haben – Gelegenheit macht Lüge. Die Anzahl der Lügen hat aber auch damit zu tun, was man unter dem Begriff „Lüge" versteht und wie weit man ihn fasst. Das festzulegen ist gar nicht so einfach. Denn erstaunlicherweise gibt es im Deutschen keine allgemein akzeptierte, einheitliche Definition der Begriffe „Lüge" und „lügen", weder in der Alltagssprache noch in der exakten Sprache der Wissenschaft. Obwohl jeder von uns genau zu wissen glaubt, was eine Lüge ist, tun wir uns schwer zu erklären, wo sie anfängt. Hinzu kommt, dass es unzählige Arten zu lügen gibt. Schon vor vierhundert Jahren schrieb deshalb der französische Humanist Michel de Montaigne: „Es gibt unendlich viele Spielarten der Lüge, aber nur eine Wahrheit." Man kann einen Meineid leisten, eine Intrige schmieden, Hochverrat begehen, jemanden mit einem Aprilscherz hinters Licht führen, mit einer langen Lügengeschichte die eigene Verspätung entschuldigen, einen Werbeslogan erfinden, einen Roman schreiben, Bilder mit Photoshop aufhübschen, sich Brustimplantate ein- oder Toupets aufsetzen, gute

Miene trotz mieser Laune machen, mit einem falschen Lächeln Zähne zeigen, sich das eigene Leben zurechtlügen, die Wahrheit verzerren, verschweigen oder nur teilweise zugeben; man kann schamlos über- und untertreiben, mit einer Lüge trösten, verletzen oder ein Leben retten; ja man kann sogar mit der Wahrheit lügen: „Klar war ich mit ihm im Bett, es war umwerfend. Heute treffe ich ihn gleich noch einmal", sagt die untreue Frau zu ihrem eifersüchtigen Mann und ist sich sicher, dass er sie nicht ernst nehmen wird.

Wir wissen genau, wie die Lüge aussieht: Sie hat kurze Beine und eine lange Nase. Viel mehr wissen wir aber nicht. Bei einer Untersuchung der Universität Münster sollten die Befragten angeben, was sie unter einer Lüge verstehen. Das Ergebnis, das Marc-André Reinhard in seinem „Prozess der Glaubwürdigkeitsbeurteilung" schildert, war so vielfältig, wie unsere Lügen sind: Für manche ist eine Lüge eine objektive Unwahrheit; bei anderen wird eine unwahre Aussage erst zur Lüge, wenn der Lügner mit Wissen und Intention handelt; wieder andere finden, dass der Lügner nur dann lügt, wenn ihn schlechte Absichten umtreiben. Auch der Blick ins Lexikon macht die Sache nicht eindeutiger: Wenn man sie wie das DBG-Lexikon als „eine wider besseres Wissen erteilte falsche Aussage" umschreibt, wird plötzlich auch aus dem harmlosen Aprilscherz, dem spannenden Kinofilm oder der gedankenlos dahingesagten Abschiedsfloskel „Einen schönen Tag noch" eine glatte Lüge. Die Brockhaus-Enzyklopädie versteht unter einer Lüge eine „bewusst falsche, auf Täuschung angelegte Aussage; sie liegt auch dann vor, wenn Tatsachen mit Absicht verschwiegen oder entstellt werden". Das heißt, dass wir mit unserem „Ganz gut, danke, und selbst?" unseren Chef belügen, statt ihm vom Ehekrach, der überteuerten Autoreparatur und den leichten Schmerzen im Lendenwirbelbereich zu erzählen – wovon er allerdings auch ganz sicher nichts hören will. Seine Frage „Wie geht's?" dient nämlich nicht dazu, mehr über uns zu erfahren. Sie ist die Einleitung eines beruflichen Gesprächs und soll Hemmschwellen abbauen. Mit unserer Lüge signalisieren wir ihm, dass wir dazu bereit sind – Ehekrach hin oder her. Somit sagen sich Chef und Angestellter in bester Absicht und mit reinem Gewissen die Unwahrheit, aber ob das dann überhaupt noch als Lüge gilt, ist Ansichtssache.

Einigkeit beim Thema Lüge und Täuschung herrscht zumindest in der deutschen Wissenschaft aber immerhin in einem Punkt: Zur Lüge gehört die Absicht. Eine falsche Aussage oder eine Täuschung allein ist noch keine Lüge, sondern vielleicht nur Unwissenheit. Wer lügt, weiß dagegen genau, was er tut. Ob es das Richtige ist, ist eine andere Frage. Im angloamerikanischen Sprachraum unterscheidet man zwischen der „white lie", der „weißen Lüge", und ihrem Gegenstück, der „black lie", der schwarzen Lüge. Auch in Skandinavien kennt man diese Unterscheidung. Die Begriffe tauchten laut dem Oxford English Dictionary zum ersten Mal 1741 auf. Ihr Ursprung liegt im Dunkeln, doch die Farbe Weiß stand in Europa zu diesem Zeitpunkt schon jahrhundertelang für Reinheit, Unschuld und das Gute, Schwarz dagegen für Trauer, Tod, Sünde und Bosheit. Entsprechend gilt eine „white lie" als gut, eine „black lie" als schlecht. Diese klare Unterscheidung im Englischen macht deutlich, dass eine Lüge nicht prinzipiell schlecht sein muss, dass es besser sein kann, zu lügen, als die Wahrheit zu sagen, und dass man mithilfe einer Lüge sogar Gutes bewirken kann, so es sich um eine „white lie" handelt. Im Deutschen verbindet man mit dem Wort „Lüge" nur Schlechtes und tut ihr damit Unrecht: Den trockenen Marmorkuchen von Oma „wie immer köstlich" zu finden, ist eine Lüge, allerdings eine aus Liebe und Höflichkeit. Oma hat es schließlich gut gemeint und sich extra für uns in die Küche gestellt, da wollen wir ihr nicht wehtun. Diese Form der Unwahrheit ist eine klassische „white lie", eine weiße Lüge, die bedeutet: Flunkern zu einem guten Zweck und mit besten Absichten.

Im Deutschen wird die „white lie" oft mit „Notlüge" übersetzt, das trifft die Bedeutung aber nicht ganz. Schließlich belügt man Oma nicht aus einer wirklichen Not heraus, sondern aus Zuneigung, Respekt und einer Prise Mitleid. Osterhase und Weihnachtsmann zählen ebenso zu den „white lies" wie die positive, aber falsche Diagnose des Arztes, der zwar weiß, dass der Krebskranke nicht mehr lange leben wird, und doch das Gegenteil behauptet. Jurek Beckers Romanklassiker „Jakob der Lügner" basiert auf dem Phänomen der weißen Lüge: Um den hungernden Bewohnern 1944 im jüdischen Getto in Polen das Leben und Leiden leichter zu machen, erzählt Jakob Heym Lügen über die angeblich bald bevorstehende Befreiung des Gettos durch die vorrückende Rote Armee. Auch in dem Film „Good bye, Lenin!" dreht sich alles um eine, wenn auch weitaus weniger dramatische, weiße Lügengeschichte: Die Familie einer todkranken DDR-Funktionärin, die während des Mauerfalls im Koma lag, hält mit großer Kraftanstrengung und mit viel Aufwand die Illusion aufrecht, die Deutsche Demokratische Republik existiere nach wie vor, ja sie werde sogar bei den Westdeutschen immer beliebter. Schließlich haben die Ärzte gesagt, dass der Patientin jede Aufregung erspart werden solle – das Ende des Regimes darf also nicht ans Licht kommen.

Trotz der guten Absichten, die hinter der weißen Lüge stecken, kann sie Schlechtes bewirken. Der Arzt, der den Todkranken mit seiner Lüge, er werde bald wieder gesund sein, aufmuntern, seinen Lebensmut stärken und ihn zu neuen Therapiemöglichkeiten bewegen wollte, ruft unter Umständen genau das Gegenteil hervor. Wenn der Patient herausfindet, dass der Arzt gar nicht an das glaubt, was er sagt, und seine Äußerung nur ein psychologischer Trick war, zweifelt der Kranke nach diesem Vertrauensbruch möglicherweise nicht nur an seinem Arzt, sondern an der Ärzteschaft und der westlichen Medizin ganz allgemein, gibt sich auf oder begibt sich aus Verzweiflung in die Hände dubioser Heiler. Eine weiße Lüge mit schwarzen Folgen.

Manchmal ist es zudem gar nicht so leicht zu entscheiden, ob eine weiße Lüge wirklich die beste Lösung ist. So wie im Fall des jungen Mannes, der sich eigentlich seit Längerem von seiner Freundin trennen möchte, dies aber hinauszögert, weil sie kurz vor ihrem Juraexamen steht. Er fürchtet, seine Freundin mit der Trennung emotional derart aus der Bahn zu werfen, dass sie sich nicht mehr auf die Prüfungsvorbereitung konzentrieren kann, beim Examen schlecht abschneidet oder es schlimmstenfalls nicht besteht. Mit seiner zeitlich begrenzten Lüge möchte er verhindern, der beruflichen Laufbahn seiner Freundin zu schaden oder womöglich ihre Zukunft als erfolgreiche Juristin ganz zu zerstören – eine klassische weiße Lüge mit guten Absichten. Die Entscheidung, mit der Trennung zu warten, macht jedoch nicht nur eine, sondern eine Menge Lügen notwendig. So muss er vielleicht den Kauf einer neuen Couch für das gemeinsame Wohnzimmer verhindern, indem er sagt, sie sei ihm zu teuer; er muss möglicherweise mit seiner Freundin Urlaubspläne schmieden, obwohl er weiß, dass diese Reise nie stattfinden wird; er wird Ausreden erfinden, warum er nicht mit ihr schlafen möchte, und „Ich dich auch" auf ihr „Ich liebe dich" erwidern, obwohl es längst nicht mehr stimmt.

Auch in diesem Fall muss man sich die Frage stellen, ob

hier lügen wirklich besser ist, als die Wahrheit zu sagen. Der Mann erhält für seine Freundin eine Scheinwelt aufrecht, die gar nicht existiert. Ihr Entsetzen und ihre Enttäuschung über die vielen Lügen werden später vielleicht größer sein als der Trennungsschmerz. Auch das Argument des richtigen Zeitpunktes ist fraglich, schließlich erwartet die frischgebackene Juristin nach dem Examen vielleicht ein Job, in dem sie sich bewähren muss, was auch nicht gerade der perfekte Moment wäre, um verlassen zu werden. Handelt der Mann also richtig, wenn er lügt, oder nimmt er seiner Freundin Würde und Selbstbestimmtheit, indem er sich anmaßt zu bestimmen, was das Beste für sie ist? Oder riskiert er wirklich einen emotionalen Zusammenbruch und ruiniert die zukünftige Karriere? Auf diese Fragen gibt es keine allgemeingültige Antwort. Aber man sollte sie sich selbst jedes Mal stellen, bevor man eine weiße Lüge ausspricht.

Die Notlüge ist eng mit der „white lie" verwandt, auch hinter ihr steht keine böse Absicht, sondern eine Notlage. Nicht immer besteht diese jedoch darin, dass das eigene Leben oder die Gesundheit bedroht sind; meistens geht es um banalere Dinge wie Nachteile im Job und in der Partnerschaft oder schlicht um die Angst vor finanziellen Verlusten. Die Notlüge ist um einiges egoistischer motiviert als die weiße Lüge, bei welcher der Lügner ja oft sogar Nachteile in Kauf nimmt, um Gutes zu bewirken – er würgt zum Beispiel Omas trockenen Marmorkuchen kommentarlos hinunter. Bei einer Notlüge denkt der Lügner vor allem an sich selbst, zum Beispiel um seine Privatsphäre zu schützen, wie der Philosoph Arthur Schopenhauer besonders hervorhebt. Dabei sind nicht unbedingt Leben und Gesundheit bedroht, trotzdem verweist Schopenhauer ausdrücklich auf unser Recht zu derartigen Lügen: „Es tritt ein bei jeder völlig unbefugten

Frage, welche meine persönlichen, oder meine Geschäftsangelegenheiten betrifft, mithin vorwitzig ist, und deren Beantwortung nicht nur, sondern schon deren bloße Zurückweisung durch ‚ich will's nicht sagen‘, als Verdacht erweckend, mich in Gefahr bringen würde. " Eine Situation, die eine falsche Schutzbehauptung nötig macht, ist laut Schopenhauer beispielsweise eine Reise, bei der man zu einem entlegenen Ort fährt, um Geldangelegenheiten zu regeln, und auf deren Rückfahrt man eine große Geldsumme mit sich führt. Wird man nun von einem unbekannten Mitreisenden über Ort und Zweck der Reise ausgefragt, erscheint eine Lüge angebracht, um Raub und Diebstahl zu verhindern. Denn selbst ein ehrliches Ausweichmanöver wie etwa „Das möchte ich lieber nicht sagen" hilft in so einem Fall nicht weiter, sondern erregt stattdessen Neugier. Auch wenn man nicht weiß, ob den Fragesteller nichts anderes als echtes Interesse umtreibt, erscheint es sinnvoll, Fremden gegenüber nicht allzu vertrauensselig zu sein. Ähnliche Gedanken bewegen eine junge Frau nachts im Zugabteil beim Gespräch mit einem Unbekannten dazu, ihm auf seine Frage nach dem Wohnort ein falsches Stadtviertel zu nennen und einen anderen Beruf anzugeben, obwohl der Gesprächspartner wahrscheinlich keine bösen Absichten hat. Doch wer zum Schutz der Privatsphäre lügt, muss nicht gleich Angst um Leib und Leben haben. Fragesteller bringen uns manchmal unbeabsichtigt in Verlegenheit. Schopenhauer nimmt als Beispiel einen Mann, der gerade beim Vater seiner Angebeteten um ihre Hand angehalten hat, beim Hinausgehen zufällig einem Bekannten begegnet und auf dessen Frage, was ihn hierherführe, eine falsche Antwort gibt. Ein moderneres Beispiel ist die Frau, der es peinlich ist zuzugeben, dass sie ihre stets goldbraune Gesichtsfarbe regelmäßigen Solariumsbesuchen zu verdanken hat; deshalb behauptet sie ihren Kollegen gegenüber, sie sei von Natur aus ein dunkler Typ. Wir lügen aber nicht nur gegenüber entfernten Bekannten, um unsere Privatsphäre zu wahren, sondern auch gegenüber Personen, die uns sehr nahestehen. Jeder hat wahrscheinlich auf die Frage „Woran denkst du gerade" schon einmal mit „An nichts Besonderes" geantwortet, statt ehrlich: „Darüber will ich gerade nicht sprechen." Man erregt Neugier und Aufmerksamkeit, wenn man eine Antwort verweigert – eine Lüge ist in diesem Fall also verständlich, ja sogar angebracht. „Niemand hat allein durch seine Frage schon ein Recht auf Auskunft", schreibt die Philosophieprofessorin Simone Dietz in „Die Kunst des Lügens". Aber jeder von uns hat ein Anrecht auf Privatsphäre und Selbstbestimmung.

Eine der bekanntesten Notlügen ist die von Jesus' Lieblingsjünger Petrus. Nachdem Jesus gefangen genommen worden war, fürchtete auch Petrus um sein Leben. Dreimal fragten ihn die römischen Soldaten: „Bist nicht auch du einer von den Jüngern dieses Menschen?" Um heil davonzukommen, antwortete Petrus jedes Mal: „Ich bin es nicht." Eine Lüge, aber eben eine aus Todesangst. Uns erscheint diese Lüge nachvollziehbar. Theologen und Moralphilosophen früherer Jahrhunderte stritten jedoch darüber, ob diese Form der Lüge zulässig sei oder nicht. Für den Philosophen Immanuel Kant gibt es selbst in solchen Fällen keinen Zweifel. Lügen sind für ihn völlig inakzeptabel, egal aus welchem Grund. Seiner Ansicht nach untergräbt man schon mit einer einzigen Ausnahme das Fundament unserer Gesellschaft: „Wahrhaftigkeit in Aussagen, die man nicht umgehen kann, ist formale Pflicht des Menschen gegen jeden, es mag ihm oder einem anderen daraus auch noch so großer Schaden erwachsen." Berühmt geworden ist Kants Extrembeispiel aus seiner Schrift „Über ein vermeintes Recht aus Menschenliebe zu lügen": Wenn man einen unschuldig verfolgten Freund bei sich versteckt halte, so der Philosoph, dürfe man den Häscher an der Tür nicht belügen, der nach dem Aufenthaltsort des Freundes frage, selbst wenn dieser dann umgebracht werde. Egal, ob schwarz, weiß oder Notlüge – für Kant sind sie alle verdammenswert.

Für uns ist diese extreme Haltung heute nicht mehr nachvollziehbar. Trotzdem wirkt sich die negative Einstellung zur Lüge des einflussreichsten Denkers der Aufklärung bis heute aus. Das Image der Lüge war jedoch nicht immer so schlecht: Die alten Griechen hatten beispielsweise gar kein eigenes Wort für „Lüge", sie unterschieden nicht zwischen Irrtum, Fiktion und Lüge. Der Dichter Homer beschreibt zudem mit Odysseus einen der bekanntesten Schwindler der Literaturgeschichte. Den Zyklopen Polyphem besiegt der griechische Sagenheld mit einer List. Als ihn der einäugige Riese nach seinem Namen fragt, nennt sich Odysseus „Niemand". Sein Misstrauen erweist sich als berechtigt; statt ihn und seine Mannschaft gastfreundlich aufzunehmen, sperrt Polyphem die Männer in seiner Höhle ein, tötet und frisst einige von ihnen, um danach in einen tiefen Verdauungsschlaf zu sinken. Odysseus gelingt es, dem Riesen mit einem glühenden Holzpfahl das einzige Auge auszustechen. Polyphem ruft die anderen Zyklopen zu Hilfe und antwortet auf deren Fragen, „Niemand" verberge sich in seiner Höhle und „Niemand" habe ihn geblendet. Daraufhin kümmern sich die Riesen nicht mehr um Polyphem, und Odysseus ist gerettet. Diese Sage macht klar, dass man im antiken Griechenland Lügen und Lügnern durchaus positiv gegenüberstand. Schwindeleien, Listenreichtum und geschickte Täuschung galten als Zeichen für einen überlegenen Geist.

Mit dem Christentum wurde der Lügner dann zum Bösewicht und die Lüge zur Sünde, wenn auch nicht von Anfang an. Das achte Gebot im Alten Testament lautet nämlich lediglich: „Du sollst nicht falsches Zeugnis reden wider deinen Nächsten." Das achte Gebot zwingt also nicht dazu, unter allen Umständen die Wahrheit zu sagen; man darf nur über einen anderen nichts Falsches behaupten und ihm dadurch Schaden zufügen. Der ungarische Lügenforscher Peter Stiegnitz interpretiert in „Die Lüge" das achte Gebot sogar lediglich als eine „Verhaltensvorschrift der Zeugen vor Gericht", die Falschaussagen verhindern solle. Ein generelles Lügenverbot beinhalte es hingegen sicher nicht. Im Neuen Testament ermahnt Jesus seine Jünger: „Eure Rede aber sei: Ja, ja; nein, nein. Was darüber ist, ist von Übel." Anders ausgedrückt: Ja oder Nein sollte man nur sagen, wenn man es auch so meint. Im richtigen Moment den Mund zu halten, wird mit dieser Aufforderung jedoch nicht verboten. Jesus ist übrigens nicht der Erste, der zu diesem Verhalten aufruft: Schon vor 2500 Jahren empfahl der Buddhismus den Gläubigen die „rechte Rede". Dazu gehört aber nicht nur, bei der Wahrheit zu bleiben, sondern auch, sich von Klatsch, Spott, Hass und Häme zu distanzieren und zu wissen, wann man besser schweigen oder einen höflichen Umweg wählen sollte. Weder der Buddhismus noch das frühe Christentum verteufeln die Lüge jedoch. Erst der Kirchenlehrer und Bischof Aurelius Augustinus schrieb um 400 nach Christus zwei Bücher, in denen er die Lüge als Erbsünde und Grundübel der Menschheit verdammt – auch solche „um der Rettung eines anderen willen". Die Menschen lügen seitdem nicht weniger, dafür jedoch meist mit schlechtem Gewissen. Das aber sollte uns besser nur bei einer schwarzen Lüge plagen, denn moralisch verwerflich ist eine Lüge nur dann, wenn hinter ihr die Absicht steckt, jemandem Schaden zuzufügen.

In allen anderen Fällen kann man über Sinn und Unsinn der Lüge diskutieren und wird ganz oft zu der Einsicht kommen, dass „lügen und lügen lassen" sehr oft die beste Einstellung zum Thema Schwindeln, Flunkern, Mogeln und Täuschen ist.

Rettungsring und Lustobjekt: Lügen machen das Leben leichter – und viel Spaß

Nur wenige Lügen sind mit der bösen Absicht verbunden, jemandem wirklich zu schaden. Die von Wissenschaftlern ermittelten Hauptmotive für unsere Lügen zeigen stattdessen, dass wir uns für sie nicht schämen müssen – und dass unsere Fähigkeit zu Lug und Trug keineswegs einer Neigung zum Bösen entspringt. Wir machen uns und anderen unser komplexes Zusammenleben nicht nur leichter, sondern überhaupt erst möglich. Viele unserer alltäglichen Schwindeleien sind eine Art stillschweigende gesellschaftliche Übereinkunft. Sie dienen dazu, eine soziale Interaktion einzuleiten – zum Beispiel Begrüßungsfloskeln oder die Frage „Wie geht's?". Unser „Danke, gut" ist eine der häufigsten Lügen überhaupt. In einer von der Zeitschrift *Geo Wissen* 38/2006 veröffentlichten Umfrage des Allensbacher Institutes für Demoskopie aus dem Jahr 2006 gaben 70,7 Prozent der Befragten an, mit „Gut" geantwortet zu haben, obwohl sie sich eigentlich schlecht fühlten. Und das ist kein Wunder: Unsere Antworten auf die „Wie geht's"-Frage hängen vom Fragesteller und vom Kontext ab: Unserem Chef oder einem Kollegen erwidern wir „Gut, und selbst?", dem Hausarzt schildern wir unseren hartnäckigen Husten, und nur dem guten Freund erzählen wir von unserem gebrochenen Herz. Der Grund dafür: Die „Wie geht's"-Frage vom Chef oder vom Kollegen hat eine andere Bedeutung, als ihre Formulierung vermuten lässt – und das ist uns durchaus bewusst. Die Frage dient als Gesprächsauftakt über das bevorstehende Meeting oder über einen neuen Kunden, und sie soll Hemmschwellen zum Beispiel gegenüber dem Vorgesetzten abbauen. An unserem Seelenzustand besteht kein Interesse; der Chef oder der Kollege will nur abklopfen, ob wir trotz privater Probleme bereit sind, uns auf unseren Job zu konzentrieren. Also antworten wir mit einer Lüge, und das geschäftliche Gespräch kann beginnen.

Eine ähnliche Funktion hat das Lächeln, das eigentlich Ausdruck für gute Laune und Lebensfreude ist. Wir lächeln im Alltag aber oft auch dann, wenn uns gar nicht danach zumute ist: Das Lächeln der Modeverkäuferin ist, wie die „wie geht's"-Frage, der Auftakt für eine soziale Interaktion, das Verkaufsgespräch kann beginnen. Sie täuscht mit dem Lächeln gute Laune und Interesse an uns vor, obwohl vielleicht ihre Füße schmerzen und sie eigentlich nur den Feierabend im Sinn hat. Unser kurzes Lächeln, wenn der überfüllte Bus plötzlich bremst und wir gegen einen Fremden geworfen werden, bedeutet: „Ich habe Ihnen nicht absichtlich wehgetan. Entschuldigen Sie bitte." Mit dem breiten Lächeln, das wir aufsetzen, wenn wir in einer fremden Stadt nach dem Weg fragen, obwohl wir eigentlich von der Rumkurverei genervt sind, signalisieren wir unserem Gegenüber: „Keine Sorge, ich bin nicht aggressiv und habe keine bösen Absichten." Hinter den meisten unserer Lügen stehen allerdings komplexe egoistische Motive, wie Aldert Vrij in seinem Buch „Detecting Lies" darlegt. Der Autor schildert hier den Versuch der amerikanischen Psychologin und Lügenforscherin Bella DePaulo von der Universität in Virginia. Sie ließ eine Studentengruppe sieben Tage lang ein regelrechtes Lügentagebuch führen. Die Studenten sollten sämtliche Schwindeleien bei Gesprächen, die länger als zehn Minuten dauern, protokollieren. Heraus kam, dass die Probanden in 50 Prozent der Fälle aus egoistischen Gründen logen, um sich besser darzustellen, nicht verspottet oder schräg angesehen zu werden. Ein typisches Beispiel aus der Studie war der Fall einer Studentin, die ihrer Freundin vorschwindelte, ein Kommilitone schwärme nach wie vor für sie, obwohl er längst eine neue Flamme hatte – das zuzugeben, schämte sie sich allerdings. Besonders oft beschwindelten die Studenten ihre Mutter und stellten sich ihr gegenüber in ein übertrieben gutes Licht. So behauptete ein junger Mann fälschlicherweise, am College noch nie Bier getrunken zu haben. Gerne wird auch versucht, sich lügend einen Vorteil zu verschaffen. So lügen die meisten von uns, wenn sie beim Vorstellungsgespräch nach ihrem derzeitigen Gehalt gefragt werden. Praktisch jeder Bewerber gibt eine höhere Summe an, um bei den bevorstehenden Gehaltsverhandlungen eine gute Ausgangsposition und somit die Aussicht auf mehr Einkommen zu haben. Etwas weniger verbreitet ist laut DePaulo die Lüge aus Angst vor Bestrafung, vor allem Kinder schwindeln jedoch aus diesem Grund. Die Angst, beim Lügen erwischt zu werden, war bei den Probanden der Studie sehr gering, und das mit gutem Recht; nur zwölf Prozent der Tagebuchschreiber flogen einmal mit einer Lüge auf, in keinem Fall gab es nennenswerte Konsequenzen.

In 25 Prozent der Fälle logen die Versuchspersonen aus altruistischen Gründen, sie versuchten also, anderen mit ihrer Lüge zu helfen. Eine Studentin erzählte zum Beispiel dem Dozenten, ihre Freundin sei krank, obwohl diese blaumachte; eine andere versicherte ihrer unattraktiven Freundin, die gerade von ihrem Freund verlassen worden war, sie werde bald wieder einen anderen finden, um die Verlassene so in ihrem Liebeskummer zu trösten. Die restlichen 25 Prozent logen aus „prosozialen" Gründen – und solche Lügen sind sowohl egoistisch als auch altruistisch motiviert. So ist es für alle Beteiligten im Büro angenehmer, wenn man sagt: „Ich stecke bis über beide Ohren in Arbeit", statt „Ich habe echt keine Lust, mit euch Langweilern mittagessen zu gehen". Tagtäglich vermeiden wir im Berufsleben mit solchen Schwindeleien Spannungen und Konflikte und ermöglichen uns die Zusammenarbeit mit Menschen, die wir nicht besonders schätzen, auf die wir aber angewiesen sind. Dazu gehören auch kleine Komplimente über Frisur oder Kleidung. Sie bewirken oft das Gleiche wie kleine Geschenke: Sie bauen Hemmschwellen ab, beugen Aggressionen und schlechter Stimmung vor und erhalten die Freundschaft – auch wenn man den neuen Stufenschnitt oder das geblümte Hemd in Wirklichkeit grässlich findet. Diese Art der Lüge ist elementar für das menschliche Zusammenleben, ohne sie kann keine Gemeinschaft existieren.

Zu einer anderen Gewichtung der Gründe für eine Lüge kommt der Emotionsforscher Paul Ekman, inzwischen emeritierter Psychologieprofessor und Pionier der Lügenforschung. Die von ihm befragten Kinder und Erwachsenen logen – anders als bei DePaulo – am häufigsten, um einer Strafe zu entgehen oder aus Angst vor einer Strafe. Damit ist nicht unbedingt nur eine Geldbuße oder eine Abmahnung im Job gemeint, die Strafe kann auch im Wutausbruch der Freundin bestehen, die man eine halbe Stunde an der Kinokasse warten ließ. Also erfindet man schnell einen Verkehrsstau und Parkplatznot und rettet damit den Abend, womit letztlich beide Seiten von der Flunkerei profitieren. Gleich nach der Angst vor Strafe kommt laut Ekman die Lüge, um sich einen Vorteil zu verschaffen. An dritter Stelle der Lügenmotive steht der Versuch, andere vor Strafe zu bewahren – also ein altruistisches Motiv. Von der Wahrheit abgewichen wird jedoch auch gern, um bei anderen gut anzukommen. Sehr oft schwindelten Ekmans Probanden schließlich, um einer unangenehmen sozialen Situation zu entkommen. Man beendet beispielsweise ein nerviges Telefongespräch mit der falschen Behauptung, es habe an der Haustür geklingelt; oder verschwindet von der öden Party, weil der Babysitter heute angeblich früher wegmuss. Gelogen wird auch häufig aus Scham. So erzählte ein Kind, das Ekman befragte, der Autositz sei vom Regen feucht geworden und nicht, weil es in die Hose gemacht hatte. Eine typische Schamlüge von Erwachsenen ist, nach einer Trennung zu behaupten, die Beziehung selbst aktiv beendet zu haben; schließlich ist es einem peinlich zuzugeben, dass man eigentlich der Verlassene ist.

Lügen aus Angst vor Strafe oder aus Scham, um einen Vorteil im Konkurrenzkampf um Job oder Liebe zu ergattern, um das Gesicht zu wahren, andere nicht vor den Kopf zu stoßen und so Ärger zu vermeiden – jeder von uns hat aus diesen Gründen schon einmal gelogen und wird es wieder tun. Und das ist ein Glück, denn auch wenn die meisten unserer Mogelmotive ziemlich egoistisch sind, sorgen wir damit für einen reibungslosen Ablauf unseres Alltags. Wir machen uns das Leben leichter – und das unserer Mitmenschen nicht selten auch.

Ein wichtiges Motiv findet in der Forschung bislang jedoch wenig Beachtung: die Lust am Lügen. Jemand anderen einen Bären aufzubinden und zu beobachten, wie er sich verhält, macht großen Spaß – nicht umsonst sind

Fernsehsendungen wie der TV-Klassiker „Verstehen Sie Spaß?" oder die moderne Variante „Punk'd" auf *MTV*, in denen Prominente oder Normalbürger hinters Licht geführt werden, Dauerbrenner, ebenso wie die inzwischen leider überstrapazierten Telefonscherze im Radio. Um mit Wilhelm Busch zu sprechen: „Der Beste muss zuweilen lügen, mitunter tut er's mit Vergnügen." Zu genießen, wie sich ein anderer beschwindeln lässt, dabei blamiert oder sein Gesicht verliert, ist kein modernes Phänomen, wie der Aprilscherz zeigt. In Deutschland taucht der Ausdruck „jemanden in den April schicken" schriftlich erstmals 1618 in Bayern auf, man nimmt aber an, dass der Brauch viel älter ist. Der Aprilscherz, sozusagen das Vorbild von „Verstehen Sie Spaß?", war meist mit unmöglichen Aufgaben verknüpft: Kinder wurden in die Apotheke geschickt, um Kuckucksöl zu kaufen, Meister verlangten von ihren Lehrlingen Gewichte für die Wasserwaage, Läden hatten an diesem Tag „gerade Häkchen" oder „gedörrten Schnee" im Angebot. Die Ursprünge des Brauchs sind unklar, es gibt verschiedene Mutmaßungen: Der 1. April gilt, je nach Überlieferung, als Geburts- bzw. Todestag von Judas Ischariot, der Jesus für dreißig Silberlinge an die Römer verriet. Zudem soll Luzifer genau am 1. April Einzug in die Hölle gehalten haben. Damit handelt es sich um einen Unglückstag, an dem man sich in Acht nehmen musste. Ein anderer historischer Erklärungsversuch ist die Kalenderreform des französischen Königs Karl IX. im Jahr 1564. Im Rahmen der Reform wurde der Jahresanfang vom 1. April auf den 1. Januar verlegt. Wer aus Unwissenheit weiter am 1. April Neujahr feierte, machte sich zum Gespött der anderen. Auch das unstete Aprilwetter und das Ende des Winters müssen oft als Begründung für die Lust am Lügen herhalten: So steht der Aprilnarr, der alles glaubt und macht, was man ihm sagt, für den machtlosen Winter, mit dem der bevorstehende Sommer tun kann, was er will. Aprilscherze sind heute in den meisten westeuropäischen Ländern üblich, man kennt den Brauch aber auch in den USA, Australien, Südafrika und sogar in Indien. In Spanien schickt man seine Mitmenschen nicht in den April, sondern in den Dezember. Am 28. Dezember, dem „Día de los Santos Inocentes" (dem Tag der unschuldigen Kinder) veräppelt man andere so wie bei uns Anfang April. Darum wurde 1978 sogar sicherheitshalber der Tag, an dem eine neue Verfassung in Kraft treten sollte, vom 28. auf den 29. Dezember verschoben.

Der Aprilscherz findet bei uns keineswegs nur innerhalb des Familien- und Freundeskreises statt. Nachrichtenagenturen, Zeitungen, Radio und Fernsehen nutzen den Tag, um absurde Falschmeldungen zu verbreiten und uns damit zu demonstrieren, wie leichtgläubig wir sind. So berichtete die *BBC* 1957 ausführlich über die Spaghetti-Ernte in der Schweiz; sehr beliebt ist auch die Meldung, dass in Großbritannien der Rechtsverkehr eingeführt werde; in den achtziger Jahren warnten Agenturen des Öfteren vor dem Umweltgift Dihydrogen-Monoxid (H_2O), das beim Einatmen tödlich wirke – es handelt sich dabei schlicht um die chemische Formel für Wasser. Noch besser eignet sich das Internet für die schnelle und effektive Verbreitung von Aprilscherzen: 2006 ließ die Ruhr-Universität in Bochum verkünden, sie werde Aquarien als Bildschirmschoner für alle Universitätsrechner verbieten, da die virtuellen Fische beim Schwimmen enorm viel Strom verbrauchen. Auf diese Weise werde man pro Jahr 220.000 Euro einsparen. Ebenso kursierte am 1. April 2006, initiiert von der amerikanischen Website „The Register", bald weltweit das Gerücht, China werde die Mehrheit an der Suchmaschine Google erwerben und dadurch automatisch auch die Kontrolle über das traditionsreiche „Ames Research Center" der Nasa, mit dem Google zusammenarbeitet, gewinnen.

Wie die Beispiele zeigen, scheuen wir manchmal weder Kosten noch Mühen für eine Lüge. Wir erdichten komplizierte Geschichten, investieren Zeit und Geld, suchen Verbündete oder bemühen die Pseudowissenschaft, um unseren Schwindeleien den Anstrich der Wahrheit zu verpassen. Unsere Lügen wirken in solchen Fällen wie eine Verkleidung, wie Schauspielerei: Wir schlüpfen in eine andere Rolle und versuchen, sie so glaubwürdig wie möglich zu spielen. Das macht Spaß und garantiert Lustgewinn, und wenn andere darauf hereinfallen, dürfen wir uns überlegen fühlen – oder sogar als König wie in dem französischen Dorf Moncrabeau, das sich selbst „Hauptstadt der Lügner" nennt. Eigentlich beruht der Name auf einem sprachlichen Missverständnis: Früher war die Haupteinnahmequelle der Gegend die Pfefferminzproduktion; Pfefferminz heißt auf Französisch „menthe". Die Bauern nannten sich stolz „mentheurs", übersetzt etwa „Minzer", was genauso klingt wie „menteur", „Lügner". Als mit der Pfefferminze kein Geld mehr zu verdienen war, versuchte man sich für Touristen attraktiv zu machen und besann sich auf den Spitznamen. Und so wird in Moncrabeau seit 1973 jedes Jahr im August der „König der Lügner" gekrönt. Diese Ehre müssen sich die Thronanwärter aber verdienen: Auf dem angeblich jahrhundertealten, steinernen Lügnerthron sitzend, erzählen sie bei einem Schwindelwettbewerb möglichst haarsträubende Geschichten im Käpt'n-Blaubär-Stil, küssen einen „Stein der Wahrheit" und schwören, „jederzeit und allerorts" die Wahrheit zu verdrehen. Über Qualität und Unglaubwürdigkeit der Erzählungen entscheidet die „Lügnerakademie", eine Gruppe von vierzig selbst ernannten Mogelexperten, die sich wie die Mitglieder der altehrwürdigen „Académie Française", welche seit 1634 über die französische Sprache wacht, in Rot und Weiß kleiden; Studenten tragen rote, die Damen weiße Käppchen, die Herren rote Hüte. Ihre Aufgabe als Stimmberechtigte nehmen sie sehr ernst. Nach jeder Geschichte schaufeln sie grobkörniges Salz in einen Sack, je mehr, desto besser. Am Ende gewinnt der Lügenbold mit dem schwersten Sack. Für die Dorfbewohner ist die Lust am Lügen längst mehr als eine Touristenattraktion, so sehr identifizieren sie sich mit ihrem lügnerischen Image. Selbst die Kirche erteilt ihren Segen: „Ich bin stolz, der Pfarrer des einzigen Lügnerdorfes von Frankreich zu sein", sagte Dorfpastor Michel Olivié der *tageszeitung* im August 2006. Der Wettbewerb zieht immer mehr Menschen an, inzwischen verlangt das 800-Einwohner-Dorf Eintritt. Die Teilnehmer bereiten ihre Flunkereien monatelang vor, lügen kann anstrengend sein. Der amtierende Pierre I. punktete mit einer detailreichen Geschichte über ein Mittel gegen Vogelgrippe, das er angeblich in einem chinesischen Dorf entdeckte. Gekonnt vermischte er dabei Mögliches mit Scheinbarem, Realität mit Fantasie – genau das macht einen guten Lügner aus. Das Spiel mit Lüge und Wahrheit wird hier zur Unterhaltung. Die Faszination, die geschickte Mogler auf uns ausüben, zeigt, wie nahe beieinander Lust und Lüge liegen können. In solchen Fällen wird die Lüge zur Kunst und die Kunst zur Lüge. Und das wiederum kann uns helfen zu erkennen, was wahr ist. Oder wie Picasso es ausdrückt: „Kunst ist eine Lüge, die uns die Wahrheit begreifen lehrt."

Das Lebenstheater:
Soziale Rollen und Masken

Eine junge Englischlehrerin steht vor einer zehnten Klasse eines Hamburger Gymnasiums. Das Thema des heutigen Tages lautet „Schulunterricht zu Hause". Dieser ist in den USA längst ein Massenphänomen, weit über zwei Millionen Kinder werden von ihren Eltern unterrichtet. Die Zehntklässler sind ausnahmsweise sehr interessiert und stellen viele Fragen, wie zum Beispiel, ob „Home Schooling" auch in Deutschland möglich ist. Die korrekte Antwort darauf wäre, dass es wegen der staatlichen Schulpflicht nur in begründeten Ausnahmefällen erlaubt wird, etwa bei Kindern von Zirkusfamilien, Schaustellern oder Binnenschiffern. Derzeit werden hierzulande rund 500 Kinder zu Hause unterrichtet. Die Lehrerin hat sich aber nicht genügend vorbereitet und keine Erwiderung parat. Darum improvisiert sie und erfindet schnell die Antworten: Nein, Heimunterricht sei in Deutschland prinzipiell verboten, Grund dafür sei die allgemeine Schulpflicht. Und auch in den USA gebe es strenge Vorschriften und Prüfungen, bevor eine Mutter oder ein Vater den Lehrer ersetzen dürfe – auch das ist völlig falsch. Seit den achtziger Jahren stellen es die meisten amerikanischen Bundesstaaten den Eltern frei, ob sie ihre Kinder zur Schule schicken oder selbst zu Hause ausbilden. Die Englischlehrerin hat zwar nach dem Unterricht ein schlechtes Gewissen wegen ihrer Lügen, dafür aber auch eine einleuchtende Erklärung: „Da sind die Schüler endlich mal wach und engagiert, und ausgerechnet dann hab ich keine Ahnung, was ich sagen soll. Das geht einfach nicht, die nehmen mich doch sonst nicht mehr ernst. Die erwarten von mir, dass ich alles weiß, ich bin schließlich ihre *Lehrerin*!" Diese Geschichte hat sich tatsächlich zugetragen und zeigt einen Rollenkonflikt, ein Problem, das wir alle auch aus unserem eigenen Alltag kennen. Die junge Lehrerin ist Wissensvermittlerin, Erzieherin, Autoritätsperson und Vorbild. Ihre Rollen und die mit ihnen verknüpften Erwartungen sind in der geschilderten Situation unvereinbar: Als Wissensvermittlerin hätte sie den Schülern gestehen müssen, dass sie nicht gut genug vorbereitet ist und die Antwort nicht kennt. Sie fürchtete jedoch, dadurch an Autorität und Ansehen zu verlieren und ein schlechtes Vorbild zu sein, was bedeuten würde, dass sie in ihren anderen Rollen scheitert. Darum entschied sie sich dafür zu lügen.

Nicht immer sind die Gründe, aus denen wir uns durch unsere sozialen Rollen genötigt fühlen zu lügen, so offensichtlich wie bei der Englischlehrerin aus Hamburg. Oft ist uns gar nicht bewusst, dass wir jeden Tag ähnlich wie Schauspieler viele verschiedene Rollen spielen und, um ihnen gerecht zu werden, schwindeln, untertreiben, verschweigen, verleugnen und verdrehen. Denn für jede dieser Rollen existiert bereits eine vorgegebene Form, der wir uns anpassen müssen und die uns oft nur geringen Spielraum lässt – kleine Lügen sind da vorprogrammiert. Umgekehrt macht es uns angepasstes Rollenverhalten leichter, elegant zu schwindeln, ohne aufzufliegen, wie der Soziologe Joachim Westerbarkey in Robert Hettlages „Verleugnen, Vertuschen, Verdrehen" betont: „Paradoxerweise besteht die beste Chance, wenig über sich mitzuteilen, darin, sich möglichst streng an situative Regeln zu halten, also stets so zu agieren, wie von einem erwartet wird. Gerade affirmatives Verhalten und die Beherrschung von Etiketten helfen dabei, weniger geschätzte Merkmale zu verbergen. So lassen sich unter dem Deckmantel banalen Alltagsgeplauders manche Begierden, Ängste und Aggressionen trefflich verbergen, Kompli-

mente, Empfehlungen, Entschuldigungen und Beileids-
bekundungen heucheln oder Gerüchte und Gemeinhei-
ten streuen."

In der Sozialpsychologie prägte Georg Herbert Mead
1934 den Begriff der „Rolle". Er stellte die Theorie auf,
dass Menschen nur dann zu kooperativem sozialem Handeln in der Lage sind, wenn sie schon im Kindesalter lernen, sich in andere hineinzuversetzen. Dazu dienen laut
Mead Spiele und die Imitation anderer wie „der Mutter"
oder „des Polizisten". Die „Rollentheorie" begründete
Ralph Linton 1936. Nach Ansicht des Soziologen verfügt
jedes Individuum über einen Status, der vom Alter, dem
Geschlecht, der sozialen Herkunft und der Ausbildung
abhängt. Linton unterscheidet zwischen dem zugeordne-
ten und dem erreichten Status. Ersterer steht bereits bei
der Geburt fest, wie „Bruder" oder „Mann". Der „erreichte
Status" ändert sich im Laufe des Lebens, aus dem „Studenten" wird der „Chef". Daneben gibt es nach Lintons
Rollenkonzept den „aktuellen Status", der festschreibt,
wie ein Mensch zu einem bestimmten Zeitpunkt handelt – etwa als „Autofahrer", sowie den „latenten" Status,
der alle Möglichkeiten beinhaltet, die einem Individuum
offenstehen. Der Soziologe Robert Merton entwickelt, auf
Lintons Theorie aufbauend, ein mehrdimensionales Modell: Danach entspricht jedem Status ein „Role Set", also
ein ganzes Bündel verschiedener Rollen. Zum Status
„Student" gehören mehrere Rollen, je nachdem, in welchem sozialen Umfeld sich der Student bewegt – etwa bei
seinen Eltern („Sohn"), gegenüber Professoren („Schüler") oder zusammen mit Kommilitonen („Freund"). Inzwischen ist der Begriff der „Rolle" allgegenwärtig, nicht
zuletzt in der Umgangssprache, in der er verschiedene
Bedeutungen hat: „Eine Rolle spielen" bedeutet beispielsweise „wichtig sein", „die Rolle" kann aber auch

eine Funktion beschreiben wie zum Beispiel „in seiner Rolle als Oberbürgermeister".

Jeder von uns übernimmt also eine bestimmte Anzahl von Rollen, viele davon ändern sich im Laufe unseres Lebens: Wir sind Mann oder Frau, Tochter oder Sohn, großer Bruder oder große Schwester, Mutter oder Vater, Schüler, Student, Arbeitnehmer oder Chef, bester Kumpel oder Busenfreundin, Hausbesitzer oder Hausbesetzer, Vereinsmitglied, Patient, Wähler, Bahnfahrer und vieles mehr. Diese Rollen erfordern ein bestimmtes Verhalten, wir müssen eigenen und fremden Erwartungen gerecht werden. Und das erfordert nicht selten Lügen, und sei es nur in Form von Verbergen und Verschweigen. Ein typisches Beispiel: Ein Mann hat sich bei einem mehrwöchigen Urlaub in Asien hohes Fieber und Durchfall eingefangen. Es ging ihm dort einige Tage sehr schlecht, deshalb lässt er sich nach seiner Rückkehr in Deutschland von einem Tropenmediziner gründlich durchchecken, um auszuschließen, dass er sich mit einer ernsten Krankheit angesteckt hat. Die Diagnose steht noch aus. Dieses Erlebnis erzählt er im Familien-, Bekannten- und Kollegenkreis, aber jedes Mal ein wenig anders. Seinen Eltern verschweigt er, wie hoch das Fieber und wie schwer der Durchfall wirklich waren. Er sagt ihnen vorsichtshalber auch nicht, dass ihn der Arzt auf das gefährliche Dengue-Fieber getestet hat. Für sie lässt er es so klingen, als wäre es ein leichter grippaler Infekt gewesen, damit sie sich keine Sorgen machen. Er lügt nicht direkt, sondern verschweigt, verbirgt und wiegelt ab; er spielt die Rolle des „braven Sohnes". Seine Kumpel bekommen eine ganz andere Geschichte zu hören: wie er, vom tagelangen Durchfall geschwächt, sich kaum noch auf den Beinen halten konnte, sich mit fiebrigem Schüttelfrost in der fremden Stadt auf die Suche nach einer Apotheke gemacht hat und dabei zufällig eine schöne Einheimische kennengelernt hat. Dabei übertreibt er ein wenig, schließlich will er mit seinem Urlaubsabenteuer beeindrucken und sich interessant machen. Vor allem will er nicht als Weichei dastehen, den ein bisschen Magengrimmen aus der Bahn wirft. Er ist für seine Freunde in die Rolle des Abenteurers, des harten Mannes und Frauenhelden geschlüpft – sein Rollenmodell erinnert verdächtig an Indiana Jones. Im Kollegenkreis und gegenüber seinem Chef erzählt er dagegen von anderen Urlaubs-Highlights. Er erwähnt palmengesäumte Strände, kühle Schirmchendrinks, gastfreundliche Einheimische und leckeres Curry, er will beneidet werden und sich polyglott zeigen. Die Krankheit verschweigt er jedoch vorsichtshalber, denn er fürchtet, dass beim eventuellen Scheitern des anstehenden Projekts sein geschwächter Gesundheitszustand als Begründung für das schlechte Ergebnis herhalten muss und ihm die Kollegen den Schwarzen Peter zuschieben. Er agiert also in der Rolle des aufstiegsorientierten Karrieristen. Über die Unter- und Übertreibungen und das Verschweigen denkt der erkrankte Urlauber gar nicht lange nach, er agiert nicht planvoll, sondern eher aus dem Bauch heraus, so sehr hat er die Ansprüche seiner verschiedenen Rollen verinnerlicht.

Zum Schwindeln und Mogeln neigen wir in unseren gesellschaftlichen Rollen aber vor allem dann, wenn wir, wie die eingangs erwähnte Englischlehrerin, in einen Konflikt geraten. Der Soziologe Merton unterscheidet in diesem Zusammenhang zwischen einem „interpersonalen" und einem „intrapersonalen" Rollenkonflikt. Ersterer entsteht zum Beispiel deshalb, weil die Lehrerin in ihrer Rolle gleichzeitig die Erwartungen der Vorgesetzten, der Eltern und die ihrer Schüler erfüllen muss. Unterscheiden sich die Erwartungen zu stark, sind Schwindeleien, Verschweigen und Täuschungsmanöver manchmal unumgänglich. Die Schüler wünschen sich von ihrer Englischlehrerin zum Beispiel einen abwechslungsreichen, mitreißenden Unterricht und wenig Hausaufgaben; die Eltern fordern optimale Vorbereitung ihrer Kinder aufs Abitur; die Vorgesetzten erwarten ein Vorgehen nach Lehrplan – da ist ein kreativer Umgang mit der Wahrheit gefragt, denn all das lässt sich nicht gleichzeitig unter einen Hut bringen. So befolgen viele Lehrer nicht sklavisch den Lehrplan, um ihre Schüler bei der Stange zu halten, verschweigen dies aber im Kollegenkreis, vor dem Rektor oder beim Elternsprechtag. Der intrapersonale Rollenkonflikt bedeutet dagegen, dass jeder von uns aufgrund der verschiedenen Rollen, die er zu spielen hat, oft gezwungen ist, Kompromisse mit seinen anderen Rollen zu finden. Ein Vater ist eben auch Arbeitnehmer, will Karriere machen, vernachlässigt deshalb seine Vaterrolle und begründet dies mit einem gnadenlosen Chef – dabei ist sein Ehrgeiz der eigentliche Grund dafür, dass er so wenig Zeit für seine Kinder hat.

Aus soziologischer Sicht spielen wir in unserem Alltag aber nicht nur verschiedene Rollen, wir verbergen uns auch häufig hinter Masken – eine sehr menschliche Eigenschaft. Nicht umsonst stand das Wort „persona" ursprünglich für die Gesichtsmaske antiker Schauspieler. Mithilfe von Masken wollen wir andere beeinflussen: „Alle (…) erfüllen potenziell die gleichen Funktionen, nämlich Verbergen durch Zeigen, Ablenken durch Hinlenken, Imponieren, Anziehen oder Abschrecken", erklärt Joachim Westerbarkey. Die Hauptaufgabe von Masken ist es, die eigene Erscheinung zu idealisieren, sie sind also eine Art Eigenwerbung. Das trifft auf jede Form der Maske zu, sei es nun die Karnevalsmaske oder eher eine Maskierung im übertragenen Sinne wie etwa ein raffiniertes Make-up, ein Toupet, modische Kleidung, Brust-implantate, ein Push-up oder ein Eau de Toilette. Wir alle nutzen täglich diese oder andere Mittel, um mehr aus uns zu machen, wir verbergen unser wahres Selbst zumindest partiell dahinter, was nichts anderes ist als Schummelei. Diese Masken sind jedoch „sozial akkreditiert", das heißt, sie sind in unserer Gesellschaft anerkannt, weit-verbreitet, werden kaum hinterfragt und nicht als Täu-schung empfunden.

Der schöne Schein wirkt, und das liegt daran, dass un-sere Sinne genetisch nicht darauf programmiert sind, Fäl-schungen zu erkennen, sondern darauf, erste Eindrücke schnell zu verarbeiten. Darum sind auch falsche Brüste erregend, wenn sie professionell gemacht sind; darum spricht uns ein künstlich erzeugter Duft in Form eines Parfüms an; darum fühlen sich viele Männer angezogen von langen blonden Haaren, selbst wenn die nur gefärbt oder künstlich verlängert sind. Wir sind geborene Opfer von Lug und Trug; wir lassen uns nur zu gerne von Mas-ken hinters Licht führen. Wichtig ist, dass die Maskierung im Geheimen, hinter den Kulissen geschieht, um die Illu-sion der Echtheit möglichst lange aufrechtzuerhalten, so wie im Film oder auf der Theaterbühne. Der kanadische Soziologe Erving Goffman behauptet deshalb, dass die Welt per se eine Bühne ist und wir alle prinzipiell immer Theater spielen, „ein standardisiertes Ausdrucksreper-toire mit Bühnen und Requisiten" inklusive. Wir sind auf unserer Alltagsbühne stets beides zugleich und manch-mal abwechselnd: Publikum und Darsteller. Dabei haben wir eine große Auswahl verschiedener Masken, wir kön-nen uns aber auch mithilfe von Verhaltensweisen, Mimik oder Gestik maskieren – ein Beispiel dafür ist das „falsche Lächeln". Laut Goffman zählen auch „Ensembles" zur Maskierung, dazu gehören beispielsweise teure, prestigeträchtige Haustiere, wie die zurzeit so modernen winzigen Schoßhündchen vieler Prominenter, man denke nur an „Tinkerbell" von Paris Hilton. Auch herausgeputzte Kinder und demonstratives Familienglück sind „Ensembles" – gerade bei Prominenten wie Brad Pitt und Angelina Jolie lässt sich das gut beobachten. Und die „Kulisse", in der wir uns präsentieren, kann zur Maske werden, wie etwa die teure Wohnung voller Designermöbel, in der wir uns eigentlich gar nicht richtig wohlfühlen, die hauptsächlich dazu dient, uns in den Augen anderer aufzuwerten.

Unsere sozialen Masken und Rollen sind allerdings nicht Täuschung pur, sie sind ja von Kindesbeinen an ein Teil von uns und somit auch teilweise „echt" und „authentisch". Aber sie sind eben auch Fassade und eignen sich perfekt, um uns selbst ganz oder teilweise dahinter zu verbergen: die wahre Absicht, die wirkliche Meinung, die tatsächliche Stimmung, die heimliche Sehnsucht, den unheimlichen Trieb, den unverzeihlichen Fehler, das ungeschminkte Gesicht. Wir versuchen auf diese Weise, uns Intimität und Privatsphäre zu bewahren, nicht jedem Einblick in intime Erlebnisse und Gedanken zu geben; ein völlig legitimer Wunsch. Wir sind auch daran interessiert, uns ein Image zu schaffen, bevor es andere auf unsere Kosten tun. Unsere Masken und Rollen dienen zugleich der Manipulation anderer, wir versuchen auf diese Weise ihr Handeln zu beeinflussen.

Durch unsere Rollen und Masken haben wir auf der Bühne des Lebens Vor-, aber auch Nachteile: Der Verhaltenskodex, der zu ihnen gehört, legt oft sogar fest, wie man sich zu kleiden und wie man zu sprechen hat. Wie viel Einfluss diese Rollenvorschriften haben, kann man bei vielen Inlandflügen am Montagmorgen oder Freitagabend beobachten, wenn die Flieger voll sind mit fast identisch gekleideten Geschäftsmännern in dunklen Anzügen und meist blauen Hemden. Alle hantieren mit Handy, Laptop oder Palm und bedienen sich einer Sprache voller nur für sie verständlicher Codes. Wer sich gegen derartige Erwartungen und Zwänge auflehnt oder ihnen zuwiderhandelt, muss mit gesellschaftlichen Sanktionen rechnen. Ein Banker, der zu einer wichtigen Konferenz ohne Krawatte oder womöglich in Jeans erscheint, wird wenig Erfolg in seinem Beruf haben. Die Kleidung ist Teil seiner Rolle, er muss sie tragen, auch wenn er das eventuell nicht gerne tut. Bundesfamilienministerin Ursula von der Leyen sprach in einem Interview mit der Zeitschrift *Stern* in der Ausgabe 07/2007 ein anderes Beispiel für die beengende Wirkung von Rollen an: „Junge Frauen wollen heute Beruf und Kinder. Und sie wünschen sich Partner, die genau wie sie Verantwortung auf beiden Gebieten übernehmen. Das Dilemma ist (…), dass die männliche Rolle hinterherhinkt. Junge Männer, die stärker Erziehungs- und Fürsorgefunktionen bei ihren Kindern übernehmen möchten, ernten dafür meist bei Kollegen Hohn und Spott." Die Rolle „Vater" kollidiert in diesem Fall mit der Rolle „Mann". Ein „echter Kerl", so die immer noch weitverbreitete Vorstellung in Deutschland, macht Karriere und spielt nicht Kinderpfleger oder Hausmann. Männer, die sich nicht an dieses Rollenmodell halten, müssen mit Sanktionen rechnen – Spott, berufliche Nachteile, Anfeindungen. Hausmann und Vater zu sein ist bei uns keine Selbstverständlichkeit, es ist ein Statement, zu dem nur wenige Männer bereit sind. Viele entscheiden sich deshalb dagegen, die Kindererziehung zu übernehmen und anstelle der Frau im Job eine Weile auszusetzen. Aus Sicht der Familienministerin muss sich das jedoch bald ändern: „Die Fragen, die wir uns heute in Deutschland stellen, sind in den USA und Skandinavien schon vor 20 Jahren aufgebrochen. Dort wurde die Rolle des Mannes viel früher anders gesehen, nämlich nicht nur als der Boss außerhalb, den alles, was zu Hause passiert, nicht schert, sondern als jemand, der sich aktiv in die Familienarbeit einbringt. (…) Diese Gesellschaft wird nicht weiterexistieren können, ohne dass die Vaterrolle (…) weiterentwickelt wird."

Dass unsere sozialen Masken und Rollen recht klar vorgegeben sind, hat aber auch ihre Vorteile. Wir kennen die Erwartungen, wir wissen, wie wir uns zu verhalten haben, wir sehen voraus, wie unsere Umwelt auf ein bestimmtes Verhalten reagieren wird; wir müssen uns also nicht jeden Tag, jede Stunde neu erfinden und definieren. So empfinden es viele Männer in Führungspositionen als angenehm, sich nicht jeden Morgen über das richtige Outfit Gedanken machen zu müssen; mit Hemd, Anzug und Krawatte können sie wenig verkehrt machen. Die Kleidung wird somit zu einer Art Kostüm passend zur Rolle, zur schützenden Rüstung im täglichen Karrierekampf. Jens Bergmann und Bernhard Pörksen berichten in „Medienmenschen" von einem Interview mit dem ehemaligen Bundesaußenminister Joschka Fischer, der betonte, er habe seine Anzüge „immer als Berufskleidung begriffen. Wenn ich nach Hause gekommen bin, habe ich sie ausgezogen, wie ein Mechaniker seinen Blaumann".

Soziale Masken und Rollen schützen uns, sie machen unser Leben planbar und überschaubar, sie garantieren ein Mindestmaß an Kontrolle oder zumindest die Illusion davon. Wir brauchen sie, um im Lebenstheater erfolgreich zu sein, und je besser wir sie beherrschen, je souveräner wir mit ihnen umgehen, desto mehr Applaus ist uns gewiss – auch und gerade wenn wir nicht immer ehrlich sind. Für Joschka Fischer ist das aber kein Grund, ein schlechtes Gewissen zu bekommen: „Ich finde es (…)

schade, dass die Inszenierung in Deutschland so einen negativen Beigeschmack hat. Als gäbe es auf der einen Seite die wirkliche Persönlichkeit und auf der anderen die Rolle, die man spielt. Dabei weiß doch jeder, dass wir alle unsere Rollen spielen, auch im Privatleben. Dieses Rollenspiel macht den modernen Menschen aus. "

Selbsttäuschung: Warum wir uns selbst belügen

Über die Selbsttäuschung oder „die innere Lüge" diskutierten schon die Philosophen der Antike, einen besonders guten Ruf genoss sie allerdings nicht: „Denn von sich selbst hintergangen zu werden ist doch das Allerärgste", befindet Sokrates in Platons „Kratylos". Schließlich sind nicht nur wir selbst, sondern auch unsere Mitmenschen von der Selbsttäuschung betroffen, da wir uns bei unseren Handlungen und Entscheidungen von diesen Lügen leiten lassen. So redet sich beispielsweise der starke Raucher ein, er könnte sich sein Laster jederzeit abgewöhnen, wenn er nur wollte; er sehe dafür aber keine Veranlassung, schon gar nicht aus gesundheitlichen Gründen, schließlich sei auch sein Großvater Kettenraucher gewesen und trotzdem 87 Jahre alt geworden. Eine logische Folge seiner Selbsttäuschung ist, dass er kaum Rücksicht auf Nichtraucher nimmt, sie mit seiner Qualmerei stört und durch das Passivrauchen schädigt. Seine „innere Lüge" hat also handfeste Konsequenzen nach außen.

Erst im 20. Jahrhundert wurde mit dem Aufkommen der Psychoanalyse das Paradoxon erörtert, wie man zugleich Täter und Opfer seiner eigenen Lügen werden kann. Eigentlich, so die bis dahin vorherrschende Meinung, müsse man zum Lügen mindestens zu zweit sein, wie der Philosoph Immanuel Kant als Erster anmerkte,

„weil eine zweite Person dazu erforderlich ist, die man zu hintergehen die Absicht hat, sich selbst aber vorsätzlich zu betrügen einen Widerspruch in sich selbst zu enthalten scheint".

Bis heute herrscht die Meinung vor, dass zum Lügen mindestens zwei gehören, Opfer und Täter. Doch das stimmt nicht, wir sind sehr wohl in der Lage, uns selbst nach Strich und Faden anzuschwindeln, vor allem was unser eigenes Leben betrifft; denn seien wir ausnahmsweise mal ehrlich, der größte Teil ist langweilige Routine: Wasser zum Kochen bringen, Steuererklärung abgeben, Geschirrspüler ausräumen, Klopapier kaufen, auf die U-Bahn warten, Kantinenessen kauen, den Computer rauf- und abends wieder runterfahren, „Tagesthemen" anschalten, Zahnseide nicht vergessen. Wir verdienen unser Geld als Steuerfachgehilfin oder Banker – dabei hatten wir früher von einer Karriere als Soulsängerin oder Profifußballer geträumt. Und Schmetterlinge im Bauch vor lauter Lust und Liebe hatten wir auch schon seit Jahren nicht mehr. Das jedoch geben wir nicht gerne zu, denn in unserer Gesellschaft herrscht eine Art Verpflichtung zu Glück, Spaß und Erfolg; wer spaßfrei, glück- und erfolglos bleibt, ist selbst schuld, denn er hat die unzähligen Möglichkeiten nicht richtig genutzt, die unsere Welt bietet. Also lügen wir uns und anderen unser Leben schöner, bunter und aufregender. Wir schwärmen beispielsweise auf der Urlaubspostkarte vom sonnigen Wetter, statt zuzugeben, dass es eigentlich viel zu heiß ist, um an den Strand zu gehen; wir verschweigen nur zu gerne, dass unser tolles, altes Cabrio fast nur in der Werkstatt steht; und dass unsere neue große Liebe wahrscheinlich fremdgegangen ist. Schwindelnd erschaffen wir phasenweise eine bessere Welt, bis wir selbst daran glauben, dass wir einen Traumurlaub erleben, ein Traumauto fahren und den Traumpartner fürs Leben gefunden haben. Noch weiter geht die typische Lebenslüge vieler Menschen, die mit ihrer Arbeit nicht zufrieden sind: „Ich kellnere zwar hier, aber eigentlich spiele ich in einer Band/male Bilder/studiere Philosophie." Obwohl sie mit dem ungeliebten Kellnerjob den Lebensunterhalt bestreiten und damit einen Großteil ihrer Zeit verbringen, wird die kreative Nebenbeschäftigung zum eigentlichen Lebensinhalt erklärt. Viele Eltern belügen sich, wenn es um ihren Nachwuchs geht. Die schlechten Noten liegen nicht an der Faulheit des Kindes, sondern am unfähigen Lehrer; einer glanzvollen Karriere als Pianist oder Ärztin steht trotz der fehlenden Begabung nichts im Wege; das gesundheitsschädliche Übergewicht ist „Babyspeck, der sich rauswächst"; die Alkoholvergiftung am Wochenende „nur ein kleiner Ausrutscher".

Kant hatte für dieses Verhalten nur Verachtung übrig, er hielt es für einen Ausdruck von Willensschwäche, „so wie der Wunsch eines Liebhabers, lauter gute Eigenschaften an seiner Geliebten zu finden, ihm ihre augenscheinlichen Fehler unsichtbar macht". Etwas gnädiger ist da der Soziologe Niklas Luhmann, der das Phänomen der Selbsttäuschung eine „Reduktion der Komplexität des Alltags" nennt, also einen Trick, mit dem ziemlich komplizierten Leben besser zurechtzukommen. Unser Hang zu Lebenslügen ist eine Form der „kognitiven Dissonanz" – diesen Begriff prägte der amerikanische Psychologe Leon Festinger 1957. Seine Theorie vom „gedanklichen Missklang", wie „kognitive Dissonanz" übersetzt heißt, entwickelte er nach einer konkreten Begebenheit: Dorothy Martin aus Wisconsin, die sich selbst Marian Keech nannte, erklärte, sie stehe im Kontakt mit der Außerirdischen „Sananda vom Planeten Clarion". Von ihr habe sie erfahren, dass eine gewaltige Flut alles Leben auf der Erde auslöschen werde, nur sie selbst und ihre Anhänger würden von fliegenden Untertassen rechtzeitig in Sicherheit gebracht werden. Dorothy Martin scharte in Wisconsin eine große Anzahl „Gläubiger" um sich und wartete mit ihnen auf das Eintreten ihrer Prophezeiung. Als die Flut ausblieb, erntete die Gruppe Hohn und Spott. Doch statt sich von Dorothy Martin und dem UFO-Kult zu distanzieren, fanden die Alienfans eine Erklärung. Sie behaupteten, ihre Gebete hätten Gott umgestimmt; sie blieben bei ihrem Glauben an Außerirdische und versuchten andere davon zu überzeugen. Festinger versuchte das Verhalten der Kultanhänger folgendermaßen zu erklären: Da die Realität mit der Einstellung der Betroffenen nicht übereinstimmte, trat ein „gedanklicher Missklang", also eine kognitive Dissonanz auf. Um diesen Konflikt zu lösen, habe es für die Gruppe nur zwei Auswege gegeben: Sie hätten ihren Irrtum eingestehen und ihre Meinung ändern müssen; oder sie mussten versuchen, die Meinung aller anderen zu ändern. Die Gruppenmitglieder entschieden sich für Letzteres. Laut Festinger streben wir alle nach dem Gegenteil der kognitiven Dissonanz, nach der sogenannten „konsonanten Kognition". Wir neigen zudem dazu, bei einer einmal getroffenen Entscheidung zu bleiben. Deshalb blenden wir notfalls alles aus, was unserem Bild der Wirklichkeit widerspricht, und nehmen nur die Informationen wahr und ernst, die als Bestätigung unseres Denkens und Handelns herhalten können – wir praktizieren also selektive Wahrnehmung. Ein typisches Beispiel ist die betrogene Ehefrau, die jahrelang die geflüsterten Telefonate ihres Mannes überhört und für seine häufigen Überstunden am Wochenende immer wieder Entschuldigungen findet. Schließlich hat er ihr erst letzte Woche wieder versichert, was für eine tolle Gastgeberin und Mutter sie sei und wie wunderbar sie mit der neuen Frisur aussehe. Dieses Verhalten ist natürlich auch ein Schutzmechanismus. Die Ehefrau muss sich nicht mit der Möglichkeit auseinandersetzen, dass ihr Mann sie hintergeht; sie umschifft den Schmerz und vermeidet oder verzögert eine Trennung, die ihr Angst macht. Schon der griechische Stoiker Seneca erkannte, dass es regelrecht heilsam sein kann, sich selbst zu belügen, zum Beispiel, wenn man den Tod eines geliebten Menschen zu verkraften hat. Seneca riet dazu, sich einfach vorzumachen, der Verstorbene sei verreist und werde bald wiederkommen.

Mit unserer Selbsttäuschung lügen wir uns aber nicht nur die Gegenwart schöner, sondern auch unsere Vergangenheit, vornehmlich Situationen, in denen wir gescheitert sind oder einen Schicksalsschlag erlitten haben. Eigentlich sollten wir in so einem Moment trauern, doch damit würden wir eine Niederlage eingestehen – und wer will schon als Verlierer dastehen. So hatte die Trennung vom Partner, unter der wir jahrelang litten, im Nachhinein einen Sinn, weil wir dadurch neue Freunde fanden und endlich Cellospielen lernten. Ebenso wie die schwere Krankheit, die uns erkennen ließ, was im Leben wirklich zählt. Und das Versagen bei der Abschlussprüfung war eigentlich von vornherein klar, schließlich hatte uns der Prüfer schon immer auf dem Kieker. „Ex-Post-Rationalisierungen" heißt das Phänomen, in der Rückschau Sinn und Begründung für zufällige Handlungen und Ereignisse in unserem Leben zu finden und damit dem Schicksalsschlag oder dem Scheitern die Härte zu nehmen.

„Rückschaufehler" nennt der Sozialpsychologe Hartmut Blank von der Universität Leipzig unsere Neigung zu verzerrten Erinnerungen und zur rosaroten Brille, durch die wir die Vergangenheit betrachten. Diese Eigenschaft zeigt sich bei jedem von uns, unabhängig von der Persönlichkeit. Der Grund dafür ist, dass sich unser Gedächtnis durchaus an Ereignisse erinnert, aber lange nicht so gut an Gefühle und Geisteszustände, zum Beispiel an Angst und Selbstzweifel vor der Prüfung. Darum ist es leicht, nebelige Erinnerungen einfach ein wenig umzudeuten, zu verdrängen oder gleich ganz ins Gegenteil zu verkehren. Blank untersuchte das Phänomen des Rückschaufehlers mithilfe einer Umfrage unter Leipziger Bürgern, die ihre Einstellung zur Olympia-Bewerbung ihrer Stadt vor und nach der Absage 2005 schildern sollten. Zwar erinnerten sich viele daran, recht optimistisch gewesen zu sein. Doch rückblickend schien die Absage auf der Hand zu liegen – Leipzig sei eben einfach zu klein, um olympiatauglich zu sein. Etwas als zwangsläufig anzusehen, ist bei frustrierenden Erfahrungen eine Quelle der Erleichterung. Wenn es sowieso vorherbestimmt war, muss man sich keine Vorwürfe machen, es war eben Schicksal.

Manche Menschen glauben jahrzehntelang an ihre „inneren Lügen", ihre Ex-Post-Rationalisierungen und bleiben bei ihren Rückschaufehlern. Damit die Selbsttäuschung funktioniert, sind sie allerdings gezwungen, nicht nur sich selbst, sondern auch ihre Umwelt permanent anzulügen. Das ist in vielen Fällen nicht besonders schlimm, sondern eher tröstlich, wenn wir zum Beispiel eine schwere Krankheit im Rückblick als etwas betrachten, was uns weitergebracht hat. Manchmal jedoch schaden wir uns, wenn wir uns selbst belügen: Wie etwa die Mutter, die sich vormacht, sie habe ein Prachtkind großgezogen, bis die Polizei vor der Türe steht und die Wohnung nach Drogen durchsuchen will. Ohne ihre Selbsttäuschung hätte die Mutter vielleicht ihre Erziehungsmethoden überdacht oder sich Hilfe geholt. Auch die Lebenslüge „Eigentlich bin ich Künstler" kann weitgehende Konsequenzen haben. Statt sich damit abzufinden, dass man kein Talent für den Traumberuf hat, und nach neuen Wegen zu suchen, bleibt man jahrelang in einer Art Warteschleife hängen und hofft, dass es später richtig losgeht. Bis man irgendwann erkennen muss, dass dies nie passieren wird, es für eine andere Laufbahn aber viel zu spät ist. Selbsttäuschung birgt also beides in sich: Trost und Hilfe, aber auch Gefahr.

Wenn die rosarote Brille fehlt: Pessimisten sind schlechte Lügner

„Der Optimist glaubt, heute wird der schönste Tag seines Lebens. Der Pessimist fürchtet, der Optimist könnte Recht haben."

Manchen Menschen fehlt die Fähigkeit zur gezielten Selbsttäuschung. Sie zeichnen sich durch eine ausgeprägte Neigung zum Pessimismus aus, mit oft weitreichenden Folgen, denn wenn man sich nicht selbst belügen kann, besteht die Gefahr, dass man an einer Depression erkrankt. Ohne rosa Brille sieht die Welt ziemlich schwarz aus. In der klinischen Psychologie hält man Pessimisten und Depressive aber keineswegs für hoffnungslose, wirklichkeitsferne Schwarzseher, ganz im Gegenteil. Aus wissenschaftlicher Sicht haben sie vielmehr einen besser ausgeprägten Realitätssinn, sie können sich und ihre Fähigkeiten besser einschätzen als Nichtdepressive, weil sie nicht in der Lage sind, sich das Leben schöner zu lügen. „Pessimisten sind Optimisten mit Erfahrung", bringt es ein Sprichwort auf den Punkt.

Lange Jahre waren Psychologen von anderen Voraussetzungen ausgegangen. Seit Freud glaubte man, dass unrealistisch pessimistische Gedanken und übertrieben negative Denkmuster, die mit einer Depression verbunden sind, sogar die Ursache der Krankheit seien. Depressive, so meinte man, besitzen keinen oder nur einen negativ verzerrten Bezug zur Realität. Ende der siebziger Jahre änderte sich diese Sichtweise mit der Studie der US-Psychologinnen Lauren Alloy und Lyn Yvonne Abramson. Sie verglichen in vier Experimenten depressive mit nichtdepressiven Studenten. Jedes der vier Experimente bestand aus vierzig Versuchen, die jeweils drei Sekunden dauerten und durch ein gelbes Licht eingeleitet wurden. Das war das Zeichen für die Probanden, einen Knopf zu drücken und damit ein grünes Licht zum Leuchten zu bringen. Die Versuchsleiterinnen manipulierten den Schalter jedoch so, dass nicht jeder Knopfdruck zum Erfolg führte, in manchen Sitzungen so gut wie keiner. Anschließend sollten die Studenten ihren Einfluss und den Grad ihrer Kontrolle auf das grüne Licht beurteilen: Waren sie Herr der Lage gewesen? Hatten sie bestimmt, wann und wie oft das Licht geleuchtet hatte? Alloy und Abramson vermuteten dem damaligen Forschungsstand entsprechend, dass sich die depressiven und damit extrem pessimistisch eingestellten Studenten stark unterschätzen würden. Doch erstaunlicherweise lagen die depressiven Versuchspersonen mit ihrer Einschätzung genau richtig, während sich fast alle Nichtdepressiven stark *über*schätzten: Sie gaben einen Kontrollgrad von 60 Prozent an, auch bei Sitzungen, in denen nur wenige ihrer Knopfdrucke das Licht zum Leuchten gebracht hatten. Die beiden Wissenschaftler fassten ihre Ergebnisse mit dem Schlagwort „Sadder but wiser" („Trauriger, aber schlauer") zusammen und stellten damit die gesamte Depressionsforschung auf den Kopf. In zahlreichen weiteren Versuchen wurden die Ergebnisse von Alloy und Abramson bestätigt. So kommt etwa der Sozialpsychologe Martin Seligman zu dem Schluss, „dass nichtdepressive Menschen die Wirklichkeit zu ihren Gunsten entstellen und depressive Menschen die Wirklichkeit korrekt wahrnehmen. (…) Der Pessimist scheint der Realität ausgeliefert zu sein, während der Optimist über eine starke Abwehr gegen die Realität verfügt, die ihm auch angesichts eines gnadenlos gleichgültigen Universums Zuversicht und Frohsinn ermöglicht". Optimisten sind also Meister der Selbsttäuschung mit durchweg positiven und nützlichen Auswirkungen. Sie sind aktiver, handeln planvoller, stellen sich Problemen und starten einfach noch einen Versuch, wenn der erste, zweite und dritte fehlgeschlagen sind. Pessimisten dagegen lassen sich viel schneller entmutigen oder weichen Herausforderungen gleich ganz aus, weil sie mit einem Scheitern rechnen.

Die Gründe, warum wir zu Optimisten oder Pessimisten werden, sind noch nicht ausreichend untersucht. In ersten Studien entdeckte man Hinweise darauf, dass Kinder die Grundeinstellung ihrer Mutter übernehmen, Väter spielen dabei offenbar keine Rolle. Genetische Veranlagung ist ebenfalls von geringer Bedeutung, wie sich bei Untersuchungen an Zwillingen zeigte. Kurz: Ist Mama optimistisch, wird auch der Nachwuchs mit einer rosaroten Brille durchs Leben gehen; ist sie pessimistisch, werden aus den Kindern Schwarzseher. Der entscheidende Grund für das unterschiedliche Verhalten ist die gedankliche Bewertung gemachter Erfahrungen, das heißt, es kommt darauf an, worauf jemand seine Erfolge und Misserfolge zurückführt und welche Erwartungen er aufgrund dessen an die Zukunft hat. Der Fachbegriff in der Sozialpsychologie dafür lautet „Kausalattribution", was man mit „Zuschreibung von Ursachen" umschreiben kann. Konkret bedeutet das: Glaubt jemand, einen Erfolg habe er seinem Glück zu verdanken oder seinen außerordentlichen Fähigkeiten? Führt er ein Scheitern auf Pech oder auf seine Dummheit zurück? Die Erklärungen, die wir für unsere Erfolge und Misserfolge finden, sind entscheidend für unser Selbstbild und unseren Grad an Optimismus oder Pessimismus.

Der Psychologe Winfried Berner hat diese Erklärungsmuster in Form einer Grafik dargestellt:

Kontrolle		
	internal	**external**
instabil	* Vorbereitung * Engagement * Stimmung * Tagesform	* Glück/Pech * schlechter/guter Zeitpunkt
stabil	* Fähigkeiten * Talent * Schicksal	* Schwierigkeitsgrad der Aufgabe * Rahmenbedingungen

Quelle: www.umsetzungsberatung.de

Vier Begründungsmuster stehen uns zur Verfügung. Man kann Erfolge und Misserfolge auf äußere Einflüsse zurückführen (*externale Kontrolle*) oder auf das eigene Handeln (*internale Kontrolle*); man kann die Ursache bei zeitlich begrenzten, vorübergehenden Einflüssen (instabil/variabel) suchen oder bei dauerhaften (*stabil*). Eine stabile Erklärung für das Bestehen einer Prüfung wäre beispielsweise, dass einem ein Aufgabengebiet liegt (*in-*

ternal) oder dass man bei dem Prüfer einen Stein im Brett hat (*external*). Instabil wären die Begründungen, dass man sehr gut vorbereitet war (*internal*) oder dass der Prüfer an dem entscheidenden Tag gut gelaunt war (*external*) – beide Faktoren sind nicht von Dauer, sondern zeitlich begrenzt. Diese vier Begründungsmuster kann man zudem einschränken („Ich habe gerade eine gute Phase.") oder verallgemeinern („Ich bin ein Glückspilz!").

Welche dieser Begründungsmuster ein Mensch für sich nutzt, hat große Auswirkungen auf sein Selbstbild sowie auf seine Tendenz in Richtung Pessimismus oder Optimismus. Wer sich Erfolge mit der eigenen Begabung erklärt und ein Scheitern auf widrige äußere Umstände zurückführt, wird neue Aufgaben und Probleme sehr viel beherzter anpacken als jemand, der glaubt, er habe einfach nur Glück gehabt, wenn ihm etwas gelingt, und der eine Niederlage auf seine Unfähigkeit schiebt.

Geradezu katastrophal kann sich die Kombination der Erklärungsmuster „stabil" und „internal" auf Selbstvertrauen und Lebensfreude auswirken, vor allem wenn man diese Faktoren dann auch noch generalisiert wie etwa mit der Aussage „Ich bin ein Loser". Wer mit dieser Haltung durchs Leben geht, erwartet eine Niederlage nach der anderen und geht zudem davon aus, dass er keinerlei Einfluss auf diese Pechsträhne hat. Optimal für Selbstbild und Motivation ist es dagegen, Erfolge auf die eigenen Fähigkeiten und Misserfolge auf dumme Zufälle oder ungünstige Rahmenbedingungen zurückzuführen, auch wenn das nicht ganz der Realität entspricht.

Aber nicht nur Selbstbild und Selbstvertrauen, auch unser Handeln wird entscheidend davon bestimmt, ob wir stabile oder instabile Begründungsmuster bevorzugen: Wer davon ausgeht, dass er dank harter Arbeit Erfolg hat, wird sich bei neuen Aufgaben anders verhalten als jemand, der sich für sehr begabt hält: Er wird sich erneut anstrengen, weil ihm das ja schon einmal geholfen hat, während sich das selbst ernannte Genie zurücklehnen und auf sein unglaubliches Talent vertrauen wird. Wer dagegen denkt, die Niederlage hatte mit fehlender Begabung zu tun, wird resignieren; wer glaubt, er habe sich einfach nicht genügend vorbereitet, wird sich beim nächsten Mal mehr ins Zeug legen. Auch die externalen Begründungsmuster können bestimmend für unser Handeln sein: Wer an Glück, Pech oder Zufall glaubt, wird nach einer Niederlage sehr viel eher zu einem weiteren Versuch bereit sein als jemand, der die Ansicht vertritt, dass ihm die gesellschaftlichen Rahmenbedingungen keine Chance lassen, wie etwa „Ab 50 bekommt man in Deutschland sowieso keinen Job mehr".

Ob wir glücklich und zufrieden sind, hängt also nicht unbedingt damit zusammen, wie gewogen uns das Schicksal ist. Viel Glück macht nicht zwangsläufig glücklich oder optimistisch; ebenso wenig wie Rückschläge, Niederlagen und persönliche Katastrophen unbedingt unglücklich, pessimistisch und depressiv machen. Viele Menschen mit einem schweren Schicksal bezeichnen sich selbst als glücklich und führen ein erfülltes Leben. Es kommt darauf an, wie wir unser Leben gedanklich bewerten, welche Erklärungen wir uns selbst für unsere großen Siege und Niederlagen, für die kleinen Erfolge und Misserfolge zurechtlegen. Dabei ist die Fähigkeit zu lügen äußerst nützlich. Wenn man es schafft, daran zu glauben, dass man eine Prüfung nur verpatzt hat, weil man übermüdet war (ungünstige Rahmenbedingungen), wird man den nächsten Versuch mit sehr viel mehr Selbstvertrauen und weniger Prüfungsangst angehen, als wenn man sich die Wahrheit vor Augen hält: nämlich dass sich die eigenen Fähigkeiten in Grenzen halten. Optimisten sind darin besser als Pessimisten, sie sind die geschickteren Lügner, und sie sind in der Lage, an ihre eigenen Schwindeleien zu glauben. Das wiederum führt in vielen Fällen zu einer „Selffulfilling Prophecy", der „selbsterfüllenden Prophezeiung". Diesen Begriff prägte der amerikanische Soziologe Robert Merton 1949. Damit gemeint ist das Phänomen, dass sich eine Vorhersage vor allem deshalb erfüllt, weil sie vorhergesagt wurde. Der Grund dafür ist, dass die Betroffenen bewusst oder unbewusst auf ihre Umwelt Einfluss nehmen und sie so verändern, dass das vorhergesagte Ereignis dann wirklich eintritt. So wird etwa ein optimistischer Praktikant, der fest damit rechnet, am Ende des Praktikums als Angestellter übernommen zu werden, seinen Vorgesetzten gegenüber sehr selbstbewusst auftreten und sich in Konferenzen mit Vorschlägen zu Wort melden – und auf diese Weise dem Chef so angenehm auffallen, dass er wirklich eine Stelle bekommt, obwohl er eigentlich gar nicht der am besten qualifizierte Bewerber ist. Ein pessimistischer Praktikant mit den gleichen Qualifikationen und Fähigkeiten wie der Optimist wird sich dagegen im Hintergrund halten, weil er für sich sowieso keine Chance sieht – und er wird am Ende auch keine bekommen. In beiden Fällen hat sich die Vorhersage erfüllt.

Notorische Optimisten sind in vielerlei Hinsicht besser dran, auch wenn sie immer mal wieder Rückschläge verkraften müssen, weil ihre Lügen zu gut funktionieren und sie sich zu positiv einschätzen. Denn ihr Optimismus ist ansteckend und wirkt sich auch auf ihre Umgebung ermutigend aus, während Pessimisten andere häufig runterziehen. Nicht zuletzt deshalb sind Optimisten beliebter, erfolgreicher, kommen besser beim anderen Geschlecht an und haben größere Karrierechancen, was der Psychologe Martin Seligman mit dem Satz „Pessimisten küsst man nicht" zusammenfasst. Optimisten trauen sich an Aufgaben heran und packen Projekte an, die Pessimisten für unmöglich halten, denn allzu großer Realismus wirkt lähmend. Wissenschaftler gehen sogar davon aus, dass Optimisten länger leben und gesünder sind als Pessimisten. Diesen Rückschluss zogen Psychologen der Universität in Michigan aus über achtzig Jahre alten Daten, die während der „Termin-Life-Cycle"-Langzeitstudie in den zwanziger Jahren erhoben worden waren. Bei dieser Untersuchung wurde der Lebensweg von mehr als 1500 hochbegabten Kindern aus San Francisco über Jahrzehnte hinweg verfolgt, teilweise bis zu ihrem Tod. Die beiden Studienleiter Martin Seligman und Christopher Peterson untersuchten die Totenscheine derjenigen Teilnehmer, die bis 1991 verstorben waren, oder fragten ersatzweise Verwandte nach den Todesursachen. Dabei zeigte sich, dass fast alle, die früh starben, die Meinung vertraten, ein Fehlschlag sei nicht nur zufälliges Pech, sondern typisch für die Welt und ihr eigenes Schicksal. Die Pessimisten starben also früher und litten häufiger an schweren Krankheiten. Seligman und Peterson fiel bei der Auswertung der Ergebnisse besonders der Unterschied der Todesursachen zwischen Pessimisten und Optimisten auf. Die pessimistischen Personen kamen viel häufiger durch Gewalt oder Unfälle zu Tode. Die Studienleiter interpretierten das Ergebnis so, dass man sich durch eine fatalistische Lebenseinstellung dazu verleiten lässt, Gefahren nicht mehr auszuweichen. Dadurch würden pessimistische Personen öfter Opfer von Autounfällen, Schlägereien oder Überfällen. Optimisten scheinen dagegen besser auf sich zu achten, nicht nur, wenn es um Überfälle und Unfälle geht. Sie ernähren sich gesünder, trinken weniger Alkohol, rauchen seltener und treiben mehr Sport. Das längere Leben der Optimisten scheint also wieder auf eine „Selffulfilling

Prophecy" zurückzuführen zu sein. Die Erkenntnis, dass positives Denken und Optimismus Balsam für Seele und Körper sein können, erscheint uns nicht neu. Aus wissenschaftlicher Sicht ist diese Einsicht aber noch relativ jung, wie die Psychologen Michael Scheier und Charles Carver anmerken: „Klinische Psychologen entdecken langsam, was viele Laien schon seit Jahren wussten – nämlich dass positives Denken hilfreich ist. "

Mit einer rosaroten Brille durchs Leben zu gehen hat aber nicht nur Vorteile, Optimisten neigen zu charakteristischen Fehlern. Dazu gehört, sich selbst und die eigenen Einflussmöglichkeiten zu überschätzen. „Overconfidence effect" („Selbstüberschätzungseffekt") nennen das die Psychologen und Mathematiker Daniel Kahneman und Amos Tversky: „Wir sind nicht nur davon überzeugt, dass wir mehr über Politik, unseren Job und unsere Ehepartner wissen, als das tatsächlich der Fall ist, wir sind auch noch davon überzeugt, dass das, was wir nicht wissen, unwichtig ist. " Diese Selbstüberschätzung ist nach Ansicht der beiden Wissenschaftler allen Menschen zu eigen, ist aber den Ergebnissen der Depressionsforschung zufolge besonders typisch für Optimisten.

Während sich Pessimisten wie erwähnt sehr realistisch bewerten, überschätzen optimistische Manager die Bedeutung ihrer Entscheidungen für das Unternehmen, optimistische Lehrer die Wirksamkeit ihres Unterrichts, optimistische Wissenschaftler die Aussagekraft ihrer Theorien, optimistische Eltern den Einfluss ihrer Erziehung. Dies kann bis zur sogenannten „Kontrollillusion" führen: Man glaubt, Ereignisse, Entwicklungen und Handlungen anderer beeinflussen und kontrollieren zu können, obwohl sie in Wirklichkeit ganz ohne das eigene Zutun passieren. Diesen Effekt beobachten Arbeitspsychologen besonders oft in den Chefetagen von Unternehmen. Manager und andere Führungspersonen organisieren Motivations- und Fortbildungsseminare für die Mitarbeiter, berufen permanent Konferenzen ein, legen Jours fixes fest, erstellen Organigramme und Power-Point-Präsentationen, versenden ein Memo nach dem anderen und halten sich für unersetzlich – all dies hat aber keinerlei Einfluss auf die geleistete Arbeit und den Erfolg. Das Unternehmen funktioniert nicht deswegen, sondern ganz unabhängig davon.

Notorische Optimisten haben zudem Probleme damit, eigene Fehler einzusehen und aus ihnen zu lernen. Während Pessimisten nach einer Niederlage ihr Handeln kritisch hinterfragen und die eigene Vorgehensweise dann auch ändern, bleiben optimistische Menschen stur bei ihrer Strategie und erhöhen allenfalls deren Intensität, getreu dem Grundsatz „mehr bringt mehr" – vor allem wenn es um Grundsätzliches geht, also zum Beispiel um Überzeugungen und Lebenseinstellungen. Die Selbsttäuschung funktioniert in solchen Momenten *zu* gut. Das ist auch dann der Fall, wenn es darum geht, eigene Fehler und Schwächen einzugestehen. Da Optimisten dazu neigen, Misserfolge äußeren Umständen zuzuschreiben, bleibt ihnen zwar das schlechte Gewissen und das nagende Gefühl der Mitverantwortung erspart, andererseits blenden sie den eigenen Anteil am Scheitern einfach aus und damit jede Möglichkeit, sich zu verbessern. Pessimisten beurteilen die Situation viel realistischer, wenn sie Schiffbruch erleiden. Sie gestehen sich und anderen Versäumnisse ein wie etwa mangelnde Vorbereitung, Sorgfalt oder Aufmerksamkeit. Sie ziehen also nicht nur externale, sondern auch internale Erklärungen in Erwägung. Damit eröffnen sie sich selbst die Chance zu einem Kurswechsel in die richtige Richtung. Und genau in so einem Moment ist es von Vorteil, nicht ganz so gut lügen zu können wie Optimisten.

Wie wir lügen

Der kleine Unterschied:
Wie Frauen flunkern und Männer mogeln

Das Klischee ist jahrtausendealt: Frauen sind das verlogene Geschlecht. Platon und Aristoteles halten Frauen „von Natur aus für verschlagen, hinterlistig und unehrlich", Nietzsche rät im Umgang mit dem anderen Geschlecht nicht zuletzt deshalb zur Peitsche, weil „dem Weibe nichts fremder, widriger und feindlicher ist als Wahrheit", und der österreichische Philosoph Otto Weininger glaubt, die „Verlogenheit des Weibes" sei „organisch bedingt". Aus wissenschaftlicher Sicht lässt sich das natürlich nicht belegen, ganz im Gegenteil. In einer Untersuchung des Lügenforschers Paul Ekman kamen Frauen auf 180 Lügen, Männer auf 220 Lügen pro Tag, was allerdings auch auf die größere Anzahl sozialer Kontakte der Männer zurückzuführen sein könnte. Peter Stiegnitz, der für sich selbst den Namen „Mentiologe", also sozusagen „Lügologe", erfunden hat, nennt Männer gar „das schwache Geschlecht", wenn es um Stressbewältigung geht, und behauptet, dass sie aus diesem Grund auch um 20 Prozent mehr lügen als Frauen. Die meisten Wissenschaftler gehen jedoch davon aus, dass bei der Anzahl der Schwindeleien kein großer Unterschied zwischen den Geschlechtern besteht.

Anders sieht es bei der Art der Lügen aus. Im Gegensatz zu Männern schwindeln Frauen im Gespräch mit Unbekannten häufiger, um den anderen nicht vor den Kopf zu stoßen, bloßzustellen oder weil sie für gute Laune sorgen und das Wohlbefinden des Gegenübers heben wollen. Ein gutes Beispiel für eine typisch weibliche Verhaltensweise liefert eine Frau, die eigentlich perfekt Englisch spricht, aber das gebrochene Gestammel ihres wenig fremdsprachenbegabten Gesprächspartners nicht versteht. Statt „Ich verstehe kein Wort von dem, was Sie sagen. Soll das Englisch sein?" lügt sie und stellt dabei ihr Licht unter den Scheffel: „Mein Englisch ist sehr schlecht, ich verstehe Sie leider nicht. Könnten Sie den Satz bitte noch einmal wiederholen?" Sie möchte so vermeiden, dass sich der andere dumm vorkommt oder das Gefühl hat, sich lächerlich gemacht zu haben. Männer tendieren in so einem Fall eher dazu, das Gegenüber auf seine Fehler hinzuweisen und ihre eigenen Sprachkenntnisse damit hervorzuheben – wie sich der Gesprächspartner dabei fühlt, ist ihnen nicht so wichtig.

Aldert Vrij schildert in „Detecting Lies" eine Untersuchung der Psychologin Bella DePaulo. Die Amerikanerin ließ Probanden unter neunzehn Bildern zwei auswählen: eines, das ihnen besonders gut gefiel, ein zweites, das sie hässlich fanden. Ihre Auswahl mussten sie ausführlich schriftlich begründen. Anschließend sollten sie sich mit einer angeblichen Kunststudentin über die Bilder unterhalten, die, so erklärten die Versuchsleiter, einige der Kunstwerke selbst gemalt habe und nicht wisse, ob die Probanden ihr Werk gut fänden oder nicht. Die „Kunststudentin" war in Wirklichkeit eine Assistentin der Untersuchungsleiterin und kannte die Meinung der Probanden zu den Bildern sehr genau. In der Diskussion waren alle Versuchspersonen irgendwann gezwungen, mit der sympathischen Studentin über dasjenige Bild zu sprechen, welches sie am wenigsten mochten. Die Frauen äußerten dabei viel mehr Positives über das Gemälde als die Männer, obwohl sie es kurz vorher ja noch verrissen hatten. Sie lobten dabei überschwänglich Aspekte des Bildes, die ihnen tatsächlich gefielen, also zum Beispiel die Auswahl der Farben. Ihre Kritik verschwiegen sie jedoch oder milderten sie ab. Aber auch beim Gespräch über das Lieblingsbild des jeweiligen Probanden zeigte sich ein deutlicher Unterschied: Frauen lobten das Bild überschwänglicher als Männer. Der Schluss, den die Wissenschaftler aus diesem Experiment zogen, lautet: Frauen lügen eher für andere, Männer für sich selbst.

Dieser geschlechtsspezifische Unterschied tritt schon bei Kindern auf. In einem Versuch der amerikanischen Psychologin Carolyn Saarni erhielten Mädchen und Jungen zwischen sieben und elf Jahren Geschenke, nachdem sie einem Erwachsenen bei einer Arbeit geholfen hatten. Bei den Belohnungen handelte es sich um Süßigkeiten und Geld, was bei den Kindern gut ankam. Kurz darauf wurden die jungen Probanden wieder um Hilfe gebeten. Dieses Mal gab man ihnen langweilige Geschenke oder solche, die eigentlich für weitaus jüngere Kinder gepasst hätten. Die Mädchen brachten daraufhin ihre Enttäuschung viel weniger deutlich zum Ausdruck als die Jungen. Viele reagierten sogar mit übertriebener Freude und Dankbarkeit auf das völlig unpassende Geschenk. Dieses typisch weibliche, auf andere ausgerichtete Lügenverhalten passt zu anderen Erkenntnissen der psychologischen Forschung. Frauen gelten in Unterhaltungen als offener, vertraulicher und zugewandter als Männer, sie geben ihrem Gegenüber mehr positive und emotionale Rückmeldungen. Sie vermeiden etwas zu sagen, das den anderen verletzen könnte, und schmeicheln ihm stattdessen. Sowohl Männer als auch Frauen bevorzugen deshalb Gespräche mit Frauen, wenn es um Persönliches geht.

Die weiblichen Flunkereien haben durchaus einen Sinn. Sie verhindern Aggressionen und Konflikte und stärken letztlich die Stabilität und den Zusammenhalt in einer Gruppe. Nach Meinung mancher Evolutionsbiologen könnte das schon seit den Anfängen der Menschheit eine wichtige Aufgabe der Frau gewesen sein. Plakativ ausgedrückt, war ihrer Meinung nach der Ur-Mann zuständig für die Nahrungsbeschaffung und die Verteidigung seiner Familie, die Ur-Frau sorgte für den Nachwuchs und das Zusammengehörigkeitsgefühl in der Gruppe. Dabei könnte es geholfen haben, nicht immer bei der Wahrheit zu bleiben und den anderen manchmal Honig ums Maul zu schmieren, um sie bei Laune zu halten.

Trotz Evolution und Emanzipation lügen Männer und Frauen also offenbar nach wie vor passend zu den vorgegebenen Geschlechterrollen unserer Gesellschaft. Der Soziologe und Psychologe Stiegnitz stellt in seinem Buch „Die Lüge" eine „Hitliste" für typische Frauen- und Männerlügen auf, die dies eindrucksvoll zu bestätigen scheint. Da sich Männer häufig über ihren Status definieren, steht laut Stiegnitz an Platz eins der Männer-Lügenliste das Auto: „So gibt es kaum einen Mann, der offen zugibt, nichts von seinem Auto zu verstehen, oder gar, dass er die Geschwindigkeitsbegrenzungen, wenn auch notgedrungen, oft einhält." Auf Platz zwei kommt der Job, der von Männern „stets überbewertet" werde, die Bedeutung der eigenen Arbeit und die eigene Position werden zum Teil drastisch überschätzt. Auf Platz drei der männlichen Lieblingslügenliste findet sich die „Freizeit": Es ist offensichtlich typisch männlich, sich als besonders aktiv und sportlich darzustellen, selbst wenn die Kondition gerade noch für einen Sprint zur U-Bahn ausreicht; faule Fernsehwochenenden auf der Couch werden dagegen verschwiegen. Frauen lügen laut Stiegnitz am häufigsten, wenn sie nach ihrem Gewicht gefragt werden, sie korrigieren es ebenso wie ihr Alter, das an zweiter Stelle der weiblichen

Lügen-Hitliste steht, ein wenig nach unten – eine Reaktion auf den Schlankheits- und Jugendwahn unserer Zeit. Auf Platz drei sind Lügen, welche die eigene Treue betreffen. Männer scheinen bei diesem Thema ehrlicher zu sein, bei ihnen erreicht „Treue" nur Platz vier. Auch dies spiegelt das Frauen- und Männerbild unserer Gesellschaft wider, immer noch verzeiht man Männern Seitensprünge und Untreue eher als Frauen, darum gibt es auch weniger Gründe für sie, in diesem Bereich die Unwahrheit zu sagen. Auf Platz vier der weiblichen Lieblingslügen rangiert „Einkaufen". Frauen geben im Freundes- und Familienkreis oft einen niedrigeren Preis an, als sie in Wirklichkeit bezahlt haben, um sich selbst als geschickte Schnäppchenjägerin darzustellen. Besonders verbreitet ist diese Lüge bei berufstätigen Frauen mit relativ hohem Einkommen. „Der Grund dieser typisch weiblichen Lüge", so Stiegnitz, „ist das Erstürmen der letzten Männerbastion: die der ‚Wirtschaftlichkeit'."

Kindermund tut keine Wahrheit kund:
Lügen lernen ist kinderleicht

Schon sehr früh sind Kinder mit der bei uns verbreiteten widersprüchlichen Haltung zur Lüge konfrontiert: Die Eltern ermahnen sie, nicht zu schwindeln, wenn es darum geht, herauszufinden, wer den Hund rasiert oder die Vase zerbrochen hat, und rügen sie einen Tag später, wenn sie sich angeekelt von Besuchern mit Mundgeruch abwenden, die sie abküssen möchten. Sie sollen sich freudestrahlend bedanken für langweilige Geschenke von der Tante, Interesse heucheln an öden Gesprächen mit dem Onkel, mit gespieltem Genuss die harten Kekse von Oma hinterwürgen und sich Bemerkungen verkneifen wie

„Mama hat gesagt, Tante Inge wird auch immer fetter" oder „Guck mal, der Mann hat nur ein Bein!". Sie werden zur Ehrlichkeit angehalten und erleben gleichzeitig mit, wie Mama am Telefon den Papa verleugnet, weil der keine Lust auf Überstunden am Wochenende hat; wie die Eltern vor Bekannten die schwere Ehekrise herunterspielen oder Papa vor dem nervigen Nachbarn mit dem teuren Auto protzt, das nur geleast ist. Viele Eltern erzählen ihren Kindern bis ins Schulalter Geschichten über den Osterhasen, das Christkind und den Nikolaus, ja sie bauen komplizierte Lügengebäude, damit die Wahrheit erst möglichst spät ans Licht kommt. Diese Lügen gehören nach Meinung vieler zu einer glücklichen Kindheit. Es sollte uns deshalb klar sein, dass wir es selbst sind, die aus unseren Kindern Lügner machen. Denn Lügen ist keine angeborene, sondern eine erlernte Fähigkeit.

Bis zum vierten Lebensjahr lügen Kinder nicht, weil sie dazu noch nicht in der Lage sind. Die wichtigste Voraussetzung fürs Lügen ist nämlich, sich in den anderen hineinversetzen zu können. Man muss wissen, was der andere weiß und erwartet, um ihn anzuflunkern. Wissenschaftler am Kinderspital in Zürich überprüften in einem „False-Belief-Experiment" mithilfe eines Puppenspiels, in welchem Alter Kinder zu dieser Denkleistung fähig sind. Dazu versteckte die Puppe Max' Süßigkeiten in einer Schachtel und verließ danach den Raum. Seine Schwester nahm die Süßigkeiten aus der Schachtel und packte sie in ihre eigene Box. All das konnten die Kinder beobachten. Nun fragten die Versuchsleiter, in welcher Schachtel Max wohl seine Süßigkeiten suchen würde, wenn er zurück ist. Kinder unter vier Jahren waren sich durchweg einig, er werde natürlich in der Box seiner Schwester nachsehen. Ihnen war nicht klar, dass Max nicht das Gleiche gesehen hatte wie sie und nicht wissen konnte, dass seine Puppen-Schwester die Süßigkeiten stibitzt hatte. Kinder unter vier Jahren waren also nicht in der Lage, sich in Max hineinzuversetzen, ältere dagegen schon – eine unabdingbare Voraussetzung für die Lüge.

Die kanadische Kinderpsychologin Joan Peskin versuchte, mit dem „Mean Monkey" (dem „Gemeinen Affen") herauszufinden, ob es eine allgemeingültige Altersgrenze für die Fähigkeit zu lügen gibt: Eine Handpuppe, geführt von der Psychologin, und ein Testkind haben die Auswahl zwischen verschiedenen Stickern, der Spielzeugaffe hat dabei immer die erste Wahl. Bevor er zugreift, fragt er nach dem Lieblingssticker des Kindes – und entscheidet sich gemeinerweise immer genau für diesen. Dreijährige reagieren zwar enttäuscht, kommen aber gar nicht auf die Idee, den Affen anzuschwindeln, wenn er sie nach ihrem Favoriten fragt, auch wenn sie wieder und wieder das Nachsehen haben und sich ihren Lieblingssticker wegschnappen lassen müssen. Erst ab vier Jahren wird den Kindern klar, dass der Affe ihre Gedanken und Gefühle nicht kennen kann und dass man nicht immer aussprechen muss, was man wirklich denkt. Jetzt überlisten sie den Affen und nennen ihm einen Sticker, der ihnen nicht wirklich gefällt.

Wer Kleinkinder jedoch bei ihren ersten Lügen erlebt, merkt, wie schwierig Schwindeln eigentlich ist. Die Lüge sei „ein Sprachspiel, das gelernt sein will wie jedes andere", sagte dazu der Philosoph Ludwig Wittgenstein. Nur selten gelingt es den Kleinen, eine stimmige und glaubwürdige Geschichte zu erfinden, dabei zu bleiben und bei all dem nicht zu vergessen, dass die Flunkereien ja auch Auswirkungen auf ganz andere Bereiche haben können und eventuell weitere Lügen notwendig machen, damit die erste nicht auffliegt. Wenn das Kind beispielsweise behauptet, es habe das Nutella-Glas gar nicht leer gelöffelt, kann es ein paar Minuten später am Esstisch nicht sagen, es habe keinen Hunger mehr, sondern muss weiterflunkern und einen verdorbenen Magen in Kauf nehmen. Das schafft kein Vierjähriger, ja damit tun sich sogar Erwachsene schwer: „Ich bin kein Lügner, dafür habe ich ein viel zu schlechtes Gedächtnis", sagte deshalb der amerikanische Präsident Abraham Lincoln.

Je mehr im Umfeld der Kinder geflunkert, gelogen und geschwindelt wird, desto häufiger verwenden sie die Kommunikationstechnik „Lüge" und perfektionieren sie – Kinder mit älteren Geschwistern sind deshalb meist weiter in Sachen Lüge. Ungefähr mit elf Jahren haben Kinder das Schwindeln perfektioniert. Ihre Lügengeschichten sind logisch und glaubwürdig und sie vermeiden Mimik und Gesten, welche Eltern als verdächtig ansehen würden, wie beispielsweise dem Blick des Gesprächspartners ausweichen, zögerliches oder besonders schnelles Sprechen. Die Haltung zum Lügen und zu Lügnern ändert sich bei Schulkindern im Laufe der Jahre deutlich. So berichtet die Zeitschrift *Geo Wissen* (38/2006) von dem Versuch der Pädagogikprofessorinnen Renate Valtin und Sabine Walper, die Kindern in Berlin und München eine Art Fotoroman vorlegten. In der Bildgeschichte geht es um eine alltägliche Höflichkeitslüge: Der Kuchen der Gastgeberin ist völlig misslungen, trotzdem behauptet der Gast, er schmecke ihm gut. Die Versuchsleiterinnen wollten von den Kindern wissen, was sie von dieser Lüge halten. Sie wiesen auch darauf hin, dass die Gastgeberin auf Kritik traurig, sauer oder gekränkt reagieren könnte. Sechsjährige kennen jedoch selbst in so einem Fall kein Mitleid. Sie sind für Ehrlichkeit um jeden Preis, höchstens eine kleine Abmilderung lassen sie gelten wie zum Beispiel: „Du, dein Kuchen schmeckt ein bisschen gar nicht gut". Wenn es um Lügen geht, ist diese Altersgruppe rigoros: „Alle

Lügner müssen ins Gefängnis!" oder „Man sollte Lügner immer bestrafen!" oder „Lügen sind nie anständig, sondern immer böse". Erst ab ungefähr acht Jahren werden Kinder in ihrem Urteil etwas milder, die große Mehrheit der von Valtin und Walper befragten Acht- bis Zehnjährigen sprach sich für Höflichkeitslügen aus, wenn es nötig ist. Die Versuchsleiterinnen bescheinigten den Testkindern dabei ein „beträchtliches soziales Geschick" bei der Formulierung: „Ich esse den Kuchen später", „Kuchen backen kannst du nicht so gut, aber dafür kannst du viel besser malen als Mama" oder „Vielleicht kannst du nächstes Mal ein anderes Rezept ausprobieren". Viele der kleinen Moralapostel wurden dann aber in einer zweiten Untersuchung von Valtin und Walper sehr verständnisvoll, wenn es beim Lügen nicht um Taktgefühl und Höflichkeit geht, sondern ums eigene Wohlergehen. Fast 20 Prozent der Sechs- bis Dreizehnjährigen finden, es sei in Ordnung zu lügen, wenn man Angst vor einer Strafe hat. Ein Achtjähriger erklärte laut Valtin und Walper gar, man dürfe „im Notfall" lügen, also „beim Mordanschlag, beim Geld- oder Schmuckklauen". Ein Extrembeispiel in der Studie, doch es zeigt, dass bei Kindern und Jugendlichen ab einem gewissen Alter sehr viel Verständnis für Lügner und Lügen herrscht. Denn in diesem Alter haben sie mit Sicherheit schon am eigenen Leibe die Konsequenzen erlebt, wenn sie beim Lügen ertappt wurden, oder die Vorteile, die eine geschickte Mogelei mit sich bringen kann.

Dass die jüngere Generation der Lüge nicht nur verständnisvoll, sondern richtiggehend wohlwollend gegenübersteht, belegt eine Umfrage des Allensbacher Institutes für Demoskopie zum Thema „Die Deutschen und die Lüge" aus dem Jahr 2006. Darin äußerten sich jüngere Menschen zwischen 16 und 29 Jahren viel positiver zu den Lügen anderer als die älteren Befragten; zudem bekannten sie sich viel öfter als die Älteren dazu, häufig die Unwahrheit zu sagen. So gaben 31,9 Prozent der 16- bis 29-Jährigen an, sich schon einmal beim Arbeitgeber krankgemeldet zu haben, obwohl sie gesund waren. Unter den über 60-Jährigen waren es nur 9,9 Prozent. 80,5 Prozent der Jüngeren hatten nach dieser Umfrage schon einmal ein Treffen mit einem Freund wegen Zeitmangels abgesagt, obwohl sie in Wirklichkeit bloß keine Lust hatten. Bei den älteren Deutschen waren es dagegen nur 47,2 Prozent.

Lügenforscher wie der Sozialpsychologe Marc-André Reinhard machen für diesen Trend den allgemeinen gesellschaftlichen Wertewandel verantwortlich. Wir bewegen uns weg von den klassischen Normen Nicht-Stehlen, Nicht-Betrügen, Pünktlich-Sein und eben auch vom Nicht-Lügen. Lügen fällt den Jungen deshalb offensichtlich leichter als Älteren. Das ist kein Grund, in kulturpessimistische Depressionen zu verfallen. Der amerikanische Psychiater Charles Ford geht laut *NZZ-Magazin* vom August 2006 nämlich davon aus, dass Lügen für die Entwicklung des Kindes von großer Bedeutung seien, um eine eigene Identität zu entwickeln und sich von den Eltern abzugrenzen. Mit seinen ersten Erfolgen beim Lügen erkennt ein Kind, dass die Eltern nicht allwissend sind und dass zwischen dem eigenen „Ich" und dem der anderen eine Grenze besteht. Die Lügen sind laut Ford eine Art Abnabelungsprozess, der auch in der Pubertät eine große Rolle spielt. Jugendliche erschaffen sich Fantasiewelten, lügen, um ihren Willen durchzusetzen und sich Freiräume und Freiheiten zu erkämpfen, die ihnen die Eltern verwehren: ein Zeichen für das Streben nach Abgrenzung und Autonomie, das Ford für den Ausdruck eines Reifungsprozesses hält. Und das bedeutet, wer nicht lernt zu lügen, wird nie erwachsen werden.

Ebenso wichtig ist es aber für Kinder und Jugendliche zu begreifen, wo die moralische Grenze verläuft, welche Lügen also sinnvoll und vielleicht sogar angebracht, welche zumindest verständlich oder tolerabel und welche rigoros abzulehnen sind – diese Fähigkeit gehört zum Erwachsensein. Aber genau damit tun sich viele Eltern in Deutschland schwer. Sie impfen ihren Kindern beim Thema Lügen generell ein schlechtes Gewissen ein, so wie sie es von ihren Eltern kennen. Ihrem eigenen Ehrlichkeitsideal werden sie aber natürlich nie gerecht, denn sie vergessen, dass „Du sollst nicht lügen" kein göttliches Gebot ist, sondern eine gesellschaftliche Regel mit vielen sinnvollen Ausnahmen. Was für das viel gescholtene Fernsehen gilt, trifft auch aufs Lügen zu: Man muss den Fernsehapparat nicht gleich aus der Wohnung verbannen, weil oft Schrott gesendet wird. Wichtig ist vielmehr, den Kindern zu zeigen, welche Sendungen gut und unterhaltsam sind und warum das so ist. Genauso ist nicht jede Lüge prinzipiell schlecht und Ehrlichkeit immer gut. Es geht darum, Kindern klarzumachen, dass man eine Wahl zu treffen hat, jeden Tag aufs Neue, und dass man dafür ganz alleine verantwortlich ist.

Täuschen mit Herz:
Warum Liebe und Lüge zusammengehören

In einer Umfrage der Universität Mannheim unter knapp 1200 alleinstehenden Männern und Frauen auf Partnersuche gaben über 80 Prozent als wichtigste Eigenschaft des Traumpartners „Ehrlichkeit" an. Die meisten von uns wollen also gerade in der Partnerschaft die ganze Wahrheit und nichts als die Wahrheit. Ehrlich? Warum freuen wir Frauen uns dann so darüber, wenn es unserem Liebsten „überhaupt nichts ausmacht", auf den Fußballabend zu verzichten und sich mit uns durch einen französischen Kunstfilm ohne eine einzige Actionszene zu quälen? Warum wird uns warm ums Herz, wenn er nach dem Film sagt: „Das hat echt Spaß gemacht", obwohl wir wissen, dass er uns zuliebe schwindelt? Warum hören wir nur zu gerne, wir seien „die schönste Frau der Welt", obwohl wir so gut wie er wissen, dass das nichts weiter als eine charmante Übertreibung ist? Warum glauben wir lieber, der Seitensprung auf der Weihnachtsfeier sei nichts weiter als ein „betrunkener Ausrutscher" gewesen, der „nichts, aber auch gar nichts" zu bedeuten habe, anstatt auf der verletzenden Wahrheit zu bestehen, die wir ahnen: Er findet uns nicht mehr besonders aufregend? Und wie sieht es mit der weiblichen Ehrlichkeit in der Liebe aus? Wie ist es mit: „Die Haare auf deinem Rücken stören mich überhaupt nicht." „Ich habe vor dir nur mit drei anderen Männern geschlafen." „Ich gucke für mein Leben gerne Formel Eins." „So guten Sex wie mit dir hatte ich noch nie!" „Aussehen ist bei Männern doch nicht so wichtig." „Es ist wirklich übertrieben, dass Peter seiner Freundin immer so teure Geschenke macht." „Ich kann mit dir über alles reden." „Zu viele Muskeln sind doch ordinär!" „Gefällt mir, wie du deine Wohnung einrichtest. Ist mal was anderes." „Umtauschen? Nein, genau das habe ich mir gewünscht." „Ich finde einen Trekking-Trip auch besser als einen Wellness-Urlaub." „Männer brauchen sich nicht für Mode zu interessieren." „Über meinen Ex bin ich längst weg." „Schade, nächste Woche ist es total schlecht. Ich melde mich."

Gerade wenn es um Lust und Liebe geht, ist unsere Haltung zur Lüge und zum Lügen besonders widersprüchlich: Jeder Dritte gab im Januar 2007 in einer Umfrage der *Apotheken-Umschau* an, ohne große Gewissensbisse zu lügen, um „in Liebesdingen erfolgreich zu sein". Gleichzeitig erklärten 81 Prozent der Befragten, man müsse in Beziehungen „in wichtigen Dingen ehrlich sein". Aber wo fangen sie an, die „wichtigen Dinge"? Und warum tun wir uns so schwer mit der Wahrheit in der Liebe, wo wir sie uns so sehr wünschen? In der Phase des Kennenlernens stehen die meisten von uns kleinen und größeren Lügen noch wohlwollend oder zumindest verständnisvoll gegenüber. In der Soziologie geht man sogar davon aus, dass Täuschungsmanöver beim ersten Aufeinandertreffen zweier potenzieller Partner eine unabdingbare Voraussetzung sind; plakativ ausgedrückt gibt es ohne Lüge keine Liebe. Dies ist vor allem dann der Fall, wenn es sich um ein sogenanntes „Pick-up" handelt, also eine erste Begegnung zwei einander fremder Personen, und es dann zu einer „einseitigen Kontaktaufnahme" kommt. Damit gemeint ist der Klassiker des Kennenlernens: Junge trifft Mädchen und spricht sie an – oder umgekehrt. Das ist stets eine heikle Situation, nicht nur, weil man sich dabei einen Korb holen kann. Soziologen wie Karl Lenz bezeichnen ein „grundloses Ansprechen" als Verstoß gegen „die rituelle Ordnung der Interaktion". Man dringe damit in das „Gesprächsreservat" des anderen ein, was als „Entweihung der Person" wahrgenommen werde. Das klingt kompliziert, doch jeder von uns hat diese Erfahrung schon oft gemacht: Werden wir auf der Straße oder in einem Restaurant einfach so von einem Wildfremden angesprochen, reagieren wir erst einmal zurückhaltend, vielleicht sogar ungehalten oder misstrauisch. Wenn man also ein Gespräch beginnen möchte, um jemand kennenzulernen, braucht man einen Grund – und nur in seltenen Fällen ist es angebracht, diesen Wunsch direkt auszusprechen. „Ich möchte Sie gerne näher kennenlernen" wirkt auf die meisten Frauen und

Männer abschreckend. Es gibt jedoch viele rituelle Codewörter und -sätze, mit denen man genau das sagen kann, ohne es auszusprechen, wie zum Beispiel „Sind Sie öfter hier?", „Kennen wir uns nicht?", „Gefällt dir die Musik hier?" oder „Hast du mal Feuer?". Der Fragesteller ist nicht wirklich an der Antwort auf diese Fragen interessiert, er umschifft vielmehr den rituellen Verstoß des grundlosen Ansprechens, seine Täuschung beim Pick-up ist also durchaus sinnvoll.

In Lifestyle-Zeitschriften wird häufig die Fantasielosigkeit solcher Anmachsprüche kritisiert und nach neuen Formulierungen gesucht. So berichtete das Männermagazin GQ im Dezember 2006, dass Klassiker wie „Hast du mal Feuer" bei Frauen nicht mehr gut ankämen. Viel besser seien originellere erste Sätze wie „Ich hab meine Telefonnummer vergessen, kann ich deine haben?" oder „Hab ich Zucker in den Augen, oder bist du wirklich so süß?". Große Erfolge ließen sich mit übertriebenen Komplimenten, „geschwollenen Formulierungen" und vermeintlich kitschig klingenden Sprüchen erzielen, wie etwa „Was muss ich tun, um den Anblick einer so attraktiven Lady länger genießen zu können?" oder „Ich finde, du bist die tollste Frau in diesem Laden." Untersuchungen zeigen aber, dass in einer Pick-up-Situation dem Inhalt des ersten Satzes keine allzu große Bedeutung zukommt. Wichtig für den Erfolg ist nur, dass der wahre Grund für die erste Kontaktaufnahme verschleiert wird – auch wenn beide das Täuschungsmanöver kennen und durchschauen.

Karl Lenz verweist auf eine zweite Form des Betrugs beim ersten Kennenlernen: die vorgespielte Hilfesituation. Diese ist seiner Ansicht nach eine inzwischen überholte kommunikative Strategie, zu der Frauen vor der Emanzipationsbewegung jedoch gezwungen waren, um ihren Traummann auf sich aufmerksam zu machen. Ein typisches Beispiel dafür ist das fallen gelassene Taschentuch, das der Mann aufheben und zurückgeben soll, natürlich um dann ein Gespräch zu beginnen. Bis weit in die fünfziger Jahre waren „anständige" Mädchen zu solchen Tricks gezwungen, wie Ehe-Ratgeber aus dieser Zeit beweisen. „Es ist noch immer das schönste Recht der Frau, sich umwerben zu lassen und den zweiten, nicht den ersten Schritt zu tun (…). Draufgängertum in diese Richtung ist schon beim Mann nicht schön, bei Frauen aber äußerst abstoßend. In jedem gesund empfindenden Mann wird es nur Widerstand wecken. Frauen ist es seit Evas Zeit gegeben, ihre eigenen Wünsche diplomatisch in die männliche Initiative einzubauen", schreibt beispielsweise Gertrud Oheim in ihrem Buch „Die gute Ehe" von 1959. In Magazinen und Ratgebern dieser Zeit werden Frauen beim Thema Liebe, Lust und Ehe offen zum Lügen und Betrügen angehalten, allzu große Ehrlichkeit in diesem Bereich gilt als peinliches Fehlverhalten, geschickte Schwindelei als Tugend. So rät der Autor Ernst Aranus verliebten Mädchen in seinem Buch „Lieben ohne Reue" von 1957: „Versuchen Sie es als echte Tochter Evas einmal ‚listig'; passen Sie genau den Moment ab, wenn sie mit ihm beim Ausgang zusammentreffen und lassen dann einfach ein eingepacktes Buch oder einen anderen Gegenstand fallen. Das muss natürlich ganz unabsichtlich aussehen. Sicher wird er es aufheben und Ihnen überreichen. Schon ist der beste Anknüpfungspunkt gefunden, und nun liegt es an Ihnen, den Gesprächsstoff nicht gleich abreißen zu lassen."

So eine vorgespielte Hilfesituation ist nicht etwa ein längst überholtes Täuschungsmanöver aus der Mottenkiste. Noch immer werden Frauen auf Partnersuche dazu aufgefordert, wie etwa in der Frauenzeitschrift *Petra*

(01/2007). In dem Artikel „15 Schritte Richtung Traummann" empfiehlt die Autorin Christiane Bongertz in „Schritt 7: Mein Retter!": „Männer möchten sich immer noch fühlen wie der Neandertaler, der für seine Holde in der Höhle den Säbelzahntiger erlegt: als Held. Lassen Sie also den Typen an der Zapfsäule nebenan Ihren Reifendruck prüfen und den Nachbarn Katzenstreusäcke schleppen. Geht doch nicht, weil Sie damit die Emanzipation untergraben? Unsinn, Sie helfen nur dem Selbstbewusstsein der Männer auf die Sprünge." Der Tonfall mag sich geändert und dem Zeitgeist angepasst haben, der Inhalt nicht. Das gilt auch weiterhin für die Frage, wer für den ersten Schritt zuständig ist. Nach wie vor wird erwartet, dass der Mann die Initiative ergreift, Frauen sollen sich zurückhalten oder müssen, wie bei der vorgespielten Hilfesituation, Umwege gehen. Laut einer Umfrage des Meinungsforschungsinstitutes Forsa unter deutschen Teenagern aus dem Jahr 2006 erwarten 80 Prozent der Mädchen zwischen 14 und 17 Jahren, dass der Junge bei einem Flirt die Initiative ergreift; bei den männlichen Teenagern der gleichen Altersgruppe stimmten dem immerhin 63 Prozent zu. Das aber bedeutet, dass Mädchen und Frauen immer noch mit kleinen Tricks, Schwindeleien und Betrug arbeiten müssen, um von ihrem Traumprinzen wahrgenommen zu werden.

Nach dem berühmten ersten Schritt geht das Lügen erst richtig los. Über- oder Untertreibungen gehören genauso zum Flirt wie etwas unter den Tisch fallen zu lassen – alles, um sich ein wenig besser darzustellen, als man in Wirklichkeit ist. In einem Experiment der amerikanischen Psychologin Bella DePaulo zeigte sich, dass die Probanden potenzielle Liebespartner, mit denen sie noch kein engeres Verhältnis hatten, besonders häufig belogen, nämlich in jeder dritten „Interaktion", wie die Begegnungen und Gespräche in der Psychologie genannt werden. In festen Beziehungen wurde „nur" bei jeder zehnten Interaktion geflunkert. Die weiblichen Versuchsteilnehmer logen besonders häufig, wenn sie nach der Anzahl ihrer Sexualpartner gefragt wurden – übrigens eine auch in Deutschland typische „Frauenlüge". Die Männer schwindelten sich in der Studie von DePaulo hingegen ihre Leistungen im Studium und beim Sport zurecht.

Unsere Selbstdarstellung beim Flirten überschreitet natürlich oft die Grenze zur Täuschung; die Angst, dem anderen nicht zu gefallen und zu genügen, ist bei Männern und Frauen gleich stark ausgeprägt. Wir wollen auf unser Gegenüber möglichst klug, witzig und schlagfertig wirken und sind darauf bedacht, zu beeindrucken oder auf ähnliche Interessen, Absichten und Ansichten hinzuweisen. Das macht so manche Flunkerei nötig. Besonders anfällig dafür ist der Flirt via Internet, eine immer beliebtere Form der Partnersuche. Im November 2006 suchten sieben Millionen deutsche Internetnutzer Kontakte in virtuellen Singlebörsen. Nach einer Umfrage des Forsa-Institutes lügen Männer bei der Suche im Netz weit mehr und öfter als Frauen: Bei 80 Prozent war mindestens eine Angabe zu Alter, Größe, Beruf, Familienstand, Bildern und Namen falsch, bei einigen sogar die gesamte Biografie inklusive der ins Netz gestellten Fotos. Bei den Frauen schwindelten dagegen nur 35 Prozent. Aus soziologischer Sicht ist das aber kein Grund für ein allzu schlechtes Gewissen, sondern ein wichtiger und notwendiger Bestandteil des Kennenlernens.

Der Soziologe Lenz macht dafür die „Individualisierung der Partnerwahl" verantwortlich. In früheren Zeiten, als Ehen noch von den Eltern arrangiert wurden, lernte sich das Paar nicht vor, sondern während der Ehe kennen, darum hielt sich die Eigenwerbung in Grenzen; sie war schlicht nicht notwendig. Heute entscheiden die Menschen selbst über ihre Beziehungen, mit der Folge, dass sie sich als besonders attraktiv präsentieren müssen, um den anderen zu überzeugen. Die potenziellen Partner sind, so Lenz, gezwungen, „sich als einzigartig darzustellen und als solche auch akzeptiert zu werden". Und ganz ohne zu schwindeln klappt das nur in den seltensten Fällen. Nicht umsonst werden Frauen in der modernen Ratgeberliteratur aufgefordert, sich interessanter zu machen, indem sie sich und ihre wahren Absichten verschleiern – so wie schon zu Großmutters Zeiten. Selbst wenn ihr ein Mann gefalle oder sie sich Hals über Kopf in ihn verliebt habe, so der Tenor der Autoren, dürfe eine Frau dies unter keinen Umständen allzu deutlich zeigen. In ihrem Buch *Flirt-m@il. Die Kunst, den Mann fürs Leben im Netz zu angeln* behaupten Ellen Fein und Sherrie Schneider: „Es ist nun einmal so, dass Männer Herausforderungen lieben, deswegen muss eine Frau sich rarmachen." In fünfundzwanzig Regeln fürs Online-Dating raten sie Frauen, sich mysteriös zu geben und den Mann zappeln zu lassen. Dadurch werde eine Frau zu einer Herausforderung, und nur dann könne ein Mann sich nachhaltig verlieben. Einige der Online-Dating-Verhaltensregeln lauten: „Antworten Sie erst einmal nicht auf die Anfrage eines Mannes!", „Warten Sie vierundzwanzig Stunden mit der Antwort!", „Wenn er sich nach vier E-Mails nicht mit Ihnen verabredet – löschen, der Nächste bitte!", „Tauchen Sie zwischen den Verabredungen unter!" Ähnliche Tipps gibt es auch beim Thema Sexualität: Trotz der in den vergangenen fünfzig Jahren stattgefundenen sexuellen Liberalisierung und trotz aller Emanzipation wird Frauen dazu geraten, den ersten Sex mit einem neuen Partner hinauszuzögern, weil dies den Jagdtrieb des Mannes anstachle. Zudem zeige sich auf diese Weise, ob er eine längerfristige Partnerschaft oder nur ein Abenteuer im Sinn habe. Ihre eigenen erotischen Wünsche und Gedanken sollte eine Frau zu diesem Zeitpunkt also noch nicht offen äußern und notfalls unterdrücken. So schreibt Eva Wlodarek in ihrem Beziehungsratgeber „Den richtigen Mann finden": „Wann Erotik ins Spiel kommt, bestimmen Sie natürlich selbst. Klug ist es allerdings, den Zeitpunkt nicht zu früh zu setzen. So finden Sie am besten heraus, ob er wirklich an Ihnen als Person oder nur an einer Affäre interessiert ist."

Typisch in dieser Anfangsphase einer Zweierbeziehung ist es, dem anderen Einblick ins eigene Leben zu geben. Geschichten über die Kindheit, Schul- und Studienzeit nehmen einen breiten Raum ein. Positives wird dabei besonders betont, Negatives häufig ausgeklammert oder aber dazu benutzt, sich selbst aufzuwerten, etwa weil man schwierige Situationen erfolgreich gemeistert hat. Ein typisches Beispiel ist eine übertriebene Beschreibung der beruflichen Karriere, die man trotz ärmlicher Verhältnisse im Elternhaus und schlechter Ausbildung geschafft hat. Beim anfänglichen Kennenlernen sind beide gleichermaßen Täter und bereitwilliges Opfer des Betruges. Dank der „rosaroten Brille" in der ersten Verliebtheit sind wir nur zu gerne bereit, der idealisierten Selbstdarstellung des anderen Glauben zu schenken – eine wichtige Voraussetzung, dass eine Beziehung zustande kommt, und deshalb aus Sicht von Lenz „durchaus funktional".

Es gibt allerdings eine Grenze, bis zu der solche Täuschungen akzeptiert werden. Übertreibt man in der Aufbauphase einer Zweierbeziehung zu sehr, steht man schnell als unzuverlässiger Lügner und Hochstapler da. So etwa der angeblich tolle Skifahrer, der kaum den Idiotenhügel hinunterkommt; der nach eigener Auskunft gut informierte Kunstliebhaber, der Expressionismus nicht von Impressionismus unterscheiden kann; oder die strikte Nichtraucherin, die bei zu viel Stress regelmäßig zur Zigarette greift. Bei einem kurzen Flirt mag dies zum Erfolg führen, bei einer längeren Beziehung kommt der Betrug aber natürlich irgendwann heraus. Mit solchen Mogeleien setzt man in der Aufbauphase die entstehende Beziehung möglicherweise aufs Spiel, wenn der andere Partner den Vertrauensbruch als zu groß empfindet. Es kann jedoch auch genau das Gegenteil eintreten: Der Mann, der aus Scham seinen Arbeitsplatzverlust verschwiegen hat, bewirkt bei der Frau, in die er sich verliebt hat, unter Umständen eine emotionale Solidarisierung und keine Ablehnung.

Komplizierter wird es, wenn aus dem Flirt eine feste Beziehung geworden ist. Je näher wir einem anderen Menschen kommen, desto mehr wissen und erfahren wir ganz automatisch über ihn. Sich abzugrenzen oder etwas geheim zu halten wird aufwendig. Für eine Partnerschaft gilt in unserer Gesellschaft heute das ungeschriebene Gesetz, ehrlich und aufrichtig zu sein. Diese Ehrlichkeitsregel mag uns heute völlig normal vorkommen, sie existiert aber noch nicht allzu lange. In seinem Ratgeber von 1957 *Lieben ohne Reue* empfiehlt Ernst Aranus Ehefrauen: „Teilen Sie Ihrem Mann auch nie Ihre Gedanken und Empfindungen mit; reden Sie nie zuviel und formen Sie das, was Sie sagen mit kluger Voraussicht." Eine eindeutige Aufforderung an unsere Mütter und Großmütter zum Vertuschen, Verbergen, Verleugnen und Verdrehen.

Ganz anders sieht es heute aus: Zu einer Liebesbeziehung gehört nach Meinung der meisten Deutschen so viel Ehrlichkeit wie möglich. Laut dem Soziologen Niklas Luhmann gehen die Partner in modernen Zweierbeziehungen davon aus, dass man „für alles am anderen aufgeschlossen zu sein hat, kein Desinteresse bekunden darf an dem, was der andere persönlich wichtig nimmt, und seinerseits keine Fragen unbeantwortet lassen darf, auch und gerade wenn sie auf Persönliches zielen". Zu dieser Entwicklung passt, dass die Ansprüche, die wir an Zweierbeziehungen stellen, extrem hoch und teilweise völlig unrealistisch sind. Wir erwarten vom anderen, dass er in unserem Leben zahlreiche Rollen übernimmt: als enger Vertrauter, bester Kumpel, leidenschaftlicher Liebhaber, Freizeitpartner und als verantwortungsvolles Elternteil. Alles zugleich und ein Leben lang. Das Liebesideal unserer Zeit ist eine Art Verschmelzung zweier Personen. Diese Sichtweise hat ihren Ursprung in der Romantik vor etwa zweihundert Jahren. Damals verbreitete sich die Vorstellung, eine Ehe müsse einzig und allein auf Liebe beruhen. Bis dahin war die Ehe als materiell motivierte Versorgungspartnerschaft angesehen worden, allzu tiefe Gefühle füreinander empfand man dabei eher als störend und unpassend. An die Stelle der Vernunftehe trat im 19. Jahrhundert nach und nach die Liebesheirat und mit ihr die Idee von der einzigen „große Liebe", die man suchen und finden musste. Die tiefen Gefühle sollten ein Leben lang anhalten – ohne sie war die Verbindung nichts wert und konnte aufgelöst werden. Damit einher ging die Forderung nach größtmöglicher Offenheit, Ehrlichkeit und Aufrichtigkeit, was sich bis heute in Beziehungsratgebern widerspiegelt. So rät die Journalistin und Theologin Susanne Breit-Kessler in der Zeitschrift *chrismon* (1/2004), sich so zu verhalten, wie Max Frisch es vorgeschlagen hat, nämlich den anderen mit der „Wahrheit wie mit einem Mantel sanft" zu umhüllen, „aber eben doch mit der Wahrheit". Noch sehr viel mehr fordert Liebesexpertin Susan Page in ihrem Buch „Jetzt mache ich uns glücklich": „Intimität verlangt, dass sie offen und ehrlich miteinander sind. (…)

Intimität ist die Erfahrung, seine äußeren, eher für die Öffentlichkeit bestimmten Wesenszüge abzustreifen und sein Innenleben mit einer anderen Person zu teilen. Nach dieser Definition mögen Sie, wenn Sie das, was in Ihnen vorgeht, nicht voll und ganz mitteilen, zwar so etwas wie ein quasi-intimes Verhalten haben, aber keine echte Intimität erleben." Ohne kompromisslose Offenheit in allen Lebensbereichen keine wirkliche Intimität und echte Liebe – kein Wunder, dass so viele Beziehungen und Ehen an derart hochgesteckten Zielen scheitern. Der Hamburger Paartherapeut Michael Mary geht in *5 Lügen, die Liebe betreffend* sogar davon aus, dass wir uns von „Liebeslügen" leiten lassen, die langfristige Beziehungen in unserer Gesellschaft unmöglich gemacht haben. Die aus seiner Sicht schwerwiegendste ist, dass zu einer guten Langzeitbeziehung dauerhaft lodernde Leidenschaft, aber auch Nähe, Wärme und Vertrautheit gehören – laut Mary eine Quadratur des Kreises.

Die modernen Beziehungsideale bringen es mit sich, dass uns Betrug und Lügen aus Untreue umso härter treffen. Finden wir heraus, dass uns ausgerechnet der Partner, dem wir uns emotional praktisch völlig auslieferten, belogen und betrogen hat, sind wir gezwungen, die gesamte gemeinsam verbrachte Vergangenheit neu zu bewerten – ein Schock, von dem man sich unter Umständen nie wieder erholt. Also fordern wir vom anderen und von uns selbst Ehrlichkeit, doch wir scheitern nur allzu oft an der Realität. Mit dem Satz „Die Lüge tötet die Liebe. Aber die Aufrichtigkeit tötet sie erst recht" bringt Ernest Hemingway das Liebeslügendilemma auf den Punkt. Selbst Experten in Sachen Liebesbeziehungen geraten bei diesem Thema ins Schwimmen. So rät die Erlanger Psychologin Ruth Friel in einem 2006 im Magazin *Sechs+Sechzig* erschienenen Interview zum Lügen, fordert aber zugleich größtmögliche Offenheit und Ehrlichkeit, denn „jedes Schweigegebot löst Verdrängungsmechanismen aus, zumal Offenheit auch in anderen Bereichen dann oft nicht möglich ist. Dieser Zustand macht auf Dauer krank". Kurze Zeit später betont sie aber dann, dass Lügen erlaubt seien, wenn die Wahrheit zu hart erscheine. „Man denke nur an den Seitensprung. Oder, da wird es noch deutlicher, den One-Night-Stand. Warum sollte der Partner unter dem Wissen leiden? Ehrlichkeit um jeden Preis ist nicht erforderlich." Und im nächsten Absatz erklärt sie: „Unterm Strich ist die Differenzierung wichtig zwischen ‚schlechten' Geheimnissen, die man besser klärt, und ‚guten', bei denen man es ruhig bleibenlassen darf". Ist also der Seitensprung ein „gutes Geheimnis"? Muss ich in diesem Fall nicht befürchten, dass mich „Verdrängungsmechanismen" auf Dauer „krank machen"? Verbaue ich damit nicht Offenheit in anderen Bereichen?

Eindeutig zweideutig äußert sich auch der Psychologe Hans-Werner Bierhoff von der Ruhr-Universität in Bochum in einem Bericht der Nachrichtenagentur *ddp* vom Februar 2005: „Einerseits wird Ehrlichkeit, Offenheit und Verlässlichkeit von den Partnern als tragende Säule einer Beziehung angesehen. Auf der anderen Seite wäre es aber für alle Beteiligten unerträglich, wenn jeder Gedanke ausgesprochen würde." Demnach sind Lügen erlaubt? „Im Zweifel sollte man bei der Wahrheit bleiben. Offenheit und Ehrlichkeit haben in jeder Beziehung einen sehr hohen Wert. Diesen in Frage zu stellen, ist das Dümmste, was man machen kann", erklärt Bierhoff in einem anderen Absatz. Auch hier bleiben viele Fragen offen: Ist Ehrlichkeit nun unerträglich oder doch eher ein so hoher Wert, dass nur der Dümmste eine Lüge riskieren würde? Wie schafft man es, ehrlich, aber nicht *zu* ehrlich zu sein? Der Münchner Paartherapeut David Wilchfort empfiehlt, aufs Bauchgefühl zu hören. „Wenn das schlechte Gewissen drückt, muss man aufmerksam werden", rät er in der *ddp*-Meldung. Ignoriere man das Gefühl, wirke sich das auf das eigene Verhalten und somit langfristig auf die Beziehung aus – und das bereite den Nährboden für weitere Probleme. Sind also Gewissensbisse ein Stopp-Signal für Liebeslügen? Entscheidend sei, so Wilchfort, nicht *ob* man bei der Wahrheit bleibt, sondern vor allem *wie man sich ausdrückt.* „Es gibt tausend Arten zu sagen, wie man etwas findet oder was passiert ist. Solange man in der Aussage deutlich macht, dass man seinen Partner respektiert und schätzt, kann man fast alles sagen, ohne ihn unnötig zu verletzen." Das klingt gut, aber wie sagt man: „Ja, du bist sehr dick geworden" oder „Ich langweile mich mit dir", ohne dem anderen wehzutun? Wie kann man dem Partner gestehen: „Du bist mir auf Partys peinlich, wenn du getrunken hast", und ihm trotzdem signalisieren, dass man Respekt empfindet? Was nutzt es dem Liebsten, wenn man „ihn schätzt", aber zugeben muss: „Es prickelt nicht mehr zwischen uns". Oder ihm das schlimmste aller Geständnisse machen muss: „Ich bin fremdgegangen". Gerade beim Thema Untreue hört die Wahrheitsliebe der meisten Deutschen auf, Ehrlichkeitsregel hin oder her. Laut einer aktuellen Studie der Abteilung für Sexualforschung an der Universität Hamburg und der Forschungsstelle Partner- und Sexualforschung Leipzig haben 28 Prozent der befragten 30-, 45- und 60-Jährigen eigene Erfahrungen mit Affären und längerfristigen Nebenbeziehungen. Zwei Drittel der Frauen und die Hälfte der Männer wissen nichts vom Betrug ihrer Partner.

Wenn es um Liebe und Lüge geht, macht sich Hilflosigkeit breit, bei uns ebenso wie bei sogenannten Experten. Wie für andere Bereiche unseres Lebens gilt, dass wir ohne Lüge auch hier nicht auskommen – das zu behaupten wäre gleich wieder eine. Und gerade am Anfang scheint die Lüge sogar eine Voraussetzung für das Entstehen der Liebe zu sein. Vielleicht müssen wir uns klarmachen, dass die „Ehrlichkeitsregel", die wir für Beziehungen aufgestellt haben, auf einem Liebesideal beruht, das es in der Realität nicht gibt. Und dass Ausnahmen bekanntlich jede Regel bestätigen. Zudem ist Ehrlichkeit um jeden Preis auch in der Liebe nicht erstrebenswert. Es ist falsch zu glauben, die Partner müssten alles übereinander wissen – das macht eine Beziehung sterbenslangweilig. Jeder hat in einer Partnerschaft das Recht auf Privatsphäre und auf kleine oder größere Geheimnisse; Gemeinsamkeit bedeutet eben nicht die komplette Verschmelzung zweier Menschen. Und Vertrauen zueinander haben kann nicht heißen, dass sich der andere in einen „gläsernen Geliebten" verwandeln muss. Wir entscheiden selbst, wie viel Vertrauen wir jemandem schenken, und wir haben kein Recht auf Wahrheit und nichts als die Wahrheit, auch nicht, wenn wir einem Menschen sehr nahestehen. Liebe ohne Lüge wird es niemals geben, wir müssen also entweder auf sie verzichten oder mit den Liebeslügen leben lernen – zum Beispiel indem wir bereit sind, sie manchmal zu verzeihen, dem Liebeslügner oder uns selbst.

Grenzenloser Schwindel:
Andere Länder, andere Lügen

Als ich zum ersten Mal beruflich in China unterwegs war, versuchte ich meinem Interviewpartner zu erklären, wie das Gespräch ablaufen würde, das wir gleich filmen wollten: Ich nannte ihm einige der Fragen, die ich stellen würde, und beschrieb die Kameraeinstellungen, unsere Positionen und Blickrichtungen. Ich bat ihn um seine Meinung, wollte wissen, ob er mit meinen Ideen einverstanden sei und wie sie ihm gefielen. Der Chinese, Produktionsleiter einer großen Fabrik, hörte sich alles lächelnd an, nickte dazu und ließ mir mitteilen, alles sei sehr schön, wir sollten das Interview jedoch besser verschieben, am besten auf morgen oder übermorgen, da ich nach dem langen Flug aus Deutschland sicherlich müde sei. Ich nahm ihn beim Wort und wollte das Interview einen Tag später führen. Erst da wurde mir klar, dass mir mein Interviewpartner eine glatte Absage erteilt hatte, von meinen Vorschlägen nichts hielt und auf neue Vorschläge hoffte. Es wäre ihm aber nie in den Sinn gekommen, mir das direkt zu sagen, denn das hätte einen Gesichtsverlust für mich bedeutet. Der Produktionsleiter log, um eine direkte Konfrontation zu vermeiden. Einen Termin, ein Treffen oder eine Entscheidung unter verschiedenen Vorwänden immer wieder zu verschieben, bis man einen Verhandlungs- oder Zeitvorteil gewonnen hat, ist eine typische Praxis im chinesischen Geschäfts- und Privatleben.

Wenn man in China jemanden um etwas bittet, wird es der Gesprächspartner nur ganz selten direkt ablehnen; auch offene Kritik wird man nicht zu hören bekommen. Ganz im Gegenteil äußert sich der Gefragte immer positiv, auch wenn er eine Bitte nicht erfüllen möchte oder mit etwas nicht einverstanden ist. Verabredet man sich zum Beispiel mit einem chinesischen Bekannten in einem Restaurant, das ihm viel zu teuer ist, wird der Bekannte dies niemals zugeben und eine Alternative vorschlagen. Stattdessen sagt er scheinbar begeistert zu und erscheint dann einfach nicht. Etwas Ähnliches kann man erleben, wenn man in China jemanden nach dem Weg fragt und derjenige keine Ahnung hat, wo es langgeht. Statt zu sagen „Ich weiß nicht, wo das ist, fragen Sie jemand anderen", wird er den Weg genau beschreiben – allerdings einen falschen. Seine mangelnde Ortskenntnis zuzugeben hätte einen Gesichtsverlust *für ihn* zur Folge. Es käme einem Chinesen nie in den Sinn, eine aus seiner Sicht verletzende Absage oder Ablehnung direkt auszusprechen und so sein Gegenüber bloßzustellen. Die Lüge aus Höflichkeit oder um eine Konfrontation zu vermeiden ist in China und ganz Asien allgegenwärtig. „Wer lügt, ist nett", fasst der junge chinesische Student Song Xingliang die chinesische Einstellung zur Unwahrheit zusammen.

Und nicht nur das: Das chinesische Schriftzeichen „zhi" hat zwei Bedeutungen, es steht für List, aber auch für Weisheit. Wenn man beides geschickt einzusetzen versteht, gilt man in China als klug und kreativ. Diese Haltung hat Tradition. Bereits vor 1500 Jahren erschien im „Sanshiliu Ji", im „Geheimen Buch der Kriegskunst", eine Anleitung zum Austricksen. Der antike Ratgeber nennt dabei 36 Möglichkeiten, den Gegner zu übertölpeln, wie zum Beispiel: „Im Osten lärmen, im Westen angreifen", „Einen Backstein hinwerfen, um einen Jadestein zu erlangen", „Verrücktheit mimen, ohne das Gleichgewicht zu verlieren", „Einen dürren Baum mit künstlichen Blumen schmücken", „Auf das Dach locken, um dann die Leiter wegzuziehen". Die uralte Listenliste taucht in vielen brandneuen Wirtschaftsratgebern in Taiwan und China auf – die Folgen bringen so manchen europäischen oder amerikanischen Unternehmer zum Verzweifeln. Denn das Gesicht zu wahren, Konflikte zu vermeiden und eine harmonische Stimmung zu erhalten, ist den meisten Asiaten so wichtig, dass sie dafür eine Lüge durchaus in Kauf nehmen. Die Wahrheit ist für sie in solchen Fällen keineswegs erstrebenswert, sondern wie ein brutaler Schlag ins Gesicht. Unser direktes, ohne Höflichkeitslügen verschleiertes Verhalten kommt vielen Asiaten rüde vor.

Genau das Gegenteil ist in den USA der Fall, hier nimmt man uns Deutsche besonders im Geschäftsleben ganz anders wahr. Denn wir sind gewohnt, Kritik und Ablehnung halbwegs freundlich zu verpacken: „Ihr Vorschlag ist wirklich ein sehr guter Anfang, doch wir sollten vielleicht noch nach anderen Möglichkeiten suchen." Wir empfinden dieses Vorgehen als einfühlsam, der amerikanische Geschäftspartner wird uns als verlogen ansehen; er möchte unsere ehrliche Meinung ohne Umwege über Höflichkeitslügen hören. Als viel *zu* offen, ehrlich und direkt empfindet man uns Deutsche dagegen in der Schweiz. Dort ist am Arbeitsplatz ein betont freundlicher und höflicher Umgangston üblich, Kritik äußert man nur indirekt oder versteckt, in Diskussionen und Konferenzen hält man sich mit Widerspruch zurück und vermeidet Konfrontationen. Die Zusammenarbeit erfordert deshalb viel mehr höfliche Schwindeleien, Halbwahrheiten, Über- und Untertreibungen als bei uns.

Ein noch größerer Unterschied herrscht zwischen Deutschland, den USA und Großbritannien, wenn es ums Schummeln, Schwindeln und Spicken in der Schule geht, wenn man also vorgibt, etwas zu beherrschen, was man eigentlich gar nicht kann. „Cheating", also Betrügen, ist an englischen und amerikanischen Schulen ein schweres Vergehen und kann einen Rauswurf nach sich ziehen – selbst wenn man nur mit einem Spickzettel erwischt wird. Für uns (und übrigens auch für Franzosen, Spanier und Italiener) ist das kaum vorstellbar, Schummeln und Spicken gelten als eine Art Kavaliersdelikt. Wer sich beim Spicken geschickt anstellt, wer sich besonders kreative Schummelmethoden ausdenkt, wird selbst von Lehrern als clever angesehen; ja viele deutsche Lehrer sind gar der Ansicht, dass es keine bessere Vorbereitung auf einen Test gebe, als einen guten Spickzettel zu verfassen.

Kulturunterschiede oder fehlendes Wissen über andere Gesellschaften können dazu führen, dass *wir* eine Aussage als Lüge ansehen, die gar keine ist. Besonders fatal wirkt sich das bei der sogenannten „Glaubwürdigkeitsprüfung" von Asylbewerbern in Deutschland aus, bei der sie ihre Leidensgeschichte mithilfe eines Übersetzers glaubwürdig darstellen und Fragen dazu beantworten müssen. Dabei treffen deutsche Beamte und Flüchtlingsberater aus unserer individualistisch geprägten Kultur häufig auf Menschen aus kollektivistischen Kulturen mit völlig unterschiedlichen Lebensmustern und damit verbundenen Kommunikationsstilen. Viele Flüchtlinge aus Kulturen, in denen der Einzelne wenig, die Gemeinschaft dagegen viel zählt, wie zum Beispiel in Schwarzafrika oder Asien, benutzen so gut wie nie das Wort „Ich", sondern sprechen von „Wir" – auch wenn sie von sich selbst reden, denn sie begreifen sich als Teil eines Ganzen. Das Wort „Nein" wird nicht verwendet, um eine Konfrontation zu vermeiden. „Ja" bedeutet nicht unbedingt Zustimmung, sondern manchmal einfach „Ich höre noch zu". In vielen asiatischen Kulturen wird gelächelt, wenn die Menschen über schlimme Ereignisse berichten; in schwarzafrikanischen Kulturen kann Lachen Ausdruck größten Unbehagens sein – auf uns wirkt dieser scheinbare Widerspruch zwischen Mimik und dem, was man sagt, „verlogen". Wörter wie „Familie, Bruder, Freund" bedeuten im kurdischen oder afrikanischen etwas anderes als im deutschen Sprachraum: Mit „Familie" ist immer der gesamte Clan, vielleicht sogar die Dorfgemeinschaft gemeint, Brüder können auch Cousins dritten Grades sein, und mit Freundschaft sind ganz andere Pflichten verbunden als bei uns. Der Faktor Zeit spielt in anderen Kulturen häufig eine völlig andere Rolle, man denkt nicht in Stunden und Tagen, sondern teilt die Lebenszeit nach Jahreszeiten, nach der Pflanz- und Erntesaison oder der Geburt der Kinder ein – darum sind viele Asylsuchende nicht in der Lage, Zeitverläufe so wiederzugeben, dass die Fragesteller sie als „exakt und glaubwürdig" ansehen. Ohne diese Besonderheiten zu kennen, ist es kaum möglich, die Glaubwürdigkeit der Asylbewerber einzustufen und „Lügner" zu entlarven. Der Ethnologe und Flüchtlingsberater Martin Schmidt sagt dazu: „Wenn meine Mutter die Wahrheit von mir wissen wollte, legte sie viel Wert darauf, dass ich ihr dabei direkt in die Augen schaute. Menschen, die mir nicht in die Augen blicken, wenn sie mit mir sprechen, gelten als unsicher und unehrlich (…) Vor allem in Kulturen, aus denen die meisten Flüchtlinge zu uns kommen, wie in den arabischen Ländern, in der Türkei, bei den Kurden, in Westafrika, Indien, Sri Lanka, Russland etc., gilt es als Zeichen des Respekts, wenn ich vor der Autorität den Blick senke bzw. den direkten Augenkontakt vermeide, und hat (…) nichts mit dem Wahrheitsgehalt der Aussage zu tun."

All diese Beispiele lassen sich mit dem Satz zusammenfassen: Andere Länder, andere Lügen – und auch andere Ansichten darüber, wann gelogen werden darf oder sogar muss. Lügen ist demnach nicht nur eine Frage der Definition und der menschlichen Psyche, sondern auch eine Frage der Herkunft.

Wo die Lüge lauert

Fälschungen: Lügen zum Anfassen

Ende August 2006 gelang Zollfahndern im Hafen Hamburg ein spektakulärer Schlag gegen die globale Produktpiraterie. Die Ermittler stellten insgesamt 117 Container voll mit gefälschten Uhren, Turnschuhen, Textilien und Spielzeug sicher. Die Aktion zog sich über mehrere Wochen und gilt als weltweit größter Erfolg im Kampf gegen Marken-Plagiate. Der Wert der Fälschungen betrug 383 Millionen Euro. Die Ware kam mit mehreren Schiffen verschiedener Reedereien aus China, die Absender sind unbekannt, die Empfängeradressen in Österreich, Ungarn und Italien existieren nicht. Der Zoll geht davon aus, dass der gesamte europäische Markt mit den Produkten überschwemmt werden sollte. 101 Container mit 945.384 Paaren falscher Nike-Sneakers, 14 Container mit 13.916 Sportschuhplagiaten anderer Firmen, 76.760 gefälschte Uhren, 123.600 gefälschte Textilien – die Mengen, mit denen der Hamburger Zoll fertigwerden mussten, waren riesig. Der Zoll stand vor einer bislang unbekannten logistischen Herausforderung, denn die Zerstörung von Marken-Plagiaten ist gesetzlich vorgeschrieben. Eigens dafür wurde eine große Schredderanlage auf dem Freihafengelände aufgebaut, eine Lkw-Flotte in Bewegung gesetzt und eine Müllverbrennungsanlage in Hannover ermittelt, deren Betreiber sich zutrauten, mit den unerwarteten Müllmassen fertigzuwerden. Und so türmte sich auf dem Hafengelände ein rund zwölf Meter hoher und fußballfeldgroßer Berg aus geschredderten Turnschuhen, die nach und nach in die Verbrennungsöfen wanderten – eine gigantische Vernichtung von nagelneuen, aber eben gefälschten Produkten.

Fälschungen gibt es seit Jahrtausenden, wahrscheinlich so lange wie die Menschheit. Sogar Macht und Einfluss von Papst und katholischer Kirche basieren auf einem gefälschten Dokument. Die „Konstantinische Schenkung", angeblich eine Urkunde aus dem vierten Jahrhundert nach Christus, ausgestellt vom römischen Kaiser Konstantin I., sicherte Papst Silvester I. die Weisungsbefugnis über alle anderen Kirchen, begründete territoriale Ansprüche und verlieh ihm und seinen Nachfolgern einen Rang, der mit dem kaiserlichen vergleichbar war. Die Kirche behauptete, Kaiser Konstantin habe das Dokument aus Dankbarkeit über eine Wunderheilung verfasst; die Kirchenoberen benutzten es jahrhundertelang, um die päpstliche Macht zu rechtfertigen. Dabei bewiesen zwei Gelehrte schon im 15. Jahrhundert, dass das Papier erst 500 Jahre nach dem Tode Kaiser Konstantins entstanden ist; es war das Werk von geschickten Urkundenfälschern.

Fälschungen sind Lügen zum Anfassen, und sie sind mehr als eine Kopie oder Nachahmung. Zur Fälschung, und damit zur Lüge, wird eine Kopie nur dann, wenn man sie zum Beispiel durch eine Signatur oder ein Logo dem Hersteller des Originals zuschreibt. Und erst wenn der Fälscher daraus Profit schlagen will, wird eine Fälschung zum Verbrechen. Davon ausgenommen ist das Kopieren von Münzen und Geldscheinen. Auch wenn man nicht vorhat, das Falschgeld in Umlauf zu bringen und daran zu verdienen, macht man sich damit strafbar. Die bislang größte Geldfälscheraktion der Geschichte ist das „Unternehmen Bernhard", initiiert vom „Reichssicherheitshauptamt" während des Naziregimes. 144 jüdische Häftlinge wurden im KZ Sachsenhausen gezwungen, ausländische Währungen zu fälschen, hauptsächlich englische Pfundnoten, aber auch brasilianische Pässe, sowjetische Ausweise, Soldbücher und Briefmarken. Die Operation war natürlich streng geheim. Ausgewählt wurden dafür Gefangene mit speziellen Kenntnissen: Drucker, Setzer, Bankbeamte, Zeichner, Grafiker. Man stellte sie vor die Wahl, mit ihren Feinden zu kooperieren und eventuell zu überleben oder sich zu weigern und sofort zu sterben. Wer mitmachte, wurde abgeschottet von den anderen Lagerinsassen zu einer Art Gefangenem erster Klasse. Die Fälscher wider Willen erhielten ausreichend Nahrung, bessere Kleidung und sogar Einzelbetten. Die Häftlinge stellten vor allem Fünfzig-Pfund-Noten her, insgesamt ungefähr hundert Millionen Stück. Im Sommer 1943 produzierten die Gefangenen monatlich etwa 650.000 falsche Geldscheine. Ziel der Nazis war es, die Blütenberge in Umlauf zu bringen und auf diese Weise die Volkswirtschaften ihrer Feinde zu destabilisieren. Das war durchaus im Bereich des Möglichen, denn der Nennwert des Falschgeldes lag in Milliardenhöhe. Dieser Plan wurde jedoch nie ausgeführt, man benutzte das gefälschte Geld stattdessen, um ausländische Devisen aufzukaufen und die leere deutsche Kriegskasse zu füllen. Die Qualität der Blüten war extrem gut, selbst Experten konnten sie kaum von echtem Geld unterscheiden. Bei einer Befragung nach dem Krieg erstaunte jedoch einer der ehemaligen Häftlinge die britischen Alliierten, als er ohne größere Probleme erkannte, welche der vorliegenden Banknoten gefälscht waren. Sein Geheimnis war, dass er in der Fälscherwerkstatt unter anderem die Aufgabe hatte, die druckfrischen Noten so zu bearbeiten, dass sie alt und gebraucht aussahen. Dazu gehörte, die Scheine mit Sicherheitsnadeln zusammenzuheften, was

damals eine normale Vorgehensweise war; die Einstich-
löcher nahm man in Kauf. Die Gefangenen hatten es sich
zur Gewohnheit gemacht, die Nadel mitten durch das
englische Wappen zu stechen – etwas, das kein echter
Brite wagen würde, da es einer Entweihung seines Va-
terlandes gleichkäme. Die jüdischen Fälscher wollten erreichen, dass man die Blüten wiedererkennen konnte, ein
Sabotageakt, der zum Glück nie aufflog. Trotzdem war es
später unmöglich, alle falschen Pfundnoten ausfindig zu
machen, weshalb die Bank of England nach dem Krieg
alle Fünfzig-Pfund-Scheine zurückrief und eine neue Serie herausbrachte. Nationalsozialisten versenkten bei
Kriegsende in aller Eile einen Teil des Falschgeldes und
einige Druckplatten im österreichischen Toplitzsee, wo
sie 1959 von Tauchern entdeckt wurden, die eigentlich
nach dem legendären Goldschatz der Nazis gesucht hatten. Die Geschichte des „Unternehmen Bernhard" wurde
2006 von dem Regisseur Stefan Ruzowitzky unter dem Titel „Die Fälscher" verfilmt.

Im Laufe der Jahrtausende wurde alles irgendwann
einmal gefälscht: Schecks, Aktien und Wechsel, Testa-
mente, Kunstwerke, Pässe, Möbel, ja selbst Hitlers Tage-
bücher und das Grabtuch Christi – das „Turiner Grabtuch"
entstand in Wirklichkeit zwischen 1260 und 1390 *nach*
Christus, wie eine Radiokarbonuntersuchung 1988 bewies. Auch in der Wissenschaft wird gefälscht. Einer der
größten Skandale ereignete sich erst vor wenigen Jahren
ausgerechnet in Deutschland, wo man sich stets sicher
war, so etwas könne hierzulande nie passieren: „Wir
dachten bislang, wissenschaftliche Fälschungen in großem Stil wie in den USA kämen bei uns nicht vor", meinte
Bruno Zimmermann von der Deutschen Forschungs-
gemeinschaft (DFG) in der *Zeit* vom 13. Juni 1997, „da unsere Forschungslandschaft so klein und überschaubar

ist." Weit gefehlt: Das erfolgreiche und gefeierte Wissenschaftlerpaar Marion Brach und Friedhelm Herrmann, das sich Anfang der neunziger Jahre in Sachen Krebsforschung einen Namen gemacht hatte, wurde von einem jungen Doktoranden als Fälscherduo entlarvt. Die beiden hatten Computergrafiken erstellt, ohne die dazugehörenden Versuche durchzuführen; sie hatten Daten über Botenstoffe und sogenannte Resistenzgene, die in der Chemotherapie eine große Rolle spielen, frei erfunden; zudem hatten Brach und Herrmann die Ideen und Forschungsergebnisse von anderen als ihre eigenen ausgegeben. 347 ihrer Veröffentlichungen wurden von einer Kommission untersucht, nur 132 blieben unbeanstandet. Der Skandal weitete sich immer mehr aus, über hundert Mitautoren waren in die Affäre verstrickt. Damals war aber nicht nur der gute Ruf der Wissenschaft in Gefahr, die Wissenschaftler in Deutschland fürchteten um Forschungsgelder. Die Furcht war berechtigt, denn die Deutsche Krebshilfe und die DFG hatten Hunderttausende D-Mark in die Mogelprojekte gesteckt. Die Fälschung wissenschaftlicher Daten ist nicht strafbar, trotzdem stand das Fälscherpärchen im Jahr 2000 vor Gericht. Die Staatsanwaltschaft hatte sie wegen Anstellungsbetrug angeklagt; sie sollen sich mit gefälschten Arbeiten um die Stellen an der Universität in Ulm beworben haben. Das Strafverfahren gegen Herrmann wurde gegen die Zahlung von 8000 Euro eingestellt. Marion Brach hat gestanden, ist allerdings inzwischen angeblich in New York wieder in der Krebsforschung tätig.

Brach und Herrmann ging es um Ruhm und Anerkennung, viele Täter treibt natürlich auch Geldgier, denn Fälschen kann eine lukrative Angelegenheit sein. „Alle Banküberfälle, die 1992 in den USA verübt wurden, verursachten einen Verlust von 63 Millionen US-Dollar. Im gleichen Jahr verloren die Finanzinstitute 4,2 Milliarden US-Dollar durch Fälschungen. Wer mit der Feder stiehlt, erbeutet viel mehr als der, der mit der Pistole arbeitet", wird einer, der es wissen muss, in „Das große Buch der Fälschungen" zitiert: Frank William Abagnale, einer der berühmtesten Hochstapler und Scheckfälscher der USA. Doch der Profit ist es nicht allein. Manche Täter werden von dem Wunsch getrieben, mit ihrem Werk Experten zu überlisten, dazu braucht man Geschick, Wissen und Talent – ein Triumph, von dem jedoch nie jemand erfahren wird, denn je besser der Fälscher, desto unbekannter ist er. Ähnlich wie chronische Lügner nehmen Fälscher große Mühen in Kauf, um die perfekte Illusion der Echtheit zu schaffen. Um „echt" antike Möbel nachzubauen, stellen sie neues Holz jahrelang ins Freie, kochen, bedampfen und beizen es, ja sie beschießen es sogar für die Holzwurmlöcher mit Schrot oder bearbeiten es tagelang mit einer Feile. Um ein Gemälde zu fälschen, mischen sie wie die alten Meister Farben aus natürlichen, heute schwer zu beschaffenden Rohstoffen; sie besorgen sich Leinwände aus der jeweiligen Epoche und haben selbst für die altersbedingte Firnis eine Lösung parat: Die französische Firma Lefranc et Bourgeois stellt zwei Lacke für Bildrestauratoren her, mit denen sich ein sehr überzeugender Alterungseffekt bei Gemälden erzielen lässt.

Zahlreiche Fälscher sind derart erfolgreich, dass man ihre Arbeit als eine Art von Kunst ansehen kann. So schuf der Chinese Chang Dia Chien (1899–1983) im Laufe seines langen Lebens 30.000 Bilder, die meisten davon waren Fälschungen berühmter chinesischer Maler und Zeichner. Experten gehen davon aus, dass man in jeder größeren Sammlung chinesischer Kunst bislang unentdeckte Chang-Fälschungen finden kann – auch im British Museum. Ein mindestens ebenso berühmt-berüchtigter

Fälscher ist der Engländer Eric Hebborn, er gilt als einer der erfolgreichsten Kopisten des 20. Jahrhunderts. Sein Motto: „Es gibt keine Fälschungen, nur falsche Experten und falsche Etiketten." Nach einem Kunststudium arbeitete er als Restaurator und eignete sich dabei viele Tricks und Kniffe an, die er in „Kunstfälschers Handbuch" ausführlich beschrieb. Im Laufe seiner Karriere fälschte er wahrscheinlich über 1000 Zeichnungen, Bronzeskulpturen und Bilder, die man David Hockney, Jean-Baptiste Camille Corot, Giovanni Boldini oder Augustus John zuschrieb. Seine gefälschten Bilder hingen zum Beispiel unbemerkt im British Museum, in der National Gallery in Washington und unzähligen Privatgalerien, bis er eines Tages von einem Londoner Händler entlarvt wurde. In seiner Autobiografie behauptete er dann aber, dass noch unzählige seiner Schöpfungen für echt gehalten werden. 1996 wurde Hebborn in Rom Opfer eines Überfalls, er starb an seinen Verletzungen.

Ein weiterer Großmeister in der Kunst, Kunst zu fälschen, war der Ungar Elmyr de Hory. Er gehört wie Chang Dia Chien und Eric Hebborn zu den Anwärtern auf den Titel „berühmtester und produktivster Kunstfälscher des 20. Jahrhunderts". De Hory studierte Kunst und Malerei in Budapest, München und Paris, hatte aber später wenig Erfolg mit seinen eigenen Werken. Krieg und Holocaust überlebte er zunächst in Ungarn als politischer Gefangener, später wurde er ins KZ deportiert, schließlich in ein Berliner Gefängniskrankenhaus verlegt, von wo aus ihm die Flucht gelang. Er begann wieder zu malen und entdeckte sein Talent für Fälschungen. 1946 bekam er Besuch von der Witwe des britischen Rennfahrers Sir Malcolm Campbell. Die Zeichnung eines Mädchenkopfes brachte sie zum Staunen: „Ist das nicht ein Picasso?", wollte sie wissen. Er nickte, seufzte und sagte, er könne sich nur schwer von dem Bild trennen – und verkaufte es für einige Hundert US-Dollar. Von diesem Tage an begann de Hory im großen Stil Picassos zu fälschen. Er tat sich mit dem Kunsthändler Jules Chamberlin zusammen, nach einem Streit über die Aufteilung des Gewinns arbeitete er dann aber allein in Los Angeles. Er erweiterte sein Repertoire und fälschte nun auch Matisse, Renoir und Modigliani: „Ich habe sofort drei Matisse-Akte, Federzeichnungen, verkauft (an eine gut gehende Galerie in Beverly Hills). Danach kaufte der Besitzer alles, was ich ihm anbot, und vertrieb es mit einem 500-prozentigen Profit", wird de Hory in „Das große Buch der Fälschungen" zitiert. Immer wieder geriet der Ungar unter Verdacht, es gelang ihm jedoch jedes Mal zu entkommen. Mit seinen eigenen Werken zu überzeugen, schaffte er hingegen nicht. Per Post vertrieb er ohne Zwischenhändler innerhalb von zwei Jahren etwa siebzig Zeichnungen, Aquarelle, Gouachen oder Gemälde an Museen überall in den USA. Schließlich geriet er an den Kunsthändler Ferdinand Legros, der de Horys Können jahrelang ausnutzte, den Großteil der Einnahmen aus den Verkäufen aber für sich behielt.

Legros' bester Kunde, der schwerreiche Texaner Alger Hurtle Meadows von American Oil, sorgte schließlich dafür, dass der Schwindel aufflog. Er hatte zwischen 1946 und 1966 insgesamt 46 Arbeiten von Legros gekauft und dafür rund eine Million Dollar gezahlt. Meadows begann misstrauisch zu werden und beauftragte Experten, seine Sammlung zu überprüfen. Sie erklärten alle Bilder für Fälschungen. Etwa zeitgleich wollte ein Angestellter eines Auktionshauses in Frankreich ein Gemälde von Maurice de Vlaminck, angeblich aus dem Jahr 1906, säubern. Dabei blieb zu seinem Entsetzen ein Teil des blauen Himmels am Tuch hängen – die Farbe war noch feucht. Die

Aufregung in der Kunstszene war groß, und jeder fragte sich, ob alle Bilder von Legros und de Hory Fälschungen waren; der finanzielle Verlust für Sammler, Galerien und Museen auf der ganzen Welt war enorm. Legros wurde in der Schweiz verhaftet und zu einer Gefängnisstrafe verurteilt. De Hory floh in seine Wahlheimat auf die Insel Ibiza und kam mit zwei Monaten Haft davon, denn die meisten Fälschungen waren außerhalb Spaniens entstanden. Inzwischen war er zu einer Berühmtheit geworden, endlich verkaufte er eigene, mit seinem Namen signierte Werke. Der Ruhm wurde ihm jedoch zum Verhängnis, denn mehrere Staaten, allen voran Frankreich, forderten seine Auslieferung. Am 11. Dezember 1976 fand man das Fälschergenie tot in seiner Wohnung, es hatte sich mit einer Überdosis Schlaftabletten das Leben genommen. Nach seinem Tod stieg der Wert seiner Werke stark an – inzwischen sind sogar Fälschungen der Fälschungen im Umlauf. Der Regisseur Orson Welles porträtierte 1974 de Hory in seinem Film „F for Fake /Vérités et mensonges". Eines der bekanntesten Zitate des Meisterfälschers im Film ist der Satz: „Wenn sie (die Fälschungen) lange genug im Museum hängen, sind sie irgendwann echt."

Gilt das 19. Jahrhundert als die goldene Zeit für Kunstfälschungen, weil damals die großen nationalen Kunstgalerien eröffneten und um den Ankauf großer Werke konkurrierten, so ist ds erste Jahrzehnt des 21. Jahrhunderts zur goldenen Zeit für Markenfälschungen geworden. Wie fast alle Produkte werden sie inzwischen in Massen produziert, die meisten Plagiate kommen aus China. Die Fälscher werden immer professioneller, die Fälschungen immer besser, wie das Beispiel Nike zeigt. Früher konnte man Original und Fälschung bereits am Schuhkarton unterscheiden. Echte Nike-Sneakers werden in handgefalteten Kartons geliefert, die in einem sehr aufwendigen Verfahren ohne Klebstoff zusammengesteckt werden. Die falschen Schuhkartons sahen den Originalen zwar sehr ähnlich, waren aber geklebt. Doch nachdem dieser verräterische Unterschied mehrmals in Fernsehsendungen thematisiert worden war, begannen die Fälscher, ihre Kartons wie Nike, zu falten und zu stecken.

Anfang Februar 2007 warnte Hans Elmar Remberg, der Vizepräsident des Bundesamtes für Verfassungsschutz, vor zunehmender Wirtschaftsspionage durch China. Man registriere immer mehr chinesische Hackerangriffe auf Computernetzwerke der Konkurrenz in Deutschland, betroffen seien vor allem Mittelständler, die ihr Netzwerk nicht durch aufwendige Sicherheitsarchitektur schützen können wie große Betriebe. Zum großen Teil nutze man die gestohlenen Informationen, um Waren direkt nachzubauen, die dann zu konkurrenzlos billigen Preisen angeboten werden. Zwischen fünf und zehn Prozent beträgt nach Schätzungen von Wirtschaftsexperten der Anteil gefälschter Produkte am Welthandel, es ist schwer, den Schaden für die Weltwirtschaft genau zu beziffern. Auf 200 Milliarden Euro beläuft sich das Marktvolumen der Fälschungen laut EU-Kommission, auf 500 Milliarden US-Dollar laut amerikanischen Regierungsbehörden – und die Tendenz ist steigend. Zwischen 1998 und 2004 stellte der Zoll einen Anstieg importierter Nachahmerprodukte um rund 1000 Prozent fest. An einem Schiffscontainer mit gefälschten Turnschuhen verdient die Markenmafia circa eine Million Euro. Damit ist das Geschäft mit den Fälschungen so lukrativ wie der Drogenhandel. Dies lässt sich mit einem einfachen Rechenexempel am Beispiel des Hamburger Hafens beweisen: Rund neun Millionen Container wurden 2006 in Hamburg umgeschlagen; wenn der Anteil der Fälschungen bei fünf bis zehn Prozent liegt, ist anzunehmen, dass sich jährlich in bis zu 900000 Containern Plagiate befinden. Der gefeierte Erfolg des Hamburger Zolls ist, so gesehen, also nur ein Tropfen auf dem heißen Stein.

Die Nachfrage nach gefälschten Markenwaren ist groß, unser Hunger nach scheinbarem Luxus nicht zu stillen. Eine falsche Seven-Jeans, eine unechte Prada-Tasche, nachgemachte Nike-Turnschuhe, ein gefälschter Montblanc-Füller, eine Rolex-Kopie – viele von uns besitzen Plagiate, obwohl wir genau wissen, dass wir ihre Herstellung moderner Sklavenarbeit verdanken und mit dem Kauf nicht nur der hiesigen Wirtschaft schaden, sondern womöglich auch noch unserer Gesundheit, da die Produkte oft aus minderwertigen und giftigen Rohstoffen bestehen. Wirklich gefährlich wird es, wenn Medikamente zunächst mehr schlecht als recht gefälscht und dann via Internet vertrieben werden – wie zum Beispiel das Potenzmittel Viagra. Trotzdem schmücken wir uns mit Fälschungen, geben vor, uns eine Uhr für 10.000 Euro leisten zu können, für die wir nur 30 bezahlt haben, freuen uns, wenn wir jemanden mit unseren falschen Federn hinters Licht führen, und fühlen uns überlegen. Zugleich haben die vielen Fälschungen einen geradezu egalisierenden Effekt: Der Sinn einer überteuerten Marke ist es ja, sich abzuheben von anderen, mithilfe des Logos Eingeweihten zu zeigen, dass man etwas Besonderes darstellt. Wenn nun jeder in der Lage ist, sich mit Marken zu schmücken, weil in vielen Fällen nur Spezialisten Original und Fälschung unterscheiden können, fällt ihr Sinn weg. Die Lüge zum Anfassen macht uns auf Dauer alle gleich.

Betrug: Gekreuzte Finger gegen das schlechte Gewissen

Man legt den Mittel- über den Zeigefinger; Ringfinger und kleiner Finger sind gekrümmt und werden vom Daumen bedeckt. Den Arm versteckt der Lügner hinter dem Rücken – allerdings oftmals absichtlich so, dass diese Geste des schlechten Gewissens für Zuschauer in der richtigen Position durchaus zu sehen ist. Der Schwindler will so vermitteln, dass er unfreiwillig die Unwahrheit sagt, etwa weil er unter Druck steht, und drückt damit aus: „Ich mein es aber nicht so!". Die Handhaltung soll zudem mögliches Unheil abwenden, das aus dem Lügen entstehen könnte, oder die Konsequenzen zumindest abmildern. Ein typisches Beispiel für die Anwendung der Geste ist das alljährliche öffentliche Gelöbnis der Bundeswehr, das immer wieder einige Rekruten mit gekreuzten Fingern aussprechen und es damit für sich selbst als nicht bindend ansehen. Bekannt ist auch der Versuch, mit dieser Geste vor Gericht einen Meineid unwirksam zu machen. Strenggläubige Christen kreuzen sogar bei einem Schwur die Finger, da Jesus bei der Bergpredigt nicht nur den Meineid, sondern das Schwören allgemein verurteilte. Die Geste ist so berühmt, aber auch berüchtigt, dass mit ihrer Hilfe nach der Bundestagswahl 2002 auf Großflächenplakaten Stimmung gegen die Steuerpolitik der SPD gemacht wurde. Zu sehen waren die hinter dem Rücken gekreuzten Finger eines Mannes mit dem Slogan „Schröder vor der Wahl: Steuererhöhungen ziehen wir nicht in Betracht".

Hinsichtlich des Ursprungs der gekreuzten Finger gibt es verschiedene Theorien. So soll die Geste im frühen Christentum das Kreuz Jesu symbolisiert haben, sie könnte in den Zeiten der Christenverfolgung als geheimes Glaubensbekenntnis und eventuell auch als Erkennungszeichen der Gläubigen untereinander gedient haben. Historiker verweisen auch auf Bilder und Fresken in italienischen Kirchen, wo göttlicher Segen mithilfe gekreuzter Finger erteilt wird: Dabei wird der Daumen, der Mittel- und Zeigefinger in die Höhe gereckt, um die Dreifaltigkeit darzustellen, Mittel- und Zeigefinger werden gekreuzt. Durch die Handhaltung entsteht sozusagen ein Victory-Zeichen, das „Christus als Sieger" bedeuten soll. Da die Geste fast ausschließlich in christlichen Ländern bekannt und gebräuchlich ist, erscheinen diese Deutungen naheliegend. In China kennt man sie auch, sie hat dort aber keine Schutz- oder Abwehrfunktion, man zeigt mit ihr vielmehr in einigen Provinzen die Zahl Zehn an; in der Türkei gilt sie in manchen Gegenden angeblich als Zeichen für den Bruch einer Freundschaft. Manche Forscher ziehen jedoch auch nichtchristliche Ursprünge in Betracht. Sie verweisen auf den jahrhundertealten Aberglauben, man könne mithilfe des richtigen Zaubers gefährliche Gegenstände, aber auch abstrakte Gefahrenquellen oder Krankheiten zusammenbinden und durch die gekreuzten Finger unschädlich machen; hier vermischen sich Aberglaube und Hexenkunst. Im Mittelalter benutzte man die Geste in Europa angeblich häufig, um den bösen Blick abzuwehren oder sich in brenzligen Situationen göttlichen Beistand zu sichern; zudem glaubte man sich auf der sicheren Seite, wenn man gezwungen war zu lügen – mit den gekreuzten Fingern war es keine Sünde oder zumindest keine allzu große.

Bekannter als bei uns sind die gekreuzten Finger in Großbritannien und den USA, sie entsprechen dort unserem „Daumendrücken". Man wünscht einem anderen mit „I'm keeping my fingers crossed for you" (wörtlich übersetzt „Ich kreuze die Finger für dich") viel Glück und unterstreicht dies mit der entsprechenden Geste. Als

Schutz gegen schlimme Folgen und schlechtes Gewissen beim Flunkern kennt man die Geste dort allerdings auch, wie der Film „Truman Show" zeigt: Die Hauptperson, der Versicherungsangestellte Truman Burbank, spielt ohne sein Wissen die Hauptrolle in einer Fernsehserie, die das Leben eines Menschen von der Geburt bis zum Tod live dokumentieren möchte. Truman lebt von Kindesbeinen an in einer Kulisse, beobachtet von 5000 Kameras. Nichts in seinem Leben ist echt, wovon er aber nichts wissen darf, da dies den Fortbestand der erfolgreichen Sendung gefährden würde. Im Laufe des Films findet Truman immer mehr Hinweise darauf, dass er von allen belogen wird, selbst von seiner Frau. So entdeckt er eines Tages, dass sie auf dem Hochzeitsfoto die Finger kreuzt, und er muss erkennen, dass ihre Liebe eine Lüge war.

Die Geste und ihre lange Geschichte sind ein weiterer Beweis für unsere durch und durch widersprüchliche Haltung zur Lüge: Wir können nicht ohne sie, aber auch nicht mit ihr. Wir brauchen sie und schämen uns gleichzeitig dafür. Wir haben Angst vor den Folgen der Lüge, wollen trotzdem nicht auf sie verzichten und hoffen, dass uns die gekreuzten Finger aus diesem Dilemma heraushelfen.

Chronische Lügner:
Wenn Lügen zum Zwang wird

Wir alle werden täglich zum Lügner, doch manche Menschen gehen dabei weiter als wir Durchschnittsschwindler. Sie sind dreister, triebhafter, schauspielerisch und komödiantisch begabter, sie fantasieren sich durchs Leben und können das Lügen einfach nicht lassen. Schon im Jahr 1891 gab der damals in Zürich praktizierende Psychiater Anton Delbrück diesem Phänomen einen Namen: „Pseudologia phantastica"; ein anderer Begriff für zwanghaftes Lügen ist „Mythomanie". Im Vordergrund steht bei chronischen Lügnern nicht ein bestimmter Zweck – sich also beispielsweise durch Schwindelei einen Vorteil zu verschaffen, das Gesicht zu wahren oder einer Strafe zu entgehen; der Weg ist bei ihnen das Ziel, sie lügen um der Lüge willen, sie sind süchtig nach Scheinwelten, Verstellung und Fantastereien.

Wie zum Beispiel der junge Mann, der sich am 15. Juni 1869 bei einer Bäckerfamilie in Sachsen als Geheimpolizist ausgab, das Haus durchsuchte, 28 Taler beschlagnahmte und auf Nimmerwiedersehen verschwand. Später trat der Hochstapler auch als Augenarzt Dr. Heilig, Seminarleiter Lohse und Plantagenbesitzer Wadenbach in Erscheinung. Zwanzig Jahre später wird der berüchtigte Betrüger mit Romanen über Winnetou, Old Shatterhand und Kara Ben Nemsi berühmt: Karl May. Oder der Amerikaner Frank William Abagnale, dessen Leben 2002 von Steven Spielberg unter dem Titel „Catch me if you can" verfilmt wurde. Abagnale wurde als jüngster Hochstapler und Scheckbetrüger Ende der sechziger Jahre berühmt. Nach der Scheidung seiner Eltern riss der 16-Jährige von zu Hause aus und beschloss, sich als Pilot auszugeben. Er schaffte es, Hunderte von Meilen umsonst als sogenannter Deadhead, also ein Besatzungsmitglied auf dem Weg zum nächsten Einsatz, mitzufliegen; Abagnale wurde von seinen „Kollegen" akzeptiert und finanzierte mit gefälschten Gehaltsschecks seinen Lebensunterhalt. Später spielte er erfolgreich einen Oberarzt und sogar den Oberstaatsanwalt von Louisiana. Noch vor seinem 21. Lebensjahr ergaunerte er sich so 2,5 Millionen Dollar, die er hauptsächlich für Luxusgüter verjubelte. Nach seiner Verhaftung 1969 und Haftstrafen in

Frankreich, Schweden und den USA begnadigte ihn die amerikanische Regierung. Er war später für das FBI tätig und ist heute einer der bekanntesten Sachverständigen der USA, berät Banken, Flug-linien und Hotels in Sachen Scheckbetrug und Dokumentenfälschung.

Dass eine solche Hochstaplerkarriere auch bei uns in Deutschland möglich ist, zeigte im Sommer 1982 „Dr. med. Dr. phil. Clemens Bartholdy". Er bewarb sich beim Gesundheitsamt Flensburg erfolgreich als stellvertretender Amtsarzt. Auf die Frage, wie das Thema seiner Dissertation gelautet habe, antwortete er: „Pseudologia phantastica am literarischen Beispiel der Figur des Felix Krull nach dem gleichnamigen Roman von Thomas Mann" – und kam damit durch. Nur durch einen Zufall stellte sich sechs Monate später heraus, dass Bartholdy weder Abitur noch Doktortitel besitzt, eigentlich Gert Postel heißt und gelernter Briefträger ist. 1984 wurde Postel wegen mehrfacher Urkundenfälschung, dem missbräuchlichen Führen eines akademischen Titels sowie der Fälschung von Gesundheitszeugnissen zu einer Bewährungsstrafe verurteilt. Das hielt ihn nicht vom Lügen ab. Es folgten weitere Anstellungen als Arzt, unter anderem in der Privatklinik des umstrittenen Krebsspezialisten Julius Hackethal sowie als Stabsarzt bei der Bundeswehr. 1995 bewarb sich Postel als Oberarzt in einer psychiatrischen Klinik in Sachsen; eineinhalb Jahre lang verfasste er Gutachten und hielt Vorträge vor Medizinern, ohne Verdacht zu erregen. Nur weil ihn eine Mitarbeiterin der Klinik zufällig erkannte, flog sein Schwindel auf, und er musste untertauchen. Zu diesem Zeitpunkt war er vom Sächsischen Staatsministerium für Soziales, Gesundheit und Familie bereits für eine Beförderung vorgemerkt und sollte zum Chefarzt des Sächsischen Krankenhauses für Psychiatrie und Neurologie in Arnsdorf ernannt werden.

Nach seiner Festnahme wurde Postel zu vier Jahren Haft verurteilt. Sein Leben wurde 2002 von der *ARD* unter dem Titel „Der Unwiderstehliche – die 1000 Lügen des Gert Postel" in einem Doku-Drama verfilmt; die Entlarvung der titelgläubigen und unkritischen Vorgesetzten und Kollegen machte aus Postel eine Art Held der Antipsychiatriebewegung. Der Meisterlügner bezeichnete sich selbst zwar in einem Interview als „nicht übermäßig intelligent"; in einem Intelligenztest ermittelten Sachverständige bei dem angeblichen Arzt später jedoch einen IQ von 115, eine überdurchschnittliche sprachliche Begabung und eine ausgeprägte Fantasie.

Ähnlich wie die alten Griechen vermuten einige Lügenforscher hinter derart geschickten Lügnern einen überlegenen Geist oder zumindest einen besonders kreativen Kopf. Bereits der Psychiater Anton Delbrück verwies darauf, wie nahe beieinander chronisches Lügen und Literatur liegen. Auch Goethe habe als Kind „Luftgestalten und Windbeuteleien" erfunden und sie seinen Freunden erzählt. „Die Wahrheit ist selten rein und niemals einfach", sagte dazu der englische Schriftsteller Oscar Wilde. „Andernfalls wäre das moderne Leben sehr langweilig und moderne Literatur komplett unmöglich."

Vielleicht gilt wegen dieser heimlichen Bewunderung, die wir für solche Profischwindler hegen, die „Pseudologia phantastica" bis heute nicht als psychische Störung oder eigenständiges Krankheitsbild. Der Psychiater Charles Ford weist jedoch darauf hin, dass der Grat zwischen Kreativität und Krankheit schmal sein kann. Er untersuchte 26 Patienten, die als zwanghafte Lügner galten. Bei der Hälfte von ihnen diagnostizierte er veränderte Hirnströme, Anzeichen für Epilepsie oder eine Schädelverletzung. Die amerikanischen Hirnforscher Yaling Yang und Adrian Raine von der Universität in Los Angeles behaupten sogar, eine mögliche Ursache für notorisches Lügen gefunden zu haben. Sie entdeckten in den Gehirnen von Mythomanen mithilfe der Magnetresonanztomografie, dass sich deren Hirnstruktur deutlich von der normalen unterscheidet. Bei krankhaften Lügnern finden sich rund 25 Prozent mehr von der sogenannten „weißen Substanz", und etwa 14 Prozent weniger von der „grauen Substanz" und zwar genau in dem Bereich, den man schon in früheren Studien als „Lügenhirn" entlarvt hatte, dem „präfrontalen Cortex" oder Frontallappen. Graue Hirnsubstanz besteht vorwiegend aus Nervenzellen, die weiße aus Nervenfasern; krankhafte Lügner verfügen also über mehr Fasern, haben aber weniger graue Zellen. Die Forscher vermuten, dass mehr miteinander vernetzte Nervenfasern im Frontallappen die Denk- und Kombinationsarbeit leichter machen, die man beim Lügen leisten muss. Die graue Hirnsubstanz wiederum sorgt bei gesunden Menschen dafür, dass sie Moralvorstellungen entwickeln und bei Verstößen ein schlechtes Gewissen empfinden; da krankhafte Lügner wenig graue Substanz besitzen, hält sie nichts vom Schwindeln ab. Für die Theorie von Yang und Raine spricht, dass autistischen Menschen das Lügen besonders schwerfällt – bei ihnen konnte man denn auch weit mehr graue und viel weniger weiße Substanz im präfrontalen Cortex nachweisen (siehe: „Lügnern ins Gehirn geschaut", www.wissenschaft.de). Dieser rein hirnphysiologische Erklärungsversuch für notorisches Lügen reicht aber natürlich nicht aus.

Der Psychiater Charles Ford vermutet hinter den Lügengebäuden und Scheinwelten den psychischen Konflikt eines narzisstisch gestörten Menschen: Der chronische Lügner erschafft eine Wunschwirklichkeit und verdrängt so schmerzhafte Erlebnisse, manipuliert andere und zwingt ihnen und dem Schicksal seinen Willen auf, er erhöht sich also selbst. Zwanghafte Lügner wie Gert Postel oder Karl May sind sich ihrer Schwindeleien zwar bewusst, können sich aber aus ihrer Lügenwelt nicht befreien. Sie betrügen nicht nur andere, sondern vor allem sich selbst.

Einen Schritt weiter als Mythomanen gehen Menschen, die am sogenannten „Münchhausen-Syndrom" leiden. Oft handelt es sich bei diesen Patienten um Männer mittleren Alters. Der Name geht auf den „Lügenbaron" Karl Friedrich Hieronymus Freiherr von Münchhausen zurück, den Helden des Buches „Wunderbare Reisen zu Wasser und zu Lande", einer Sammlung scherzhafter Lügengeschichten, die 1786 veröffentlicht wurde. Der Name dieser Krankheit führt jedoch in die Irre, denn das Leiden ist alles andere als ein harmloser Scherz. Menschen mit Münchhausen-Syndrom suchen wechselnde Ärzte und Krankenhäuser auf, zeigen ausgeprägte Symptome verschiedenster Krankheiten und bestehen auf aufwendigen Untersuchungen mit möglichst vielen medizinischen Apparaten, drängen auf Medikation und fordern unnötige Operationen. Um ihr Ziel zu erreichen, schrecken die Betroffenen noch nicht einmal vor Selbstverletzung und -vergiftung zurück, darum bezeichnet man das Münchhausen-Syndrom auch als „Artefaktkrankheit", „selbstschädigendes Verhalten" oder „selbstmanipulierte Krankheit". Auf diese Weise versuchen sie, sich Aufmerksamkeit, Zuwendung und Mitleid des Arztes und des Pflegepersonals zu sichern. Typisch für Menschen mit Münchhausen-Syndrom ist, dass sie sofort den Arzt wechseln, wenn eine psychische Störung diagnostiziert und zu einer entsprechenden Behandlung geraten wird. Die Patienten kommen häufig während der Notdienstzeiten in die Klinik. Sie verfügen über ein großes medizinisches

Fachwissen und sind in der Lage, ihre Krankheitsvorgeschichte sehr glaubwürdig zu schildern. Zudem sind sie zu allem bereit, um die zu „ihrer" Krankheit gehörenden Symptome echt wirken zu lassen: Sie quetschen und strangulieren Arme und Beine, um Blutergüsse und Lymphstauungen hervorzurufen; sie spritzen sich infizierte Lösungen, Speichel, Spülwasser oder Milch unter die Haut, bis sich alles entzündet und eitert; sie zapfen sich selbst Blut ab, um Blutarmut zu simulieren; sie schlucken Antidiabetika oder injizieren Insulin, um eine Unterzuckerung herbeizuführen; nehmen Tierblut zu sich, mit dem Ziel, einen Bluthusten hervorzurufen; sie verzögern die Wundheilung von Operationsnarben, indem sie Urin oder Kot hineinspritzen. Es dauert oft Monate, bis Ärzte und Pflegepersonal hinter die Manipulationen kommen, denn Menschen mit Münchhausen-Syndrom gelten als besonders angenehme und kooperative Patienten mit einer auffällig hohen Schmerztoleranz und der Bereitschaft, sich ständig unangenehmen oder gar schmerzhaften Eingriffen zu unterziehen. Viele der Münchhausen-Patienten kommen aus schwierigen familiären Verhältnissen und haben oft lange Leidenswege voller Gewalt, sexueller Misshandlungen und Suchtkrankheiten ihrer Eltern hinter sich. Die Heilungschancen werden von Medizinern und Psychiatern als äußerst schlecht eingeschätzt, unter anderem deshalb, weil sie sich einer therapeutischen Behandlung regelmäßig entziehen.

Die erweiterte Form des Münchhausen-Syndroms nennt man „Münchhausen in Vertretung", betroffen sind meist Mütter. Sie manipulieren nicht oder nicht nur an sich, sondern an ihren Kindern, die sie zum Teil schwer verletzen. Auch bei dieser Störung geht es darum, Krankheitssymptome vorzutäuschen, in Kliniken eingewiesen zu werden und medizinische Behandlungen bis hin zu Operationen zu provozieren. Nach außen hin wirken betroffene Mütter besonders besorgt und fürsorglich, die Beziehung zwischen Mutter und Kind ist auffällig eng, das Kind reagiert ungewöhnlich ruhig und geduldig auf schmerzhafte Eingriffe; auch deshalb dauert es oft lange, bis die behandelnden Ärzte und Pfleger Verdacht schöpfen. Hinter dieser psychischen Störung steckt eine krankhafte Identifikation mit dem Kind. Es wird nicht als eigenständige Person angesehen, sondern als Teil des eigenen Ich. Die Mutter benutzt es, um eigene seelische Krisen zu überwinden – wird sie daran gehindert, reagiert sie darauf oftmals mit Selbstverletzung oder einem Selbstmordversuch, das heißt, die Aggression gegen das eigene Kind kippt um in Autoaggression, beides liegt also nah bei- einander.

Abgesehen von Menschen mit Münchhausen-Syndrom bringen wir notorischen Moglern oftmals eher Bewunderung als Abscheu entgegen. Sie kennen kein schlechtes Gewissen, sie pfeifen auf Vorschriften und Regeln, sie haben keinen Respekt vor Autorität, sie strotzen vor Einfallsreichtum, Fantasie, und sie erfüllen sich all die Wünsche, von denen wir höchstens zu träumen wagen, ohne einen Gedanken an die Folgen zu verschwenden. Sie erinnern an Kinder, die testen wollen, wie weit sie gehen können – und sie kommen erstaunlich weit damit. Wahrscheinlich können wir ihnen deshalb nicht böse sein, auch wenn sie es manchmal verdient hätten!

Die falsche Schlange: Tierische Lügen

Zum Lügen gehört die Absicht. Kann man das einer Laubheuschrecke unterstellen, die ihre Tarnung als welkes Blatt derart perfektioniert hat, dass sie für Fressfeinde zwischen Laub kaum noch zu erkennen ist? Weiß der

Hahn, was er tut, wenn er die Henne mit einem Futterruf anlockt, in dem im wahrsten Sinne des Wortes kein Körnchen Wahrheit steckt – der Hahn hat es auf Paarung und möglichst viele Nachkommen abgesehen. Handelt die Feldlerche planvoll und absichtlich, wenn sie Feinde von ihrem Nest auf dem Boden ablenkt, indem sie mit großem schauspielerischen Talent einen gebrochenen Flügel vortäuscht – so lange, bis sie Fuchs oder Marder mit der Aussicht auf leichte Beute weggelotst hat und der Nachwuchs in Sicherheit ist? Die Antwort der meisten Wissenschaftler lautet Nein. Tiere sind demnach nicht in der Lage, zu lügen und zu betrügen wie wir Menschen, dazu fehlt angeblich selbst hoch entwickelten Primaten die Fähigkeit, sich in andere, deren Gedankenwelt und Vorhaben, hineinzuversetzen. Und doch wimmelt es im Pflanzen- und Tierreich von List, Täuschung, Maskerade und Betrügereien, die so raffiniert sind, dass es schwerfällt, dieser Sichtweise zu folgen. Lug und Trug scheinen eher die Regel als die Ausnahme zu sein.

Der Grundsatz „Wer lügt, lebt länger und besser" ist eine Art Naturgesetz. Dies demonstriert beispielsweise der Schreifrosch, der männlichen Konkurrenten mithilfe seiner Stimme seine Größe anzeigt: je tiefer das Quaken, desto größer der Frosch. Das stimmt oft, aber nicht immer. Manchmal schummeln kleinere Exemplare und senken ihre Stimme, um den anderen Fröschen vorzugaukeln, sie seien ihnen körperlich überlegen. Damit halten sie Konkurrenten davon ab, in ihr Revier einzudringen. Mit diesem Täuschungsmanöver haben die Kleinen fast immer großen Erfolg, wie der Wissenschaftler Jonathan Rowell von der Universität in Tennessee herausgefunden hat. Den meisten Eindringlingen ist das Risiko zu hoch, bei einem Kampf der Unterlegene zu sein, darum entscheiden sie sich für die Flucht. Sozusagen mit Fremdsprachenkenntnissen setzen sich Meisenküken zur Wehr. Sie zischen wie Schlangen, wenn man sich ihrem Nest nähert, und verscheuchen so ihre Feinde – falsche Schlangen im wahrsten Sinne des Wortes. Die erst 1998 vor der indonesischen Insel Sulawesi entdeckte Krakenart „Thaumoctopus mimicus" hat je nach Anlass und Feind sogar verschiedene Rollen auf Lager: Sie mimt überzeugend eine giftige Seeschlange, den ebenso giftigen Rotfeuerfisch oder eine harmlose Seezunge.

Schauspielerisch begabt ist auch der Zehnstachelige Stichling, allerdings will er sich mit seiner geschickten Verstellung keine Räuber vom Leib halten, sondern seine Gene weitergeben. Dafür nutzt er das spezielle Fortpflanzungsverhalten seiner Art. Die männlichen Fische bauen höhlenartige Nester, in denen die Weibchen ihre Eier ablegen, welche die Männchen später befruchten. Manchmal erscheint ein zweites Weibchen am Nesteingang und wird vom Männchen zum Laichen in die Höhle gelockt, um seinen Fortpflanzungserfolg zu verdoppeln. Häufig ist jedoch das zweite Weibchen in Wirklichkeit ein Männchen, das zur Täuschung den Spülwasserfarbton der Weibchen annimmt und nun den Eiballen des ersten Weibchens an Stelle des Höhlenbesitzers besamt. Der Betrug geht so weit, dass das maskierte Männchen bei der Befruchtung sogar die Körperhaltung eines Weibchens imitiert, das gerade seine Eier ablegt.

Häufig geht es bei tierischen Täuschungsmanövern darum, andere Tiere anzulocken. Der Seeteufel zum Beispiel, eine Meeresfischart, hat dafür ein Hautanhängsel an seiner Rückenflosse, das stark einem Wurm ähnelt, vor allem wenn er es bewegt. Damit ködert er andere Fische und frisst sie. Manche Spinnen locken ihre Opfer mit raffinierten Webmustern ins Netz: die Spinnenart Argiope platziert ihre Netze an sonnigen, gut sichtbaren Stellen und webt eine Art Zickzackmuster hinein, das ultraviolettes Licht gut reflektiert. Aus Insektensicht sieht das so gestaltete Netz Blütenblättern zum Verwechseln ähnlich – ein tödlicher Irrtum. Damit ihre potenzielle Beute nicht hinter den Trick mit den gefälschten Blüten kommt, ändert die Spinne ihr Netz vorsichtshalber jede Nacht ab.

Selbst unschuldig wirkende Pflanzen betrügen: Orchideen der Gattung Ophrys ahmen mit ihren Blütenblättern weibliche Solitärbienen nach – aber nicht nur deren Aussehen. Die gefälschte Biene aus Blüten fühlt sich sogar so ähnlich an wie die echten Weibchen. Zudem senden die Blumen intensivere Sexuallockstoffe aus als die Originale, um paarungsbereite Männchen zu animieren. Als Lohn für so viel Aufwand bestäuben die ausgetricksten Männchen beim vermeintlichen Begattungsakt die Pflanzen und sichern so deren Fortbestand.

Derartige Vorspiegelungen falscher Tatsachen im Tier- und Pflanzenreich heißen Mimikry. Der Begriff stammt von dem englischen Naturforscher Henry Walter Bates, der ihn 1862 erstmals in einem Aufsatz über tropische Schmetterlinge verwendete. Er hatte bei einer Forschungsreise im Amazonasgebiet entdeckt, dass manche Falter das Flügelmuster des Heliconiidae imitierten – diese Schmetterlingsart scheidet ähnlich wie Marienkäfer eine abstoßend schmeckende Substanz aus und schützt sich so vor Fressfeinden. Die Imitatoren dagegen haben diese Fähigkeit nicht, nutzen aber das für Raubtiere abschreckende Muster. Diese vielfältigen Formen des Betrugs sind für den Begründer der Evolutionstheorie Charles Darwin eine „geistlose" – also unbewusste – Täuschung, die sich im Laufe der Entwicklungsgeschichte herausgebildet hat: So war der erste, eigentlich wehrlose Falter mit dem abgekupferten Flügelmuster des Heliconiidae ein Zufall. Seine Flügelzeichnung verschaffte ihm einen Überlebensvorteil, denn seine Feinde machten einen Bogen um ihn, weshalb er seine Gene erfolgreicher weitergeben konnte als die Artgenossen. Das setzte sich bei seinen Nachkommen fort, bis alle seiner Art mit der Verkleidung zur Welt kamen. Einsicht oder Absicht stecken also nicht dahinter. Die Auswirkungen sind dennoch enorm: Die Täuschungsmanöver wirken sich langfristig auf die Umwelt der Betrüger aus, zum Beispiel auf deren Feinde. Ihr Anpassungsdruck steigt; um mithalten zu können, reagieren sie mit Gegenmaßnahmen, auf die wiederum die Opfer reagieren. Lug und Betrug vervielfachen sich und werden auf diese Weise zur Antriebskraft für ständige Weiterentwicklung.

Wohin dies führen kann, zeigt das Beispiel der Leuchtkäfer-Weibchen der Gattung Photuris. Die Insekten ködern Männchen fremder Gattungen mit einem gemeinen Trick: Sie senden typische weibliche Leuchtsignale der anderen Art aus und signalisieren damit Paarungsbereitschaft. Fällt ein Männchen darauf herein, erwartet ihn kein Liebesspiel, sondern ein Abendessen, bei dem es der Hauptgang ist. Die Leuchtkäfermännchen imitieren dagegen mit ihren Signalen manchmal gleich zwei Insekten auf einmal: ein williges Weibchen sowie einen Verehrer, der gerade bei diesem zu landen versucht. Damit gaukeln sie die Möglichkeit zu Fortpflanzung und leichter Beute vor. Wer darauf hereinfällt, wird verspeist. Manche der Käfer imitieren die Imitatoren – geben sich also als mögliche Gefahrenquelle mit bösen Absichten aus und verjagen so Mitbewerber um ein Weibchen. Diese vielfältigen Intrigen und Komplotte sind nach Ansicht des Biologen James Lloyd schuld daran, dass die Signalsprache mancher Leuchtkäferarten so kompliziert ist. Lloyd spricht von „bürokratischen Hürden", die als Abwehrmechanismus nach und nach in der Natur aufgetaucht seien: „Neben der Evolution durch natürliche Auslese im engeren Sinne könnte dies ein Hauptgrund für die Entstehung komplexer Kommunikation sein. "

Doch selbst klug erscheinende Tiere haben nur ein sehr begrenztes Lügenrepertoire zur Verfügung. Etwa die Bachstelze, die auffliegt, sobald sich Feinde ihrem Nest nähern. Wie die Feldlerche führt sie mit diesem Trick Raubtiere in die Irre, verhält sich wie leichte Beute und lenkt so von ihren hilflosen Küken ab. Mit diesem offenbar angeborenen Verhalten könnte sie sich natürlich auch andere Vorteile verschaffen, sie könnte damit zum Beispiel Konkurrenten bei der Nahrungs- oder Partnersuche verjagen – zu einer solchen gedanklichen Transferleistung ist die Bachstelze aber nicht fähig.

Der Biologe Robert Mitchell unterscheidet deshalb in einem Vierstufen-Modell verschiedene Ebenen der Täuschung: Bei der *ersten Stufe* ist eine Art durch ihr Aussehen oder angeborenes Verhalten sozusagen *gezwungen* zu betrügen. So wie die eigentlich wehrlosen Schwebefliegen, die dank des schwarz-gelben Warnsignals auf ihren Hinterleibern auf den ersten Blick wie Wespen erscheinen und damit auch bei uns Menschen nicht selten wildes Wedeln und andere Panikreaktionen verursachen. Sie können ihr Aussehen nicht beeinflussen. Anders bei der *zweiten Täuschungsstufe*: Hier kommt es nur zum Betrug, wenn ein Opfer auftaucht, das sich betrügen lässt – wie etwa beim Schreifrosch, den Leuchtkäfern oder der Bachstelze. Die Hochstapler der *dritten Stufe* sind in der Lage, durch Versuch und Irrtum zu lernen. Ein Beispiel dafür ist der hinkende Hund, der keine echte Verletzung hat, sondern sich nur Zuwendung und Aufmerksamkeit erschleichen will. Das Haustier ist sich nicht darüber im Klaren, dass sein Besitzer ihn für krank hält und ihn deshalb streichelt. Er hat durch Zufall herausgefunden, dass er mit der Imitation eines lahmen Beines das bekommt, was er will, und wendet den Trick nun häufig an, um sein Herrchen oder Frauchen zu manipulieren. Erst bei der *letzten und höchsten Täuschungsstufe* ist laut Mitchell Absicht im Spiel – die menschliche Art, zu lügen und zu betrügen. Aber haben wirklich nur wir Menschen den Lügenolymp erklommen?

Im „Pongoland" im Leipziger Zoo untersucht ein Forscherteam das Verhalten von Primaten. Die Anlage gilt als die größte ihrer Art und ist weltweit einzigartig. Die 24 Schimpansen, acht Orang-Utans, sieben Gorillas und sechs Bonobos erstaunen die Wissenschaftler in Leipzig immer wieder mit ihrer Intelligenz, und doch glaubt der Leiter der Forschungsgruppe, der in Deutschland lebende US-Amerikaner Michael Tomasello, dass sie nicht zu „bewusster Irreführung" in der Lage sind. Die geistige Leistung zum Tricksen und Täuschen sei für einen Affen einfach zu groß. Ob der Forscher jedoch bei dieser Meinung bleiben wird, ist alles andere als sicher, denn sein Team hat bei Experimenten mit Schimpansen inzwischen längst bewiesen, dass unsere engsten Verwandten die wichtigste Voraussetzung für Lug und Trug erfüllen: Sie können sich in einen anderen hineinversetzen, die Welt durch seine Augen betrachten und erkennen, was er zu welchem Zeitpunkt weiß. Den Nachweis dafür erbrachte das Biologenteam mit folgendem Versuch: Immer wieder müssen es die Pongoland-Schimpansen schaffen, von ihrem menschlichen Gegenüber nicht bemerkt zu werden, wenn sie nach Leckerbissen greifen – sobald sie der Wissenschaftler dabei ertappt, lässt er Früchte und Nüsse verschwinden, die Menschenaffen gehen leer aus. Um an die Leckereien zu kommen, müssen die Probanden durch transparente Röhren fassen oder den Versuchsleiter austricksen, zum Beispiel indem der Affe von einem Teller klaut, dem der Forscher permanent den Rücken zukehrt, oder eine Greifröhre wählt, die mit einem Sichtschutz versehen ist und dem Wissenschaftler den Blick versperrt. Die Ergebnisse der Untersuchung zeigen eindeutig, dass die Schimpansen sehr schnell begriffen, wie man mit Tricks und Mogelei ans Futter kommt. Sie wurden regelrechte Meister darin, den unerlaubten Griff durch die Röhre zu verbergen.

Unterschätzen wir also unsere tierischen Verwandten, wenn es um ihre Fähigkeit zu lügen geht? Dafür sprechen Erlebnisse und Erfahrungen anderer Verhaltensforscher. Einer der bekanntesten Fälle ist der des Gorillaweibchens Koko, das 1972 im Zoo von San Francisco geboren wurde. Die amerikanische Psychologin und Verhaltensforscherin Penny Patterson brachte Koko mit großem Erfolg Gebärdensprache bei. Nach Angaben von Patterson hat der Gorilla inzwischen einen aktiven Wortschatz von 1000 Zeichen in Englisch und versteht doppelt so viele; ihren IQ testeten die Forscher angeblich auf einen Wert zwischen 70 und 95 – bei Menschen gilt 100 als „normal intelligent". Eines Tages riss Koko versehentlich das Waschbecken in ihrem Gehege aus der Wand, weil sie sich daraufsetzte – das war ihr verboten, und sie wusste es. Den Tierpflegern teilte sie später per Zeichensprache mit: „Die Trainerin war's." Von einer weiteren Anekdote berichtete die Zeitschrift *Geo Wissen* (38/2006). Die südafrikanischen Affenforscher Andrew Whiten und Richard Byrne hatten einen Pavianjungen beobachtet, der sich ganz ähnlich verhielt wie der Junge in Prokofjews *Peter und der Wolf*, im Gegensatz zum literarischen Vorbild damit allerdings Erfolg hatte: Pavian Paul beobachtete nämlich ein Weibchen dabei, wie es mit viel Mühe und Zeitaufwand eine leckere Wurzel ausgrub. Pauls Mutter war in Hör-, aber nicht in Sichtweite. Völlig grundlos begann der Kleine plötzlich laut zu schreien und lockte damit seine Mutter herbei. Die ließ sich von ihrem Kind täuschen und vertrieb das andere Weibchen, von dem sie fälschlicherweise glaubte, es habe Paul etwas angetan oder ihn bedroht. Das zu Unrecht verdächtigte Pavianweibchen ließ bei ihrer Flucht die Wurzel liegen, Paul musste nur noch zugreifen. Die beiden Forscher beobachteten den kleinen Affen, wie er seinen Trick an mehreren Tagen mit verschiedenen Opfern erfolgreich durchspielte. Paul zeigte dabei alle Fähigkeiten, die man zum Lügen braucht: Intention, Planung, Wissen, Vorausschau, die Welt mit den Augen des anderen sehen, schauspielerisches Talent.

Der Philosoph Daniel Dennet kam im Laufe seines Lebens sogar zu einer anderen Einschätzung tierischer Täuschungsmanöver. Er war jahrelang davon überzeugt gewesen, dass selbst Hunde und Menschenaffen nicht in der Lage seien, sich in andere Lebewesen hineinzudenken, Einsicht in ihre Absicht zu entwickeln und mit diesem Wissen einen Betrug zu inszenieren. Seiner Meinung nach fehlte ihnen mit der Fähigkeit zu sprechen etwas Entscheidendes. Erst die Sprache befähige uns zu abstrakten Denkvorgängen. Doch irgendwann begann Dennet an seiner eigenen Überzeugung zu zweifeln. Auslöser dafür waren Anekdoten über tierische Betrügereien, die er zu sammeln begann, weil sie auf eine durchaus vorhandene Einsichtsfähigkeit höher entwickelter Tiere hinzudeuten schienen. So berichtete ihm ein Freund von einem überraschend raffinierten Trick seiner Hündin, mit dem sie ihn dazu brachte, von ihrem Lieblingssessel aufzustehen: Nachdem sie vergeblich versucht hatte, ihn mit Winseln von „ihrem" Sessel zu verscheuchen, änderte sie plötzlich scheinbar ihre Absicht und kratzte an der Tür zum Zeichen, dass sie hinauswollte. Tatsächlich war dies nur ein Ablenkungsmanöver, denn sobald ihr Herrchen aufgestanden war, um ihr die Tür zu öffnen, rannte die Hündin blitzschnell zurück und sprang auf den Sessel. Sie hatte offensichtlich bewusst mit einer Täuschungsabsicht gehandelt – ein Betrug, zu dem angeblich nur wir Menschen in der Lage sind.

Noch beeindruckender ist das Beispiel des Schimpansen Austin. Es zeigt darüber hinaus, dass sich die Lügen der Tiere nicht immer nur um Nahrungsbeschaffung, Revierverhalten, Schutz oder Fortpflanzung drehen. Die Verhaltensforscherinnen Sue Savage-Rumbaugh und Kelly McDonald arbeiteten bereits seit Anfang der siebziger Jahre mit Primaten, ihr Hauptziel war es, die Sprechfähigkeit der Tiere mithilfe der Zeichensprache zu ermitteln. Zwei ihrer Versuchstiere waren die Schimpansen Austin und Sherman. Letzterer war dem kleineren und schwächeren Austin körperlich haushoch überlegen und wollte dies ständig durch Raufereien und Kräftemessen unter Beweis stellen. Der eigentlich unterlegene Austin rächte sich auf seine Weise: Er wusste, dass Sherman sich vor Dunkelheit fürchtet, und nutzte dies für ein kompliziertes Täuschungsmanöver, das er über Jahre hinweg schrittweise verfeinerte. Der Schimpanse schlich sich nachts ins Freigehege, kratzte und schlug von außen an die Wand; dann lief er wieder nach innen und starrte in die Nacht hinaus oder an die Wand, als erwarte er jeden Moment einen gefährlichen Eindringling. Sherman war außer sich vor Angst und ließ sich am Ende sogar von Austin trösten. Diese Anekdote zeigt am deutlichsten von allen, dass höher entwickelte Tiere durchaus in der Lage sind, die Welt mit den Augen eines anderen zu sehen und dieses Wissen für Lug und Trug auszunutzen.

„Betrügerische Kreaturen haben im Überlebenskampf einen Vorteil vor ihren Konkurrenten", sagt der Philosophieprofessor David Livingston Smith von der Universität von New England in Maine. Er geht davon aus, dass der Mensch die Vergrößerung des Gehirns dem evolutionären Druck verdankt, immer geschickter schwindeln zu müssen und sich so gegenüber Konkurrenten durchzusetzen: Ohne die Lüge gäbe es also keinen Homo sapiens. Und wer besonders geschickt und häufig lügt, trainiert seine grauen Zellen, bis er den Satz hervorbringt: „Der Mensch ist die Krone der Schöpfung" – eine der größten Lügen überhaupt.

WIR WERDEN BELOGEN

Verlogene Umwelt

Lügner und Loser: Tricks guter Lügner,
Fehler schlechter Schwindler

Viele behaupten von sich, dass sie nicht gut lügen könnten – und häufig stimmt das dann auch. Denn Lügen ist nicht leicht, und nicht wenige scheitern schon an der ersten Hürde: Zuerst einmal muss man nämlich das schlechte Gewissen überwinden, das die meisten von uns ganz automatisch beim Lügen entwickeln. Wir können einfach nicht anders, denn egal ob man es nun verharmlosend „Flunkern" und „Schwindeln" oder geradeheraus „Täuschen" und „Betrügen" nennt – Lügen gilt in der westlichen Kultur, anders als in Asien, als extrem negativ. Wer hingegen bei der Wahrheit bleibt, wird als „guter Mensch" angesehen. Das hängt mit der jahrhundertealten philosophisch-ethischen Denktradition zusammen, die unter Kommunikation den Austausch wahrer Sachverhalte versteht und für die Sprechen und Wahrhaftigkeit untrennbar zusammengehören. Dies wurde uns von Kindesbeinen an eingetrichtert, und es fällt schwer, sich davon zu lösen. Die Konsequenz bringt der Sinologe Harro von Senger in *Die Kunst der List* auf den Punkt: In China herrsche ein „unverschämter Umgang" mit List und Lüge, in westlichen Ländern dagegen ein „verschämter". Zwei in Mathias Mayers *Kulturen der Lüge* wiedergegebene empirische Studien aus den Jahren 1968 und 2000 belegen dies deutlich und zeigen darüber hinaus, dass sich an der Einschätzung der Lüge in den letzten dreißig Jahren nichts geändert hat. Bei der ersten Untersuchung legte der Sozialpsychologe N. H. Anderson seinen Probanden 555 Eigenschaftsbezeichnungen wie etwa „aufrichtig", „unehrlich" und „grausam" vor. Die Versuchspersonen sollten entscheiden, welche der Eigenschaften für sie bei anderen Personen besonders wichtig wären, wenn sie zu diesen in einem engen Verhältnis stünden. Auf den ersten beiden Plätzen fanden sich „aufrichtig" und „redlich", auf dem letzten Platz landete „unehrlich", also der „Lügner" – sogar noch nach dem Begriff „grausam". In der aktuelleren Untersuchung sollten die Teilnehmer bestimmen, wie nahe sich ausgewählte Begriffe inhaltlich stehen. Das Ergebnis zeigte, dass aus Sicht der Probanden „Lüge" und „Rücksichtslosigkeit" zusammengehören und einen Gegenpol zu „Wahrheit, Aufrichtigkeit und Freundschaft" darstellen. Der schlechte Ruf der Lüge scheint also unausrottbar zu sein.

Das schlechte Gewissen könnte der Grund dafür sein, dass gravierende Formen der Lüge, also solche, mit denen man anderen wirklich schadet, eher selten sind. Von Intimität und einem engen Verhältnis zum Belogenen lassen sich Lügner dagegen nicht abhalten; auch eine glückliche Liebesbeziehung schützt nicht davor, nach Strich und Faden belogen zu werden – nur der beste Kumpel bzw. die beste Freundin scheinen einen Sonderfall darzustellen, selbst gute Lügner halten sich bei ihnen mit Schwindeleien zurück. Wer aber ein Profilügner sein will, muss die mahnende innere Stimme ignorieren können oder sie am besten gar nicht erst hören. Ein guter Trick, das schlechte Gewissen zum Schweigen zu bringen, ist die „Mentalreservation", manchmal auch „Gedankenvorbehalt" genannt. Sie ist keine neue Erfindung, sondern wurde im 17. Jahrhundert von Philosophen und Theologen erdacht, um das damals geltende strenge Lügenverbot umgehen zu können. Nach dieser Vorstellung ist es keine Lüge, wenn ein Sohn dem nervigen Anrufer am Telefon sagt: „Papa ist gerade nicht hier", und den Satz in Gedanken fortsetzt, „… neben mir, sondern im Wohnzimmer beim Fernsehen". Ein anderes Beispiel ist die untreue Freundin, die ihrem Freund sagt: „Ich habe nichts Falsches getan", und sich dazu denkt: „…was ich dir sagen möchte". Eine Täuschung ist also keine, wenn man den irreführenden Satz im Geiste ergänzt.

Es ist Ansichtssache, wie man dieses Vorgehen moralisch bewertet. Klar ist, dass ein guter Lügner in der Lage sein muss, das schlechte Gewissen zu bezwingen, sei es durch Ignorieren, gekreuzte Finger oder den Gedankenvorbehalt. Hat er das geschafft, achtet der geschickte Schwindler darauf, so lange wie möglich keinen Verdacht aufkommen zu lassen. Denn obwohl wir alle eigentlich wissen, dass wir oft belogen werden, gehen wir erst einmal davon aus, dass unser Gesprächspartner die Wahrheit sagt – alles andere wäre aus biologischer und physiologischer Sicht viel zu aufwendig und umständlich. Ständig misstrauisch sein und die Aufmerksamkeit darauf richten, ob das Gegenüber lügt, würde Dauerstress für unseren Körper bedeuten. „Kooperationsannahme" und „wohlwollendes Kommunizieren" nennt man dieses Phänomen in der Sozialpsychologie. Das weiß der gute Lügner und nutzt es für sich durch unauffälliges Verhalten, was in der wissenschaftlichen Fachsprache „gezieltes Vermeiden eines Anfangsverdachtes" heißt. Schlechte Lügner dagegen neigen dazu, beim Schwindeln schlafende Hunde zu wecken. Sie befürchten Misstrauen oder gar Entlarvung und versuchen dem durch Erklärungen und unnötige Gegenargumente zuvorzukommen – obwohl der Belogene völlig arglos ist. Ein Beispiel ist die untreue Freundin, die von ihrem Partner auf dem Handy angerufen wird, während sie mit ihrem Liebhaber zusammen ist. Auf seine Bemerkung, dass er es schon mehrmals versucht habe, sie aber nie rangegangen sei, reagiert sie mit einer langen und umständlichen Begründung: Sie habe einen neuen Klingelton, an den sie sich noch nicht gewöhnt habe, zudem habe sie ihn zu leise eingestellt und überhöre darum dauernd Anrufe. Ihr Freund hatte aber eigentlich gar keine Antwort erwartet, sondern höchstens mit der Erwiderung „Entschuldige, ich hab's überhört" gerechnet. Erst durch ihre auffälligen Erklärungsversuche schöpft er Verdacht.

Dichtung + Wahrheit = Meisterlüge

Die Taktik, die gute Lügner am häufigsten anwenden, ist das gekonnte Verschmelzen von Dichtung und Wahrheit. Das bedeutet, dass sie nicht versuchen, eine Geschichte komplett neu zu erfinden, sondern beim Schwindeln auf reale Erfahrungen und Erlebnisse in der Vergangenheit zurückgreifen. Dies erfordert natürlich ein gutes Gedächtnis. So wird sich beispielsweise ein guter Lügner, der von seinem Vorgesetzten gefragt wird, warum er auf die Beschwerdemail eines neuen Kunden nicht reagiert habe, sofort daran erinnern, wie er einmal versehentlich eine lang erwartete Mail gelöscht hat, weil sie von seinem Spam-Filter in den Ordner „Papierkorb" aussortiert worden war; er wird diese Geschichte jetzt als Ausrede benutzen, obwohl er in Wirklichkeit die Beantwortung einfach vergessen hat. Seine Lüge klingt für den Chef sehr viel glaubwürdiger als ein lahmes „Die Mail habe ich nie bekommen"; es ist ja tatsächlich genau so passiert, wenn auch zu einem anderen Zeitpunkt. Der Lügner profitiert in diesem Fall von seinem guten Erinnerungsvermögen und seiner Spontaneität. Ein anderes Beispiel: Nehmen wir an, jemand wird von einem Bekannten gebeten, am kommenden Wochenende beim Umzug zu helfen, hat darauf aber keine Lust. Ein schlechter Schwindler würde sagen: „Ich kann nicht, ich muss am Wochenende auf eine Familienfeier", ohne darüber nachzudenken, wie er auf Nachfragen reagieren wird; zudem hat er vergessen, dass der Bekannte von seinen spärlichen Familienkontakten weiß. Er rechnet auch nicht damit, dass sein Freund Alternativvorschläge macht, wodurch eine weitere Ausrede nötig wird wie etwa: „Komm einfach schon am Freitag, dann kannst du mir zumindest beim Einpacken helfen." Einem guten Lügner wird so etwas nicht passieren. Er erinnert sich genau daran, was er seinem Bekannten von sich erzählt hat, und wird beim Flunkern das Fest seiner Uroma vor seinem inneren Auge haben, das tatsächlich stattgefunden hat und ihm quasi als Vorlage dient. Er wird also vielleicht sagen: „Tut mir leid, das geht gar nicht. Meine Oma feiert am Sonntag ihren 82. im Garten meiner Eltern. Ich muss schon am Vortag anreisen und beim Aufbau des Buffets helfen. Das wird eine stressige Fahrerei, ich habe überhaupt keine Lust!" Er wird auch bei Nachfragen wie etwa „Wie viele Gäste kommen denn?" oder „Was macht ihr bei schlechtem Wetter?" nicht ins Schlingern geraten – er hat ein solches Fest schon einmal erlebt und alle Antworten parat. Auch die Alternativvorschläge des Freundes schrecken ihn nicht, denn er hat ja indirekt darauf hingewiesen, dass er selbst sehr eingespannt und gestresst ist.

Das Geburtstagsfestbeispiel zeigt aber noch einen anderen Aspekt, der einen guten Lügner auszeichnet: Detailreichtum. Der geschickte Schwindler erwähnte den 82. Geburtstag, den Garten seiner Eltern, ein Buffet, die lange Anreise, den Stress und seine Gefühle – das macht die Schwindelei glaubwürdig. Der schlechte Schwindler sprach nur vage von „einem Familienfest am Wochenende". Schlechte Lügen tendieren dazu, knapp, karg und holzschnittartig auszufallen, denn nicht jeder hat die Fantasie von Baron Münchhausen oder Käpt'n Blaubär. Die braucht man als Profischwindler aber, denn schmückende Details sind schwer zu erfinden, wenn man die erlogene Situation nicht selbst erlebt hat. Zudem neigen schlechte Lügner dazu, beim Schwindeln nur den Handlungsablauf wiederzugeben, wer also wann etwas gemacht hat oder machen wird, sie vergessen aber meist die Schilderung von Gedanken, Gefühlen, Handlungsabbrüchen und Schwierigkeiten – genau durch solche Merkmale zeichnet sich aber ein reales Erlebnis aus. Der vorsitzende Bundesrichter Armin Nack betont in einem Radiointerview der *Uniwelle Tübingen* vom 27. Juni 1999, wie viel glaubhafter ein Zeuge oder Angeklagter vor Gericht wirkt, wenn er in seiner Aussage viele Einzelheiten beschreiben und dazu noch von Komplikationen erzählen kann, und nennt einen Fall aus seiner Berufspraxis, der dies eindrucksvoll belegt: „Zwei Männer überfallen einen anderen Mann in dessen Wohnung und wollen ihn umbringen. Das Opfer berichtet davon, wie man versucht hat, ihn in die Badewanne zu legen, um ihn in der Wanne mit dem Föhn zu töten. Er berichtet Details: Sie ließen die Badewanne volllaufen mit lauwarmem Wasser – auch das ein Detail, das jemand, der nur eine Lügengeschichte erzählen würde, nicht erfunden haben könnte –, dann stellen sie den Föhn auf die höchste Stufe – auch das wieder ein Detail –, dann wollen sie den Föhn in die Badewanne werfen, aber leider reicht das Kabel nicht bis zur Wanne. Dann sucht man ein Verlängerungskabel … und so geht das weiter."

Implikatives Sprechen und Wortkosmetik

Neben der Verschmelzung von Lüge und Realität nutzen Lügenmeister die Möglichkeit, sich mehrdeutig und unklar auszudrücken. Sie verzerren die Wahrheit, ohne direkt die Unwahrheit zu sagen. Diese Täuschungstechnik gilt als indirekte Form des Lügens, man nennt sie „implikatives Sprechen", und sie erfordert Sprachgeschick. Gute Lügner wenden sie immer dann an, wenn sie nicht ehrlich ihre Meinung offenbaren möchten, sie verletzen dabei bewusst mindestens eine der vier Kommunikationsmaximen, die als ungeschriebene Gesetze im sozialen Miteinander gelten können: die Maxime der Quantität, der Relation, der Modalität und die der Qualität. So bezieht sich die „Maxime der Quantität" darauf, dass wir von unserem Gesprächspartner, aber auch von uns selbst erwarten, dass auf eine Frage nicht sehr viel mehr, aber auch nicht sehr viel weniger gesagt wird, als zu ihrer Beantwortung nötig ist. Der geschickte Lügner hält sich nicht an diese Vorgabe und antwortet auf die Frage „Wie findest du Sandras neue Frisur?" mit einem knappen „Kurz ...". Der Lügner lässt zwar offen, ob ihm die Frisur gefällt, seine extrem kurze Erwiderung impliziert jedoch, dass man darüber nicht sehr viel mehr sagen kann, zumindest nichts Positives. Tatsächlich findet er die Frisur potthässlich, muss dies aber gar nicht direkt sagen. Er umgeht geschickt die Wahrheit und hat auch nichts Verletzendes gesagt, sondern nur über die Haarlänge gesprochen. Diese Form der Lüge ähnelt der Technik des Verschweigens und Weglassens. In der Kürze liegt hier also keineswegs die Würze, sondern die Lüge.

Die zweite Maxime, die als Leitsatz im Gespräch gilt, ist die der Relation. Wir erwarten, dass die Antwort einen inhaltlichen Bezug zur Frage hat. Ein Lügenprofi durchbricht diese Regel bewusst: Auf die Frage „War dein Ex gut im Bett?" erwidert er zum Beispiel: „Also kochen konnte er wie ein Profi." Durch die scheinbar unpassende Antwort und die Verbindung zwischen Sex und Kochen umgeht der geschickte Lügner die ehrliche Antwort, nämlich dass der Exfreund im Bett ein Versager war – trotzdem versteht sein Gesprächspartner höchstwahrscheinlich genau, was gemeint ist. Die Taktik könnte man als Hinlenken durch Ablenken bezeichnen.

Der dritte Grundsatz der Kommunikation ist die „Maxime der Modalität". Wir sollten uns im Gespräch um Klarheit und Eindeutigkeit bemühen und erwarten dies natürlich auch von unserem Gegenüber. Nicht so der Profilügner, der beispielsweise auf die Frage „Wie ist denn Karstens neue Freundin?" mit „Eine echte Blondine!" antwortet und dies zweideutig meint: „Blondine" steht in diesem Fall nicht für die Haarfarbe oder das Aussehen, „echt" nicht für ungefärbt und natürlich. Stattdessen wird klar, dass die neue Frau aus Sicht des Gefragten strohdumm ist. Mithilfe dieser Antwort lästert der gute Lügner, ohne dabei ein schlechtes Wort zu verlieren. Ein weiteres Beispiel für eine Verletzung der Modalitätsmaxime ist die sich alle Jahre wieder anbietende mehrdeutige Antwort auf die Frage „Wie war denn Heiligabend bei euch?". „Eine schöne Bescherung" sagt man; das Familienfest war also ein Reinfall, doch diese klare Formulierung vermeidet der geschickte Lügner und drückt sich lieber mithilfe eines Wortspiels doppeldeutig aus.

Die „Maxime der Qualität" hängt mit der bereits erwähnten „Kooperationsannahme" zusammen. Wir gehen beim Kommunizieren normalerweise davon aus, dass unser Gesprächspartner wahrhaftig ist und das sagt, was er wirklich meint. Gute Lügner nutzen dies zum Beispiel durch extreme Über- oder Untertreibungen aus: „Wie war

Karstens Präsentation? Ist sie so gut angekommen, wie er erwartet hat?" „Er lässt gerade Autogrammkarten drucken!" Mit dieser ironischen Übertreibung sagt der Gefragte, dass die Präsentation nicht gut gelaufen ist, weil er natürlich davon ausgehen kann, dass sein Gegenüber die Antwort nicht ernst nimmt. Vielleicht mag der Antwortende den erwähnten Kollegen auch nicht besonders und spielt mit der Übertreibung auf die in der Firma allseits bekannte Selbstüberschätzung von Karsten an. Welche der Auslegungen zutrifft, hängt vom Kontext ab, Missverständnisse sind daher durchaus möglich. Die Technik der ironischen Übertreibungen ermöglicht besonders perfide Lügen: „Natürlich bin ich wie wild hinter deinem Mann her", sagt die Frau lachend zu ihrer besten, aber misstrauischen Freundin, „wir haben jedes Mal in eurem Ehebett wilden Sex, wenn du deine Eltern besuchst. Ich hoffe, du fährst bald wieder weg!" Sie lässt die Aussage bewusst wie eine lustige Übertreibung klingen, lügt aber in diesem Fall mithilfe der Wahrheit.

Ein weiteres Werkzeug des guten Lügners ist der richtige Umgang mit Euphemismen, rhetorischen Beschönigungen also, mit deren Hilfe man einem Gesprächspartner unangenehme oder schlechte Neuigkeiten, unbeliebte Meinungen und andere hässliche Wahrheiten möglichst diplomatisch nahezubringen versucht. Gerade Politikern wird immer wieder vorgeworfen, mit Schönfärberei die Wahrheit bis zur Unkenntlichkeit zu übertünchen. Ein Beispiel aus der jüngsten Vergangenheit ist die Vokabel „Prekariat", mit der man den Begriff „Unterschicht" zu vermeiden versucht; aus „Krieg" wird immer öfter ein „Konflikt"; „Kernkraftwerk" erscheint weitaus weniger gefährlich als „Atomkraftwerk", auch wenn man sich mit dieser Wortwahl vom wahren Kern der Sache weit entfernt; „alternative Verhörmethoden" klingt nicht halb so schlimm wie „Folter"; und „erlaubt für ..." hört sich nicht so streng an wie „verboten". Aber nicht nur Politiker benutzen Euphemismen, sie sind – im wahrsten Sinne des Wortes – in aller Munde, in vielen Fällen aus Höflichkeit oder Schamgefühl. So fragt wahrscheinlich jeder von uns den Kellner im Restaurant nach der „Toilette" statt nach dem „Klo"; zu „alt" sagen wir „in die Jahre gekommen", zu unseren „Alten" höflich „Senioren"; der gute Lügner hört aber hier nicht auf: Er bezeichnet die fette Bekannte als „füllig" oder „XXL", die dumme Nichte als „eher praktisch begabt", den arbeitslosen Kumpel als „im Moment auf der Suche", seine Putzfrau als „Perle" oder „Raumpflegerin", die Friseurin als „Hair-Stylistin", den unerzogenen Köter als „Hund mit Charakter", den Streit mit der Freundin als „Diskussion" und die Trennung als „Beziehungspause".

Gerade im Berufsleben nutzt der Mogelmeister die Möglichkeit der sprachlichen Kosmetik. Da wird der „finanzielle Verlust" zur „Wertsteigerungspause" oder zum „negativen Gewinnbeitrag", das „Problem" zur „Herausforderung", der „Misserfolg" zur „neuen Chance"; ist man mit dem, was der Vorgesetzte in einem Meeting vorschlägt, nicht einverstanden, sagt man das nicht geradeheraus, sondern hat „noch eine Anregung zum Thema". „Schlecht" klingt besser, wenn man dazu „nicht optimal" sagt, aus „falsch" wird „fragwürdig", „teuer" übersetzt man mit „kostenintensiv", „billig" heißt „günstig", aus „später" macht man „zeitnah", und statt „immer" benutzt man einfach „häufiger".

Der wirklich gute Lügner weiß allerdings genau, dass man es mit der Schönfärberei auch übertreiben kann, wie etwa mit der Berufsbezeichnung „Gebäudemanager" für Hausmeister oder „Hygiene-Management" für Klofrau. Ein weiteres Beispiel ist das Wort „Freisetzung", das von

Arbeitgebern zum ersten Mal vor einigen Jahren anstelle von „Entlassung" verwendet wurde. Absurderweise begann auch die Karriere dieses Wortes als schönfärberischer Ersatz für hässliche Begriffe wie „Rauswurf" oder „Kündigung". Denn „jemanden entlassen" muss nicht zwingend etwas Negatives bedeuten. Eine Person „aus einem Gespräch mit den Worten ... entlassen" oder „jemanden aus der Armee entlassen" bedeutet zwar, dass etwas zu Ende ist, ursprünglich jedoch ohne negativen Beigeschmack; im Falle des Gesprächs ist zudem eine Fortsetzung nicht ausgeschlossen – genau deshalb wählte man das Wort auch als Ersatzvokabel. Inzwischen hat sich die Bedeutung von „Entlassung" aber gewandelt, und genau das wird auch mit der „Freisetzung" passieren. Den Begriff empfinden inzwischen viele arbeitslos gewordene oder von Kündigung bedrohte Menschen nur noch als Hohn – ähnlich wie die Euphemismen „Personalabbau", „Gesundschrumpfen", „Marktanpassung" oder „sozialverträgliche Maßnahmen". Die Wortkosmetik ruft also Aggressionen hervor, anstatt die Reaktionen der Betroffenen abzumildern, und erreicht damit genau das Gegenteil dessen, was ein guter Lügner mithilfe von Euphemismen erzielen will.

Die Welt mit den Augen des anderen sehen

Taubheit gegenüber der mahnenden inneren Stimme, ein sehr gutes Gedächtnis, die Verschmelzung von Dichtung und Wahrheit, Detailreichtum beim Erzählen, eine ausgeprägte Fantasie, geschickte Formulierungen, nicht zu viel und nicht zu wenig Wortkosmetik – das ist viel, aber längst noch nicht alles, was gute Lügner beherrschen. Sie sind regelrechte Meister darin, sich in ihr Gegenüber hineinzuversetzen, vorauszusehen, was der andere von ihnen erwartet, und dies dann auch umzusetzen. Sie wissen deshalb, welches Verhalten der Gesprächspartner einem Lügner unterstellt: Die meisten Menschen wittern Unwahrheit, wenn Geschichten unlogisch und wirr sind, wenn die Chronologie nicht zu stimmen scheint, wenn Widersprüche und Ungereimtheiten auftauchen, vor allem aber, wenn das Gegenüber Unglaubliches erzählt. Scheinbar Absurdes wirkt unrealistisch, darum wird ein guter Lügner versuchen, möglichst widerspruchsfreie, logisch klingende, vor allem aber unspektakuläre Geschichten mit einer exakten Chronologie aufzutischen, um ehrlich zu wirken.

Dabei trifft genau das Gegenteil zu. Wer die Wahrheit erzählt, hat sich darauf selten vorbereitet, die Folge davon sind Erinnerungslücken, vielleicht sogar Widersprüche und Chronologiefehler. Und je ungewöhnlicher die Geschichte, desto höher die Wahrscheinlichkeit, dass sie stimmt. Bundesrichter Nack berichtet von den filmreifen Erlebnissen des Mannes, der in der Badewanne ermordet werden sollte: „Das Opfer hatte ein Spielzeugauto, ein Polizeiauto in seinem Schrank, und durch die Erschütterung, durch die Schläge, die er bekommen hat, hat sich das Auto plötzlich bewegt, und die Polizeisirene des Spielzeugautos ging los. Die Täter glaubten, es sei ein echtes Polizeifahrzeug, und flüchteten. Also so was kann man nicht erfunden haben, das muss tatsächlich so passiert sein. So ein originelles Beispiel spricht einfach für die Lebensnähe." Obwohl diese Geschichte wahr ist, würden sie viele Zuhörer als unglaubwürdig einstufen, weshalb ein guter Lügner das Außergewöhnliche vermeidet. Er weiß auch, dass die meisten an Klischees glauben, wenn es darum geht zu erkennen, ob jemand die Unwahrheit sagt. „Nicht in die Augen schauen", „sich abwenden", „nervöses

Gezappel mit Händen oder Füßen", „rot werden", „ins Stottern geraten", „Versprecher", „rauer Hals, trockener Mund", „schwitzen" oder sogenannte „Manipulatoren", also Verlegenheitsgesten, wie auffällig oft durch die Haare streichen, sich kratzen oder die Hände kneten, sind nach weitverbreiteter Ansicht typische nonverbale Merkmale für einen Lügner. Das ist völlig falsch und wissenschaftlich nicht haltbar – all dies könnten auch Zeichen für die Angst sein, unschuldig verdächtigt zu werden, oder für eine gänzlich andere Gemütslage. Doch ein guter Lügner kennt die Vorurteile und ist in der Lage, die verdächtigen Verhaltensweisen zu unterdrücken. Natürlich muss er auch seinen Gesichtsausdruck unter Kontrolle haben: Techniken dafür sind unter anderem die sogenannte „Amplifikation" – der Lügner zeigt mehr Freude, als er eigentlich empfindet; die „Neutralisierung" – dabei setzt der Lügner einen möglichst neutralen Gesichtsausdruck auf, wie das berühmt-berüchtigte „Pokerface"; oder die „Maskierung" – der Lügner überdeckt seine wahren Gefühle mit einem anderen Gesichtsausdruck, wie etwa einem falschen Lächeln, das auch „asiatisches Lächeln" genannt wird. Umgekehrt weiß ein guter Lügner, wie man auf sein Gegenüber ehrlich wirkt. Nach Untersuchungen von Sozialpsychologen findet man einen anderen sofort sympathischer, wenn er seinen Körper im Gespräch zum Gegenüber hin ausrichtet; wenn er häufig lächelt; wenn er auf nonverbaler Ebene aktiver ist, also beispielsweise viel gestikuliert; wenn er eine angemessene Sozialdistanz zum Gesprächspartner einhält, die bei zwischen 1,20 m und 3 m liegt; und wenn er vermehrt den Blickkontakt sucht, allerdings ohne damit zu übertreiben – dem anderen zu lange und zu durchdringend in die Augen zu schauen, hat genau die gegenteilige Wirkung, man empfindet es als unangenehm und verunsichernd.

Wer all dies im Gespräch berücksichtigt, erscheint aber nicht nur sympathischer, sondern wird auch als offen und ehrlich wahrgenommen. Das unterstützt der geschickte Lügner noch dadurch, dass er sich selbst im Gespräch positiv darstellt, denn dies wird als besonders glaubwürdig empfunden; wer sein Licht dauernd unter den Scheffel stellt, wirkt dagegen unehrlich. Ein Profilügner zeigt darüber hinaus beim Reden und Zuhören Interesse und Betroffenheit, reagiert mit positiven Rückmeldungen und Affekten auf die Aussagen seines Gegenübers, wobei oft kurze Einwürfe wie etwa „Ach wirklich!", „Das ist ja interessant!" oder ein kurzes Auflachen an passender Stelle reichen. Er argumentiert flüssig, zeigt sich gelassen und bei Bedarf verschwiegen. Nach Ansicht einiger Lügenforscher tendieren gerade Menschen mit einem großen Talent zur Selbstdarstellung und machiavellistisch orientierte Personen dazu, in Täuschungssituationen zu versprechen, dass man zu ihnen Vertrauen haben könne und dass sie diskret seien. Sie untermauern diese Behauptung oft mit einem scheinbaren Bekenntnis oder erzählen von einer ähnlichen Erfahrung – auch das ist ein geschickter Schachzug guter Lügner. Denn Berichte über Persönliches erscheinen wie ein Geständnis, wodurch man als Person besonders glaubwürdig wirkt. „Assertive Technik" heißt diese Taktik, und wir alle setzen sie bewusst oder unbewusst ein, nicht nur beim Lügen. Gerade Frauen neigen dazu, Ähnlichkeiten mit dem Gesprächspartner überzubetonen, um dadurch Sympathien zu gewinnen: „Das kenne ich", „Das habe ich auch schon erlebt", „So geht es mir auch immer" sind typische assertive, bestärkende Sätze in einer Unterhaltung, verknüpft mit einer Schilderung des Erlebnisses oder der Eigenschaft. In einer Täuschungssituation möchte man auf diese Weise Vertrauen gewinnen und andere zu etwas bringen, das einem selbst nutzt.

136

Wir alle lügen, aber nur die wenigsten von uns sind wirkliche Meister, die die genannten Techniken und Strategien perfekt beherrschen. Geschickt zu lügen ist schwer, man benötigt Fantasie, Sprachbegabung, Improvisationstalent, schauspielerische Fähigkeiten, eine gewisse Skrupellosigkeit und eine hohe emotionale und soziale Intelligenz. Das sind für die meisten zu hohe Anforderungen, wie Bundesrichter Armin Nack aus seinem Berufsalltag weiß: „Der Lügner ist eigentlich ein armes Schwein. Man muss regelrecht Mitleid mit ihm haben vor seiner schweren Aufgabe, die meisten Lügner sind ja auch wirklich blutige Amateure. Sie lügen verdammt schlecht." Und das ist kein Wunder, wenn man sich vor Augen führt, wodurch sich laut dem König des Seemannsgarns, Käpt'n Blaubär, ein Meisterlügner auszeichnet: „Jeder kann sich hinstellen und eine platte Lüge von sich geben, das ist keine Kunst. Das Geheimnis besteht darin, den Zuhörer an sie glauben zu lassen. Und wie jede wirklich große Kunst besteht auch die des Lügens aus Fleiß und zahlreichen Schichten. Der Maler streicht Schichten von farbigen Pigmenten und Lasuren übereinander, der Musiker komponiert Lagen aus Melodien, Rhythmen, Stimmen und Instrumenten, der Schriftsteller fügt Wortschicht für Wortschicht übereinander, und der Lügner stapelt Lügen zum Meisterwerk."

Zu schön, um wahr zu sein:
Wie die Bilder lügen lernten

Bei vielen meiner Drehs bitten mich Protagonisten oder Interviewpartner, die gefilmten Szenen in der Postproduktion zu ändern. Sie möchten, dass ich ihre Versprecher und Sprechpausen herausschneide, aus einem holperigen Statement eine flüssige, wortgewandte Antwort zaubere, sie jünger und schöner aussehen lasse, denn aus der Sicht der meisten Laien ist bei Film und Fernsehen alles möglich. Viele der Wünsche sind jedoch unrealistisch und wären – wenn überhaupt – nur mit einem extrem hohen Technik- und Kostenaufwand umsetzbar, den man vielleicht bei Kinofilmen oder in der Werbung in Kauf nehmen würde, nicht aber im Tagesgeschäft des Fernsehens. Zudem sind ja gerade bei einer Reportage möglichst realitätsnahe Aufnahmen durchaus erwünscht. Trotzdem wird auch bei ganz normalen TV-Beiträgen vieles im Schnitt verändert: So kann man etwa Versprecher oder „Ähs" schnell verschwinden lassen, indem man die Technik der Überlappung nutzt; das bedeutet, dass die Person im Beitrag schon zu reden beginnt, obwohl sie noch nicht zu sehen ist, sie selbst kommt erst nach ihrem Verhaspler oder den „Ähs" ins „On". Die Manipulation des Tons ist mit dieser Methode weder hörbar noch sichtbar, Arbeits- und Zeitaufwand für diesen Trick sind gering. Auch Farben und Farbstimmung lassen sich mit wenigen Mausklicks ändern: Man kann die Hautfarbe einer Person je nach Bedarf rosig und gesund oder fahl und kränklich erscheinen lassen; es ist möglich, eine Szene in gelbliches Licht zu tauchen und dadurch anheimelnd und warm erscheinen zu lassen, oder eben bläulich und damit kalt – und all das, ohne dass der Zuschauer die Bilder als unnatürlich oder manipuliert empfinden würde. So ist es beispielsweise bei Aufnahmen in Arztpraxen oder Krankenhäusern durchaus üblich, die Bilder leicht bläulich, also kühler einzufärben, da dies hygienischer und steriler wirkt; so hat es dort ja nach allgemeiner Vorstellung auszusehen. Eine Szene, die eine Familie am Frühstückstisch zeigt, würde man dagegen eher mit einer gelblich-warmen und damit heimeligen Farbstimmung versehen. Diese nachträglichen Farb- und Tonveränderungen im Schnitt sind gang und gäbe, sie werden von den Mitarbeitern keineswegs als Verfälschung empfunden, sondern als ästhetische Verbesserung.

Die Veränderung der Realität beginnt aber natürlich nicht erst in der Postproduktion, sondern schon beim Dreh, indem man Räume ausleuchtet, ja manchmal sogar komplett umräumt, Filter einsetzt, die zum Beispiel Falten mildern oder den Farbverlauf des Himmels verändern; sehr häufig lässt man auch eine Szene mehrmals wiederholen, etwa weil eine Unschärfe aufgetreten, der Ton wegen eines vorbeifahrenden Lkw schlecht zu verstehen ist, sich der Protagonist beim Interview verhaspelt oder versehentlich aus dem Bild lehnt. Nur selten gelingt es, die Realität unverfälscht abzubilden, der Normalfall beim Fernsehen ist die Inszenierung: „Für das Fernsehen ist die ganze Welt falsch belichtet, immer zu hell oder zu dunkel. Kein Mensch geht, sitzt oder schaut so, wie er es tun müsste, um im Fernsehen ordentlich auszusehen. Daher muss für die Inszenierung im Fernsehen eine eigene Wirklichkeit kreiert werden", meint der *Spiegel*-Autor Jürgen Leinemann in einem Interview in Jens Bergmanns und Bernhard Pörksens „Medienmenschen". Diese selbstverständliche und allgegenwärtige Bildmanipulation im Arbeitsalltag von Fernsehschaffenden, selbst bei Beiträgen, in denen es das erklärte Ziel ist, die Realität wiederzugeben, macht deutlich, wie nahe sich Bild und Lüge stehen – natürlich nicht nur beim bewegten Bild, sondern auch im Bereich des Fotojournalismus. Die eingangs erwähnten Wünsche und Vorstellungen meiner Interviewpartner zeigen aber ebenso, dass sich auch Laien dessen durchaus bewusst sind, ja die Möglichkeiten sogar überschätzen. Wir alle gehen davon aus, dass viele der Bilder, die uns die Medien präsentieren, in irgendeiner Form verändert und somit verfälscht sind. Und trotzdem misstrauen wir ihnen selten, eher das Gegenteil ist der Fall: Ein Ereignis oder Phänomen erscheint den meisten glaubwürdiger, wenn darüber schon einmal berichtet wurde, und das umso mehr, wenn es im Bild zu sehen war. Mit Sätzen wie „Das war neulich erst im Fernsehen" oder „Ich hab ein Bild davon in der XY-Illustrierten gesehen" untermauern wir nicht selten eine Argumentation und wollen damit ausdrücken: „Das muss wahr sein, ich hab es mit eigenen Augen gesehen."

Dass wir den Wahrheitsgehalt von Bildern wider besseres Wissen überschätzen und uns immer wieder von ihnen verführen und hinters Licht führen lassen, hängt unter anderem damit zusammen, dass die Augen unser wichtigstes Sinnesorgan sind: Rund 70 Prozent unserer Wahrnehmungen finden über die Augen statt, wir vertrauen dem, was wir sehen. Das nutzen Bilderprofis nicht erst seit heute aus. Bereits der erste Frontberichterstatter der Geschichte verfälschte die Wirklichkeit so sehr, dass der Krieg auf seinen Bildern wie ein Picknick aussieht: 1855 zog der Engländer Roger Fenton los, um im Krimkrieg zu fotografieren. Er hatte von der britischen Regierung den Auftrag unter der Bedingung bekommen, unter keinen Umständen die Schrecken des Krieges festzuhalten, um die Familien der Soldaten nicht zu beunruhigen. Hinzu kam, dass die damals noch in den Kinderschuhen steckende Foto-Technik seine Arbeit erschwerte. Damals waren nur Einzelbilder möglich, die Lichtverhältnisse mussten optimal sein, und trotzdem betrug die Belichtungsdauer zwischen drei und zwanzig Sekunden, während derer sich vor der Kamera niemand rühren durfte, schon die kleinste Bewegung hätte eine Unschärfe verursacht. Spontanes Knipsen und Schnappschüsse waren unter solchen Umständen praktisch unmöglich. Fenton reiste mit vier Assistenten und einer Dunkelkammer auf einem Wagen an, der von drei Pferden gezogen werden musste, sein Gepäck bestand aus 36 riesigen Kisten. Damals arbeitete man mit Kollodium-Nassplatten, die kurz vor Gebrauch in einem Silberbad beschichtet werden mussten. Wegen der großen Sommerhitze trockneten sie oft schon, bevor Fenton sie in die Kamera einführen konnte. Trotzdem kehrte er nach drei Monaten mit ungefähr 360 belichteten Platten schon London zurück; fast alle sind gestellte Gruppenfotos, die hinter der Feuerlinie

Roger Fentons Gruppenbild mit Hund.
Quelle: Library of Congress, Washington

entstanden sind. Eines zeigt eine Gruppe von fünf Soldaten, die vor einem weißen Zelt scheinbar zufällig im Halbkreis um einen Hund stehen. Die Männer sind sauber und korrekt gekleidet, das Hündchen ist auffallend niedlich und klein. Alle sind der Kamera zugewandt, beachten sie aber nicht; einer stützt sich auf seinen Degen, ein Zweiter lehnt lässig an seinem Kameraden, ein Dritter hat es sich auf dem Boden gemütlich gemacht. Sie beobachten den Soldaten in der Mitte, der dem Hündchen befiehlt, Männchen zu machen. Das geschickt inszenierte Foto erweckt den Eindruck, als handle es sich um einen Spaziergang, bei dem die Teilnehmer gerade eine Pause einlegen – Leid und Gewalt, Tote und Verwundete, Hunger und Schmerzen scheinen nicht zu existieren. Dabei gilt der Krimkrieg als besonders verlustreich, moderne Quellen sprechen von einer halben Million Toten, viele Soldaten starben aufgrund der schlechten Versorgung in den Lazaretten an ihren Verwundungen. Der Zeitzeuge Leo Tolstoi zeichnet in seiner Erzählung „Sewastopol im Dezember" ein ganz anderes Bild vom Krimkrieg als Fenton mit seinen gestellten, heroisierenden Fotos: „Sie sehen hier entsetzliche, die Seele erschütternde Bilder, sehen den Krieg (…) in seiner wirklichen Gestalt mit Blut, Qualen und Tod." Doch die englische Regierung war mit Fentons Arbeit zufrieden: Man hatte die Fotografie als Propagandamittel entdeckt.

1925 stellte man auf der Messe in Leipzig einen neuen Fotoapparat vor, der die Arbeit von Berufsfotografen revolutionieren sollte und den Beginn des modernen Fotojournalismus einläutete. Der Name des Apparates war „Leica". Er wurde bald mit mehreren, leicht auswechselbaren Objektiven verkauft. Der für die Leica entwickelte Film ermöglichte es, 36 Bilder hintereinander und ohne Unterbrechung zu belichten, was erstmals die Chance eröffnete, schnell und spontan zu fotografieren. Parallel zur Technik perfektionierte man die politische Propaganda mithilfe von manipulierten, inszenierten und gefälschten Fotos. Der deutsche Fotograf Heinrich Hoffmann brachte es darin zur Meisterschaft, er war in Nazideutschland der mächtigste Mann der Illustriertenpresse. Hoffmann war schon in den zwanziger Jahren einer der engsten Freunde Hitlers. Als dieser 1933 die Macht ergriff, überließ er seinem langjährigen Genossen das alleinige Recht zur Veröffentlichung von Fotos seiner Person. Hoffmann gründete daraufhin eine Agentur mit einem großen Mitarbeiterstab. Nur Hoffmanns Angestellte hatten das Recht, bei offiziellen Ereignissen zu fotografieren, alle Zeitungen und Illustrierten im In- und Ausland mussten die Fotos über seine Agentur beziehen. Kurz nach Beginn des Zweiten Weltkrieges baute Hoffmann ein Netz von Fotozentralen auf, an die sämtliche Bilder geschickt werden mussten, die an der Front entstanden waren. Er selbst suchte diejenigen aus, die veröffentlicht werden durften, weil sie ihm für die Kriegspropaganda geeignet erschienen.

Aber nicht nur Zensur, strenge Auswahl und geschickte Inszenierung nutzte die NS-Regierung als Propagandamittel, auch Retuschen waren gang und gäbe – meist, um unerwünschte oder in Ungnade gefallene Personen auf Nimmerwiedersehen verschwinden zu lassen. Auf die gleiche Weise merzte man in der Sowjetunion missliebige Personen aus, das prominenteste Opfer war Leo Trotzki. Dieser war einer der führenden Köpfe der russischen Revolution, ein enger Mitarbeiter Lenins, Volkskommissar für „Auswärtiges" und später für das „Kriegswesen" gewesen. Er wurde jedoch nach dem Tod Lenins mehr und mehr entmachtet, aus dem Politbüro und der KPdSU ausgeschlossen und schließlich in die Verbannung geschickt.

1940 wurde er im mexikanischen Exil ermordet. Trotzkis Bedeutung für die Revolution sollte unter Stalin nicht nur im Nachhinein geschmälert werden, man wollte ihn komplett aus dem Gedächtnis des Volkes tilgen und „säuberte" Bilder aus der Revolutionszeit systematisch von der unerwünschten Person. So sieht man auf einem der bekanntesten Fotos jener Tage Lenin bei seiner flammenden Rede auf einem Holzpodest am 5. Mai 1920 anlässlich des Abmarsches der Soldaten zur polnischen Front. Zu seiner Rechten steht Trotzki – die Position ist ein deutliches Zeichen dafür, dass er ein Vertrauter Lenins und bedeutender Revolutionär sein musste, was Stalin völlig inakzeptabel erschien. Man verbreitete deshalb eine stark beschnittene Version des Bildes, auf der Trotzki nicht mehr zu sehen war, oder eine retuschierte Fälschung. Auf ihr befindet sich an der Stelle Trotzkis eine nachträglich eingefügte Holztreppe, die zur Rednertribüne führt.

Eine der berühmtesten Foto-Fälschungen der Geschichte, sozusagen das Paradebeispiel der Bildmanipulation, ist die Fotografie der angeblichen Erstürmung des zerstörten Reichstagsgebäudes 1945, auf dem sowjetische Soldaten die Flagge ihres Landes hissen. Es ist neben dem Porträt des kubanischen Revolutionärs Che Guevara von Alberto Korda das meistgedruckte Fotomotiv aller Zeiten und tief im kollektiven Gedächtnis verankert – inklusive aller Verfälschungen. Aufgenommen wurde das Bild von dem ukrainischen Frontberichterstatter Jewgeni Chaldej. In Wirklichkeit entstand das Bild aber nicht, wie behauptet, während der Erstürmung am 30. April 1945, sondern Tage danach. Stalin hatte unter allen Umständen am 1. Mai, dem Tag der Arbeiterklasse, die rote Fahne auf dem Dach des Gebäudes wehen sehen wollen, das für die Sowjets wie kein anderes deutsche Macht und Stärke

Das manipulierte Foto der angeblichen Erstürmung des Reichstagsgebäudes am 30. April 1945.
Quelle:
Ullstein/Voller Ernst/
Jewgeni Chaldej

Das Foto vor der Manipulation: eine gestellte Szene am 2. Mai 1945.
Quelle:
AP Images/
Jewgeni Chaldej

symbolisierte. Die Einnahme des Reichstages verzögerte sich jedoch und gelang erst nach harten Kämpfen in der Nacht zum 1. Mai. Kein Kameramann oder Fotograf war vor Ort, zudem wären die Lichtverhältnisse auch viel zu schlecht gewesen. Aber die Sowjets wollten dieses historische Ereignis dennoch dokumentiert wissen und beauftragten hierfür Chaldej, der oft der „russische Robert Capa" genannt wird. Chaldej selbst schilderte die Fälschungsaktion laut *FAZ-net* vom 3. Mai 2005 später so: „Es war am frühen Morgen des 2. Mai 1945. Ich betrat das Reichstagsgebäude. Überall war schrecklicher Lärm. Ein junger, sympathischer Soldat kam auf mich zu. Ich hatte eine rote Fahne in der Hand. Er sagte: ‚Leutnant, dawai, lass uns mit der Fahne aufs Dach klettern.' Ich: ‚Deswegen bin ich ja hier.' Wir waren endlich oben, der Reichstag brannte. Er meinte: ‚Lass uns auf die Kuppel klettern.' ‚Nein', sagte ich, ‚da werden wir geräuchert und verbrennen.' ‚Na, dann versuchen wir es hier.' Wir fanden eine lange Stange. Ich suchte lange nach Kompositionsmöglichkeiten. Erst machte ich ein Foto links. Nein, das war nicht gut. Es sollte auch etwas von Berlin zu sehen sein. Dann sagte ich: ‚Jungs, geht und stellt euch da hin und hisst die Flagge an der und der Stelle.' Es waren drei Soldaten. Ich habe einen ganzen Film verknipst, 36 Bilder, und bin in der Nacht zum 3. Mai nach Moskau geflogen, und das Foto ist sofort veröffentlicht worden." Die restlichen Fotos des Films sind heute der Beweis dafür, dass die Täuschung aber noch viel weiterging: Sie zeigen, dass das offizielle Bild im Gegensatz zu den anderen von Chaldej verändert worden war. Er hatte aufsteigende Rauchwolken hinzugefügt, ein Trick, der bei russischen Kriegsfotografen sehr beliebt war; der Rauch dramatisierte die Szene und zeigte darüber hinaus, wie nahe sie sich ans gefährliche Kampfgeschehen gewagt hatten. Zudem entfernte Chaldej die Armbanduhr vom rechten Handgelenk des Soldaten, der seinen Kameraden mit der Flagge von unten stützt. Wie man auf einem der anderen Fotos erkennt, trug der Soldat zwei Uhren zugleich – offensicht-

Siemens-Chef Klaus Kleinfeld einmal mit, einmal ohne Rolex.

Quelle: picture alliance/dpa

lich Kriegsbeute. Armbanduhren waren bei den Soldaten der Roten Armee ein sehr beliebtes Beutestück; „Uri, Uri" sollen oft die ersten Worte gewesen sein, welche die besiegten Deutschen von den sowjetischen Soldaten hörten. Auf dem offiziellen Foto sollte dies nicht zu sehen sein, nichts durfte das Image der Sieger beschädigen.

Ganz ähnliche Motive bewegten wohl die PR-Berater von Siemens-Chef Klaus Kleinfeld, als sie 2004 ein Pressefoto des frischgebackenen Vorstandsvorsitzenden retuschieren ließen: Das Bild zeigt Kleinfeld im schwarzen Anzug mit hellroter Krawatte, lässig und lächelnd an ein Geländer gelehnt, im Hintergrund ein Fenster. Es war im Sommer 2004 erstmals von Siemens veröffentlicht worden und wurde vom Konzern nach der offiziellen Amtseinführung erneut an die Presse herausgegeben. Beim zweiten Mal fehlte jedoch die mehrere Tausend Euro teure Rolex-Uhr am Handgelenk Kleinfelds. Siemens hatte zu diesem Zeitpunkt gerade einen Rekordprofit erzielt, eine Milliarde Euro innerhalb eines Quartals, eine Gewinnsteigerung von 38 Prozent gegenüber dem Vorjahr, plante aber trotzdem, 1350 Stellen zu streichen. In dieser Situation hielten es die PR-Experten offensichtlich für angebracht, den neuen Chef als bescheidenen Mann zu zeigen und nicht als Fan von Luxusuhren. Siemens-Sprecher Peter Gottal widersprach dem Fälschungsverdacht ganz entschieden. Er behauptete nach Informationen von *Spiegel-online* im Januar 2005, es habe zwei Shootings gegeben, einmal mit und einmal ohne Rolex: „Wir werden das Foto mit der Uhr nicht mehr verwenden, weil das visuell überbetont ist", sagte Gottal, „uns erschien die Uhr auf dem Foto zu dominant." Diese Erklärung klingt jedoch höchst unglaubwürdig, denn die beiden Fotos wirken wie die in vielen Zeitschriften beliebten Suchspielchen „Original und Fälschung", wenn sie nebeneinander zu sehen sind. Mimik, Gestik, Haltung, Faltenwurf, Licht und Schatten stimmen exakt überein. Bis heute hält Siemens an der Behauptung fest, es handle sich um zwei verschiedene Bilder, obwohl das *Hamburger Abendblatt* schon kurz nach der Veröffentlichung Belege für die digitale Schwindelei gefunden hat – den Journalisten dort war die verschwundene Rolex als Erstes aufgefallen. So bestätigte Judith Egelhof von der Münchner Kommunikationsagentur Publicis: „Wir haben das Foto digital am Bildschirm bearbeitet. Das war der Wunsch von Herrn Kleinfeld. Er hatte keine Zeit für ein zweites Foto-Shooting."

„Was nicht passt, wird passend gemacht" – dieses Motto galt auch beim Deutschlandbesuch des amerikanischen Präsidenten Bill Clinton 1998. Die Nachrichtenagentur *Reuters* fotografierte ihn in Thüringen, winkend und lä-

chelnd neben Bundeskanzler Helmut Kohl und Ministerpräsident Bernhard Vogel, im Hintergrund eine große
Menschenmenge. Direkt hinter Clinton sieht man deutlich ein Transparent mit der Aufschrift „Ihr habt auch in
schlechten Zeiten dicke Backen". Die Landesregierung
nutzte das Foto vom hohen Besuch für ihre offizielle Broschüre, doch darin war von dem Transparent plötzlich
nichts mehr zu sehen. Die *Süddeutsche Zeitung* versuchte
daraufhin für ihre Ausgabe 126/1998 ein Interview mit
dem Regierungssprecher Hans Kaiser zu führen, erreichte ihn aber erst nach Stunden im Auto: „SZ: ‚Herr
Kaiser, machen Sie das eigentlich öfter, Bilder so zu manipulieren? Sie wissen doch, es geht um das Foto in der …'
Kaiser: ‚Nein, ich weiß nicht, um was es geht. Ich glaube,
wir sind falsch verbunden. Wir sollten erst mal sprechen
und nicht von wegen solchen Mätzchen. Ich bitte um Entschuldigung.' (legt auf)." Wie den Verantwortlichen bei
Siemens ist auch Regierungssprecher Kaiser klar, dass
eine solche Bildmanipulation zwar nicht direkt verboten,
aber irgendwie Betrug der Leser und Bürger ist, darum
verhielt er sich so wie fast jeder beim Vorwurf, retuschiert
zu haben: abstreiten, egal, wie offensichtlich die Manipulation ist.

Retuschen wie diese sind heute am Computer kein
Problem mehr, der Arbeitsaufwand ist minimal, das Ergebnis meist verblüffend realistisch. Kratzte der Kriegs-
fotograf Chaldej die unerwünschte Armbanduhr noch
mühsam mit einer Nadel aus dem Negativ, wobei die
Gefahr bestand, das Bild unwiederbringlich zu zerstoren,
reichen heutzutage PC-Programme wie Photoshop oder
GIMP und ein paar Mausklicks. Retuschierpinsel oder
das Ineinanderkopieren verschiedener Lichtplatten sind
längst Vergangenheit, die Techniken heute heißen „Dod-
ging and Burning" (Bildaufhellung), „Cloning" (Kopieren

und neues Zusammensetzen des Bildes) und „Cropping" (Verändern des Bildausschnittes). Es werden Bildteile ausgeschnitten und versetzt; ganze Flächen wechseln per Mausklick die Farbe; Filter verändern Bildstimmungen; mit einem „Stempel", einem Tool des Programms, überdeckt man Unerwünschtes mit dem benachbarten Hintergrund – viele Fotostudios lassen mit diesem Stempel inzwischen sogar bei einfachen Passfotos innerhalb weniger Minuten Augenringe, Fältchen und Pickel verschwinden.

Der weltbekannte Düsseldorfer Künstler Andreas Gursky hat Bildmanipulationen zur Kunstform erhoben. Berühmt wurde er mit großformatigen Aufnahmen von Techno-Konzerten, von Landschaften oder von Supermarktregalen. Er glaubt, „Fotos dürfen lügen" – außer im journalistischen Bereich. Nach Gurskys Meinung sind Fotos heutzutage längst nicht mehr ein Medium, mit dessen Hilfe man nur die Wirklichkeit abbilden sollte, wie er in einem Interview mit dem Spiegel (04/2007) betont: „An diesem Punkt besteht immer noch ein grundsätzliches Missverständnis darüber, was die Bestimmung von Fotografie ist und welches bildnerische Potenzial in ihr steckt. Die Tatsache, dass sie über Jahrzehnte ihren Dienst als dokumentarisches Medium geleistet hat, sollte sie nicht auf Ewigkeit in ihren Möglichkeiten beschränken. Was Sie vielleicht als Manipulation bezeichnen, ist für mich eher eine Verstärkung, eine angemessene Übertreibung. Das Authentische wird nicht beeinträchtigt, es wird erst recht sichtbar." So hat Gursky etwa bei seinem Werk „F1 Boxenstopp I" mehrere Rennstrecken der Formel Eins in ein Bild montiert und zusätzliche Personen eingefügt. Die Fälschung ist so perfekt, dass man die Manipulationen erst bei genauem Hinsehen bemerkt. „Auf einem Foto sehen Sie unten eine Szene, die ich am Nürburgring aufgenommen habe, der obere Teil stammt aus Shanghai. Solche Rennstrecken sind sich, weltweit, erstaunlich ähnlich, die Globalisierung ist etwas Typisches, eben auch Authentisches. Ich habe lange überlegt, was sonst noch fehlt. Und dann fiel es mir ein: Auf allen Rennstrecken finden Sie Boxenluder, also habe ich ein paar hineinmontiert."

Bei Kunstwerken wie diesen sind solche Manipulationen natürlich völlig legitim, ja sie sind Spiegelbild der Realität, in der ohne Unterlass montiert, verschoben, verzerrt, vergrößert, verkleinert und verfärbt wird. Außerdem erwartet niemand in einer Kunstausstellung die unverfälschte Wiedergabe der Wirklichkeit. Auch bei Bildern in der Werbung gehen wir ganz selbstverständlich davon aus, dass sich Spezialisten vor den Aufnahmen oder nachher am Computer an dem beworbenen Produkt zu schaffen gemacht haben, egal, ob es nun Puder, Prosecco oder Pudding ist. Ein Kameramann erzählte mir von Aufnahmen für eine Billigdessous-Marke: Am Tag vorher reiste zusammen mit den Models eine Truppe Schneiderinnen an, die den Mädchen die einzelnen Modelle sozusagen auf den Leib nähten. Selbstverständlich stammten die Spitzenhöschen und -BHs nicht aus der normalen Produktion, sondern waren per Hand speziell für die Aufnahmen angefertigt worden. Wenn nach dem Shooting irgendetwas nicht gefällt, kein Problem: Fehler und Falten werden einfach am Computer ausgebügelt. Kein Wunder also, dass Models selbst in Billig-BHs perfekt aussehen.

Bei Nahrungsmitteln sind für den perfekten Look sogenannte „Foodstylisten" zuständig, ein Beruf, den es angeblich gar nicht gibt. Diese Nahrungsmittelkosmetiker arbeiten im Verborgenen und sind derart verschwiegen, dass man manchmal den Eindruck hat, man habe es mit dem Geheimdienst zu tun, wenn man versucht, einen von ihnen zu einem Interview zu bewegen. Tricks verraten sie so gut wie nie, nur selten sickert etwas durch: So werden Zutaten kürzer oder gar nicht gegart, damit ihre Farbe nicht leidet; der appetitliche Dampf wird künstlich erzeugt, manchmal mithilfe von Trockeneis. Bei Torten verwendet man die zehnfache Menge Gelatine, damit sie im heißen Fotostudiolicht nicht zerlaufen; Kuchen besprüht man mit Haarspray, damit er frisch wirkt; auf Fische und Meeresfrüchte kommt Glycerin – dann sehen sie saftiger aus; Motoröl dient als Sirupersatz; Spaghetti übergießt man mit flüssiger Glukose, das verleiht ihnen Glanz; Früchte müssen oftmals eine Behandlung mit Deospray über sich ergehen lassen, dadurch entsteht der Eindruck, als seien sie mit Raureif überzogen. Brathähnchen gelten als besonders schwierig, denn die gebratene oder gegrillte Haut sieht immer faltig aus. Deshalb wird die Brust mit feuchten Papiertüchern ausgestopft und auf diese Weise gestrafft; dann wird das Hähnchen bei einer niedrigen Temperatur gegrillt, bis die Haut knusprig scheint – innen ist aber alles roh. Die Hühnerbeine müssen meist mit einem Bunsenbrenner nachgebräunt werden. Fehlt noch eine Nachbehandlung mit Spülmittel und brauner Lebensmittelfarbe an den richtigen Stellen – voilà, fertig ist das goldbraun und knusprig aussehende, aber leider völlig ungenießbare Brathuhn. Mit der richtigen Beleuchtung, der passenden Dekoration und einer gekonnten digitalen Nachbearbeitung kommt dann das heraus, was uns jeden Tag in der Fernsehwerbung präsentiert wird und uns das Wasser im Munde zusammenlaufen lässt.

Wir kennen diese Tricks der Styling-Profis zwar nicht in allen Einzelheiten – doch wenn es um Werbung geht, wissen wir, dass wir nicht glauben dürfen, was wir hören und sehen. Wir rechnen mit Lügen und nicht damit, dass uns ein Waschmittelhersteller sagt: „Unser Produkt wäscht auch nicht sauberer als andere, nur die Verpackung ist aufwendiger. Darum kostet es doppelt so viel." Diese Haltung erklärt die Aufregung, die die Werbekampagne des Kosmetikherstellers Dove hervorrief, der 2004 mit „echten" Frauen – so nennt man das in dieser Branche tatsächlich – seine Produkte bewarb. Viele dieser Gelegenheitsmodelle, die auf den Bildern in weißer Unterwäsche zu sehen waren, hatten eine normale Figur, manche waren sogar mollig, was es bis dahin nie gegeben hatte. Jede deutsche Zeitung und Illustrierte berichtete darüber, es begannen Diskussionen über magersüchtige Models, Schönheitswahn, manche prophezeiten gar ein Umdenken der Werbeindustrie; mehr Aufmerksamkeit für eine Werbekampagne konnte sich die Firma nicht wünschen. Der Unilever-Konzern konnte aufgrund der Kampagne seinen Verkauf von Seifen, Cremes und Gesichtsreinigern um 2,8 Prozent steigern, viel wichtiger war jedoch der Imagegewinn. In Asien und Argentinien verzichtete man vorsichtshalber auf die Wirkung der Wahrheit, denn laut Unilever würden dort Bilder von dicken Frauen als abstoßend empfunden. In den anderen Ländern setzte man nach dem großen Erfolg der ersten Kampagne sogar noch eins drauf: Man zeigte auf Schwarz-Weiß-Fotos normale Frauen mit deutlichen Narben, Sommersprossen und Tattoos. Das Werbemotto lautete: „Jede Haut ist schön!" Und wieder legte man Wert auf Authentizität, wieder gab es durchweg aufgeregte und positive Reaktionen. Doch die Dove-Kampagne ist eine Ausnahmeerscheinung, Werbung wird auch in Zukunft weitgehend auf Wahrhaftigkeit verzichten, um uns den Augenschmaus zu bieten, den wir sehen wollen.

Anders ist das natürlich im modernen Fotojournalismus, wo wir mit authentischer Information rechnen. Mit den

Manipulationsmöglichkeiten wächst jedoch auch die Versuchung für die Medienschaffenden, Bilder zu verändern und dadurch Meldung, Bericht oder Reportage interessanter zu machen. So sind Fotomontagen auf den Covern von Klatschblättern und Modezeitschriften gang und gäbe: Als sich 1992 die Geburt des Babys von Stephanie von Monaco hinauszögerte, legten ihr viele der bunten Blätter per Mausklick einfach irgendeinen Säugling in den Arm – noch dazu auf jedem Titelbild einen anderen. Die Montagen waren dilettantisch, von Weitem erfüllten sie aber am Kiosk ihre Aufgabe. Sie suggerierten dem potenziellen Käufer, die Geburt habe bereits stattgefunden und im Heft gebe es aktuelle Fotos des adeligen Nachwuchses zu sehen, womit sich die Auflage natürlich nach oben treiben ließ. Auch Hochglanzzeitschriften machen bei dem digitalen Betrug mit. Die englische Ausgabe des Männermagazins *GQ* verzauberte 2003 die nach Ansicht vieler Zeitschriftenmacher zu mollige Schauspielerin Kate Winslet in ein schlankes Supermodel: „Sie ließen meine Beine deutlich dünner aussehen. Sie machten mich auch ungefähr 1,80 Meter groß, ich bin aber nur 1,73. Ich habe muskulöse Beine, und ich bin ebenso wie meine Schwestern und meine Mutter wirklich stolz auf meine muskulösen, starken Beine und Hüften", sagte die von der „Verschönerungsaktion" gar nicht begeisterte Winslet der BBC. „Sobald die Aufnahmen im Kasten sind, hat sie das Magazin, und sie machen damit, was sie wollen", erklärte der Agent der Schauspielerin.

Die digitale Schönheitsoperation von Kate Winslet ist kein Einzel-, sondern der Normalfall. Dass die Geschichte durch die Presse ging, hängt allein damit zusammen, dass die Schauspielerin dagegen protestierte. Winslets Aussehen sei nicht stärker verändert worden als das jedes anderen Cover-Stars, sagte *GQ*-Chefredakteur Dylan Jones zu *BBC online*. Die Verschönerungen am PC sind bei Zeitschriften also nicht die Ausnahme, sondern die Regel, gerade auf den für den Verkauf so wichtigen Titelseiten. Und nicht immer geht die digitale Schummelei von den Redaktionen aus: Viele Prominente knüpfen bei Fotoshootings die Verwendung der Aufnahmen an die Bedingung, dass die Bilder nachbearbeitet werden. „Manche wollen sogar, dass man ihnen Falten am Hals wegmacht, die jeder automatisch beim Drehen des Kopfes bekommt. Die Fotos sehen dadurch total unnatürlich aus, aber was soll man machen?", sagt der Artdirektor eines bekannten deutschen Lifestyle-Magazins, der vorsichtshalber nicht genannt werden will. Nicht nur unnatürlich, sondern geradezu absurd sah das 1998 in der Modezeitschrift *Elle* publizierte Foto von Cindy Crawford aus. Darauf ist das Supermodel in einem knappen Bikini zu sehen, ihr perfekter Körper ist makellos – und nicht nur das, er ist zudem auch noch nabellos. Irgendjemand war da wohl bei der Nachbearbeitung am Computer übereifrig und ließ mit den Hautunreinheiten und Fältchen auch gleich noch den Bauchnabel verschwinden. Die *Elle*-Chefin hatte dafür eher eine faule Ausrede als eine Begründung. Sie behauptete: „Wir wollten testen, wie aufmerksam die Leute sind!"

Selbst als seriös geltende Medien können den mannigfachen Manipulationsmöglichkeiten nicht widerstehen: So verdunkelte das amerikanische *Time*-Magazin während des Mordprozesses von O.J. Simpson ein Titelfoto des Angeklagten, um ihn „dämonischer" wirken zu lassen. Die Wirkung der Manipulation wird sofort klar, wenn man das Originalbild betrachtet, welches das Nachrichtenmagazin *Newsweek* zeitgleich veröffentlichte: Auf dem von *Time* bearbeiteten Foto wirkt Simpson bedrohlich und unheimlich, wie ein „typischer Verbrecher" aus einem schlechten amerikanischen Krimi, auf dem Original nicht. Bei den Fotos vom Sturz der Saddam-Statue in Bagdad im April 2003 wurde die Wirklichkeit dagegen durch die geschickte Wahl des Bildausschnittes verfälscht. Man sieht darauf eine scheinbar große Menge Iraker, welche die Aktion bejubeln – Fotos, die zeigen sollen: Ein unterdrücktes Volk wird von seinem Diktator befreit. Im Nachhinein stellte sich dann heraus, dass dieser Eindruck völlig falsch war. Tatsächlich waren bei der Aktion nur sehr wenige irakische Zuschauer anwesend, und es befanden sich weit mehr Fotografen und Kamerateams auf Motivsuche vor Ort, der riesige Platz war praktisch leer; die Bilder sind reine Kriegspropaganda. Obwohl dies später vielfach kritisiert wurde, zeigt die britische Zeitung *The Guardian* noch heute auf ihren Internet-Seiten in einer Art Bildergeschichte den Sturz der Statue. In den dazugehörigen Texten ist von „cheering crowds" und von „geeful crowds", also einer „jubelnden" und „fröhlichen" Menschenmenge, die Rede. Ebenso bei *BBC News online*: Auch hier wird der symbolträchtige Sturz von Anfang bis Ende dokumentiert, die Nahaufnahmen suggerieren, dass eine große Menge Iraker vor Ort ist. Die Texte sprechen vom „Beifall der Menschenmenge".

Auch der *Bayerische Rundfunk* nutzte die Möglichkeiten der kreativen Bildgestaltung für seinen Internetauftritt und entfernte kurzerhand unschöne Schweißflecken aus einem *dpa*-Foto von Angela Merkel. Das Original zeigt die Bundeskanzlerin, damals noch CDU-Kanzlerkandidatin, in einem eleganten lachsfarbenen Kleid bei den Bayreuther Festspielen 2005, unter ihrer rechten Achsel hatte sich in der Sommerhitze ein großer Schweißfleck gebildet. Auf der Fälschung des *Bayerischen Rundfunks* ist davon nichts mehr zu sehen, doch der Sender wies jeden Verdacht der Bildbearbeitung weit von sich. Ganz ähnlich reagierte die

Bild-Zeitung, die am 29. Januar 2001 ein Schwarz-Weiß-Foto vom damaligen Umweltminister Jürgen Trittin mit der Überschrift „Was macht Minister Trittin auf dieser Gewaltdemo?" publizierte. Zu sehen war der Grünen-Politiker bei einer Demonstration, die 1994 in Göttingen stattgefunden hatte, angeblich bewaffnet mit einem Schlagstock und einem Bolzenschneider. Damit dies auch keiner übersieht, wurde auf die „Waffen" mit dicken roten Pfeilen hingewiesen. Die „Gewaltdemo" war aber nachweislich friedlich verlaufen, und schon zwei Tage nach der Veröffentlichung musste sich die Zeitung entschuldigen. Sie stellte klar, dass es sich bei den Gegenständen in Wirklichkeit um „ein Seil sowie einen Handschuh" gehandelt habe, dies habe die Auswertung weiterer Fotos und Videobänder ergeben. Wie der *Bayerische Rundfunk* bestritt auch die *Bild* jeden Vorwurf der Bildmanipulation. Lediglich die Bildunterschrift sei falsch, betonte Chefredakteur Kai Diekmann. Die Schweizer Zeitung *Blick,* eine eidgenössische Variante der *Bild,* konnte sich dagegen nicht so leicht herausreden: Sie färbte nach dem Attentat in Luxor 1997, bei dem 58 Menschen starben, ein Tatortfoto der *Associated Press* einfach ein. Aus einer großen Wasserlache wurde so ein wahrer Fluss aus Blut. Doch der Blutbad-Schwindel flog auf, die Zeitung entschuldigte sich.

Selbst bei einer meiner eigenen Magazingeschichten wurde ein Bild digital verändert, wenn auch in einem weniger dramatischen Ausmaß: Ich schrieb für ein Frauenmagazin eine Reportage über einen Schweinebauern, der verzweifelt die Frau fürs Leben suchte. Der Fotograf machte eine Aufnahme des Mannes auf einem seiner Felder – er war darauf von Weitem sehr klein als Silhouette im Nebel zu sehen, eine Anspielung auf seine Einsamkeit. Der Artdirector des Magazins hielt die kleine schwarze Figur für einen Baum oder Strauch, fand das unpassend und entfernte den vermeintlichen Störfaktor, ohne lange nachzufragen, einfach aus dem Bild. Mir selbst und dem Fotografen fiel die digitale Säuberungsaktion erst nach dem Druck und somit viel zu spät auf, das Foto wurde also ohne den Landwirt veröffentlicht.

Längst sind Bildbearbeitungsprogramme wie Photoshop, die ehemals nur von Profis benutzt wurden, auch für Laien erschwinglich, ihre Anwendung ist schnell zu erlernen. Hobbyfotografen können mit ihrer Hilfe im wahrsten Sinne des Wortes Berge versetzen – und nicht nur die. Um etwa einen Kopf auf einen fremden Körper zu platzieren, braucht man zwei Fotos: eines mit dem Kopf, den man versetzen möchte, ein anderes, in das er eingefügt werden soll. Nach weniger als fünf Arbeitsschritten ist die Fälschung fertig. Dieser auf den ersten Blick harmlose Spaß wird momentan für viele Frauen zum Albtraum, denn immer öfter landen derart zusammengestückelte Bilder auf Schmuddelseiten im Internet, meist eine Racheaktion von verlassenen Expartnern oder anderen eifersüchtigen Feinden. Sie montieren eine ganz normale Porträtaufnahme auf den Rumpf eines Porno-Starlets in eindeutiger Stellung und bieten das meist sehr echt wirkende Bild auf einschlägigen Seiten und in Tauschbörsen zum Herunterladen an. Die Opfer fallen meist aus allen Wolken, wenn sie von dieser unfreiwilligen Peepshow erfahren. „Da draußen gibt es unzählige Frauen, die gar nicht ahnen, dass sie nackt oder halb nackt auf solchen Seiten präsentiert sind", sagt Günther Maeser, leitender Internet-Fahnder des Landeskriminalamtes in Bayern im Februar 2007 dem *Spiegel*. Wenn das Foto beim Publikum ankommt, wird es innerhalb weniger Stunden hundertfach heruntergeladen, getauscht und weiterverbreitet. Rückgängig machen lässt sich das nicht mehr, die Frauen müssen sich damit abfinden.

Über das Internet haben es viele Bildfälschungen in Lichtgeschwindigkeit zu internationaler Berühmtheit gebracht, wie etwa die des „Tourist-Guy", ein angeblicher Tourist mit Pudelmütze, der scheinbar genau in dem Augenblick auf dem Dach des World Trade Center steht, als im Hintergrund eine Boeing auf das Gebäude zurast. Das Foto konnte rasch als Fälschung entlarvt werden, unter anderem wegen des falschen Flugzeugtyps. Der Tourist-Guy wurde anschließend zu einer Ikone für Bildmanipulationen, man erstellte ganze Serien mit ihm. Große Aufregung verursachten auch die „Bonsaikitten", Fotos von Katzen, die man angeblich gewaltsam in viel zu kleine Glasbehälter gequetscht hatte, um sie am Wachsen zu hindern, bis sie die Form des Glases annehmen. Was wie schlimmste Tierquälerei wirkte, war in Wirklichkeit höchstens Mausquälerei am PC.

Die Manipulationsmöglichkeiten, die die modernen Bildbearbeitungsprogramme eröffnen, sind umfangreich. Unfehlbar, wie viele glauben, sind sie allerdings nicht. Experten wie der Münchner Bildergutachter und Sachverständige Anders Uschold finden sehr schnell heraus, ob ein digitales Foto verändert wurde – immer öfter müssen sich deutsche Gerichte mit solchen Fällen befassen.

Eine halbwegs annehmbare Fälschung hinzubekommen ist leicht, eine perfekte Täuschung zu kreieren ist dagegen praktisch unmöglich. Digitale Fotos besitzen Merkmale, die sich nur mit profunden Computerkenntnissen manipulieren lassen, wie zum Beispiel das Datum, die Zeit oder die technischen Rahmenbedingungen, die automatisch zusammen mit dem Bild gespeichert werden. Schärfe, Kontrast, Licht und Farbtemperatur sind fast wie ein Fingerabdruck des Fotos – ein Objekt oder eine Person, die man nachträglich hineinmontiert, werden niemals in all diesen Punkten dem Original entsprechen. Den Stand der Sonne können versierte Spezialisten zwar noch anpassen, aber sehr viel mehr kriegt keiner hin, „nicht einmal der Geheimdienst", wie Uschold in einem Gespräch mit dem Magazin der *Neuen Zürcher Zeitung* (04/2003) betont.

Um die verräterischen Spuren zu entdecken, muss man das Bild stark vergrößern, sodass die Pixel, also die einzelnen Bildpunkte, aus denen jedes Foto besteht, erkennbar werden. Zusammen mit den Pixeln werden in der Vergrößerung beispielsweise auch Staubkörner sichtbar. Sie verraten oft Bildmontagen: Findet sich nämlich auf der gesamten Fläche Staub außer an einer Stelle, kann man davon ausgehen, dass das dort abgebildete Objekt nachträglich eingefügt wurde. Dies gilt natürlich auch für den umgekehrten Fall, wenn also das Bild im Großen und Ganzen staubfrei ist, bis auf eine Stelle mit sehr viel mehr Staub – der Schmutzfleck zeigt an, dass hier etwas nicht stimmen kann. Auch eine abweichende Reflexion entlarvt eine Retusche. Ist sie auf einem der Gegenstände sehr hell und weiß, auf den anderen Objekten aber dunkler und wärmer, so ist dies ein Hinweis darauf, dass der erste Gegenstand mit Blitzlicht und zu einer anderen Tageszeit mit anderen Lichtverhältnissen fotografiert wurde als der Rest des Bildes. Einen Hinweis auf eine Fälschung liefern auch die sogenannten Farbsäume im Foto, die bei jedem Kameraobjektiv anders aussehen. Damit gemeint sind die farblichen Übergänge von einem Bildgegenstand zum nächsten, neben ihm liegenden. Die Kanten müssen im gesamten Bild dieselben Farbsäume aufweisen, ein auffälliger Unterschied ist der Beweis dafür, dass ein Bildgegenstand mit einer anderen Kamera, zumindest aber mit einem anderen Objektiv aufgenommen und im Nachhinein eingebaut wurde. Der eindeutigste Beweis aber ist das „Rauschen", also „die ungleichmäßige Wiedergabe gleichmäßiger Flächen", wie Gutachter Uschold in der *NZZ Folio* (04/2003) erklärt. Das heißt, dass Bereiche, die auf den ersten Blick einfarbig aussehen, bei näherer Betrachtung eigentlich ungleichmäßig gefärbt sind: Es gibt hellere und dunklere Stellen, die charakteristisch für jede Aufnahme sind. Das „Rauschen" muss auf dem gesamten Foto gleich aussehen, andernfalls war ein Fälscher am Werk.

Für eine perfekte Täuschung eignen sich digital bearbeitete Bilder laut Uschold nicht. Der Fotospezialist würde ganz anders vorgehen, um mit einer Bildmanipulation unentdeckt zu bleiben: „Wenn ich ein Bild fälschen müsste, würde ich es in einem großen Format aufbauen. Dann würde ich es ausdrucken und es anschließend leicht unscharf abfotografieren, am besten mit einer normalen Kamera, um seine Glaubwürdigkeit zu erhöhen. Damit sind alle Möglichkeiten einer Fälschung (…) verwischt."

Ebenfalls ganz ohne die Hilfe eines Computers lässt sich mit bewegten Bildern über den Fernseher lügen. Einer der bekanntesten Filmfälscher ist der Fernsehjournalist Michael Born, der sowohl für private als auch für öffentlich-rechtliche TV-Formate Reportagen produzierte. Was sich mangels Motiv nicht bebildern ließ, stellte er mit Hilfe von Bekannten oder angeheuerten Schauspielern in mindestens 21 Filmen einfach nach. Angefangen hatte Borns totale TV-Täuschung noch relativ harmlos: Er schnitt in seine Berichte über Krisen- und Kriegsgebiete Archivaufnahmen von Explosionen, um bei den Dreharbeiten seine eigene Sicherheit nicht zu gefährden, wie er später sagte. Dabei fiel ihm auf, dass keiner der Verantwortlichen bei den Abnahmen der Beiträge die falschen Bilder bemerkte. So kam er auf die Idee, sein Geld mit komplett erfundenen Filmen zu verdienen. Er zeigte zum Beispiel angebliche Kindersklaven in Indien, die für *Ikea* den Baumwollteppich „Byvang" knüpfen mussten; er interviewte falsche Drogenkuriere aus Guadeloupe; er berichtete über eine bei Jugendlichen angesagte Superdroge, die Kröten über ihren Rücken absondern; er filmte Jäger, die grundlos Hauskatzen abknallten, und war bei einem Ritual des Ku-Klux-Klan in der Eifel mit der Kamera dabei, bei dem die Kapuzenmänner in Weiß ein Holzkreuz verbrannten und dabei Sätze von sich gaben wie „Halb Frankfurt gehört den Juden!". Keine der Redaktionen, die der freie Produzent belieferte, wunderte sich allzu lange darüber, wie es Born stets gelang, bei all diesen Ereignissen mit der Kamera immer zur richtigen Zeit am richtigen Ort zu sein – noch dazu bei Themen, bei denen Dreh und Recherche mit Sicherheit nicht ungefährlich waren. Niemand rechnete offensichtlich mit einem derart dreisten Betrug. So holte sich der Filmfälscher für den Beitrag über die grausamen Haustiermörder eine Katze aus dem Tierheim und ließ sie von einem als Jäger verkleideten Freund erschießen, die Waffe dafür hatte er sich zuvor in Belgien besorgt; für die Reportage über die angeblichen Ku-Klux-Klan-Umtriebe ließ er die typischen Kutten nachschneidern und engagierte Freunde, mit denen er das unheimliche „Ritual" inszenierte; die „indischen Kindersklaven" waren die Sprösslinge eines Fabrikbesitzers, die gegen Bezahlung die Ausgebeuteten spielten; die eklige „Superdroge" auf dem Rücken der Kröte war schlicht Dosenmilch. Zwar wurden nach und nach einige der Verantwortlichen in den Fernsehstationen misstrauisch, wie etwa Friedrich Küppersbusch, damals Moderator des WDR-Magazins ZAK: Ihn machte während der Abnahme eines Beitrags über Schlepperbanden stutzig, dass bei einem angeblich im August an der österreichischen Grenze gedrehten Film Schnee zu sehen war. Das Wetteramt in Österreich bestätigte dem

WDR auf Nachfrage jedoch, dass in dieser hoch gelege-
nen Region auch im Hochsommer Schnee liege, und
so wurde die Sache nicht weiterverfolgt. Bei *Stern-TV*,
Borns Hauptabnehmer, wurde die Redaktion nicht einmal aktiv, als ein Experte im Sommer 1995 den Film über
die angeblichen Ikea-Kindersklaven als Fälschung entlarvte – ein Versäumnis, das den Verantwortlichen, vor
allem natürlich Günther Jauch, während des späteren Prozesses gegen Born zum Vorwurf gemacht werden sollte.

Selbst die Polizei kam dem Filmfälscher zunächst nicht
auf die Schliche. Die Beamten nutzten das Material über
den Drogenschmuggel zwischen der Schweiz und
Deutschland stattdessen wochenlang zu Fahndungszwe-
cken. Der Schwindel flog erst auf, als die Staatsanwaltschaft Lörrach bei ihrer Suche nach den Dogenkurieren
aus Borns Berichten die Kollegen in Koblenz um Amts-
hilfe bat. Die Beamten dort forschten gerade nach den Beteiligten der Ku-Klux-Klan-Umtriebe in der Eifel – ebenfalls mithilfe des von Born gedrehten Materials. Da erst
fiel den Ermittlern auf, dass sich die Stimme des rechts-
radikalen Geheimbund-Sprechers und die des Drogen-
schmugglers verdächtig ähnelten; eine Stimmenanalyse
des Bundeskriminalamtes brachte Klarheit: Die Stimme
kam aus ein und demselben Mund.

Born wurde vom Landgericht Koblenz zu vier Jahren
Haft verurteilt – eine überraschend hohe Strafe, denn es
gibt eigentlich kein Gesetz, das die bewusste Fehlinfor-
mation der Öffentlichkeit sanktioniert. Auch der mate-
rielle Schaden war nicht ausschlaggebend, er betrug laut
dem Vorsitzenden Richter Ulrich Weiland 350.000 Mark
für die von den Sendern gezahlten Honorare und war damit „nicht allzu hoch". Die vierjährige Gefängnisstrafe
summierte sich aus Urteilen für kleinere Delikte, wie
etwa Fahren ohne Führerschein, Urkundenfälschung, un-

erlaubter Waffenbesitz und – weitaus ernster zu nehmen –
Volksverhetzung, zu der es in der Ku-Klux-Klan-Repor-
tage gekommen war. Einsichtig zeigte sich Filmfälscher
Born aber nicht, im Gegenteil. Die *Spiegel*-Gerichtsre-
porterin Gisela Friedrichsen beschreibt Borns Geistes-
haltung und Aussagen während des Prozesses im Jahr
1996: „Er hat unstreitig ein Talent zum Fabulieren. (…)
Dass er Filmbeiträge (…) von vorne bis hinten erfunden
oder mit bezahlten Komparsen und selbst gebastelten Requisiten aufgepeppt hat – na, das macht doch jeder in der
Branche, behauptet Born, das kennt man doch. (…)
‚Wenn ich einen Drogenkurier in Aktion filme – da geht
doch kein versierter Redakteur von Authentizität aus!', so
Born. Denn ein echter Kurier oder Dealer lasse sich nun
mal nicht filmen. Geballere in Kriegsgebieten – das sind
‚Fünf-Dollar-Schüsse', weiter nichts. Absolut branchen-
üblich. ‚Wenn Sie bei den *Tagesthemen* einen Bosnier
schießen sehen, das ist gestellt, was sonst!'" Immer wieder klagte Born, er solle „für andere gehängt werden",
und warf den Sendeanstalten vor, sie seien sensations-
gierig und würden Dinge fordern, die ohne Tricks nicht
machbar seien. Auch Richter Weiland kritisierte die Ar-
beitsweise der Fernsehmacher, vor allem des Magazins
Stern-TV von Günther Jauch: „Nur zu gern" sei man in
der Kölner Fernsehredaktion „dem süßen Irrglauben auf-
gesessen, alles von Born sei authentisch."

Die Folgen von Borns Filmfälschungen hielten sich in
Grenzen. Zwar kündigte Ikea ohne vorherige Überprüfung der Vorwürfe kurz nach der Ausstrahlung den Ver-
trag mit seinem indischen Teppichzulieferer Sheena in der
Nähe von Neu-Delhi. Doch nachdem der TV-Skandal auf-
geflogen war, zog das schwedische Möbelunternehmen
die Kündigung schnell wieder zurück. Auf den schon vorher nicht besonders guten Ruf der Fernsehbranche in

Deutschland wirkte sich der Born-Skandal natürlich katastrophal aus, bis heute hat er sich nicht vollständig davon erholt. Trotzdem waren die Auswirkungen minimal, verglichen mit denen einer Falschaussage der Kuwaiterin Nijirah al-Sabah, übertragen vom amerikanischen Fernsehen. Das damals fünfzehn Jahre alte Mädchen berichtete unter dem Namen Nayirah am 10. Oktober 1990 bei einem Hearing vor der Menschenrechtskommission des US-Kongresses weinend über angebliche Gräuel der irakischen Besetzer in ihrer Heimat. Sie habe als freiwillige Krankenpflegerin im Al-Adnan-Krankenhaus in Kuwait-Stadt die Grausamkeiten der Truppen mit eigenen Augen ansehen müssen: „Ich sah die irakischen Soldaten. Sie kamen mit Gewehren ins Krankenhaus und haben die Babys aus den Brutkästen gerissen. Sie haben die Brutkästen mitgenommen und die Neugeborenen auf dem kalten Boden sterben lassen. Die Babys wurden wie Brennholz auf dem Boden verstreut." Rund 53 Millionen Amerikaner sahen die Übertragung der Kindermord-Anklage – nach der Sendung stieg die Zustimmung der US-Bürger zu einem Militärschlag gegen den Irak von 34 auf 72 Prozent. Selten hatte sich die Macht der bewegten Bilder deutlicher und messbarer gezeigt. Ein gedrucktes Interview in einer Zeitung oder die Aussage im Radio hätte niemals diese Breitenwirkung haben können, es hätte nie derartig emotionalisiert. Präsident George W. Bush erwähnte die erschütternde Geschichte in den darauffolgenden Wochen bei jeder sich bietenden Gelegenheit. Der US-Senat stimmte schließlich mit 52 zu 47 Stimmen für einen Krieg gegen den Irak. Kurze Zeit später begann die Operation „Wüstensturm", bei der rund 150.000 Menschen ihr Leben verloren. Im Nachhinein stellte sich heraus, dass es sich bei Nayirah in Wirklichkeit um die Tochter des kuwaitischen Botschafters in Washington handelte und die ganze Geschichte eine einzige Lüge war: Die von der kuwaitischen Regierung unterstützte Organisation *Citizens for a free Kuwait* hatte eine der größten PR-Firmen weltweit, die amerikanische Agentur Hill & Knowlton, damit beauftragt, Stimmung gegen die Gewaltherrschaft Saddam Husseins zu machen, das Honorar belief sich auf rund 11,5 Millionen Dollar. Die PR-Profis stellten dafür nicht nur die „Zeugin" zur Verfügung, sondern sorgten mit einem eigenen Kamerateam dafür, dass das Horrormärchen von 700 Fernsehstationen im Land gezeigt wurde.

Auf die schauspielerische Begabung der Zeugin könnte man in absehbarer Zukunft allerdings höchstwahrscheinlich verzichten: Bereits im Jahr 2002 stellten die beiden Wissenschaftler Tony Ezzat und Tomaso Poggio vom Bostoner Massachusetts Institute of Technology (MIT) eine Computersoftware vor, mit deren Hilfe sich Fernsehinterviews in einem bis dahin nie da gewesenen Ausmaß fälschen lassen, der Fachbegriff dafür lautet „videorealistische Manipulation". Das Programm ermöglicht es, einem Menschen Worte in den Mund zu legen, die er nie gesagt hat. Alles, was man dafür braucht, sind wenige Minuten Videomaterial von der betreffenden Person; was sie von sich gibt, ist völlig unerheblich. Mithilfe des Programms haben die beiden MIT-Forscher eine Frau, genannt „Mary 101", Japanisch sprechen lassen, obwohl sie diese Sprache überhaupt nicht beherrscht. Der Trick klappte auch bei dem *ABC*-Anchorman Ted Koppel: Der Sprecher präsentierte die Nachrichten plötzlich in perfektem Japanisch statt in Englisch – die Mundbewegungen passten genau zu den angeblich gesprochenen Lauten und sogar zur Mimik. Um das zu schaffen, muss der Computer lernen, wie die Person redet, deren Aussagen manipuliert werden sollen. „Wenn der Computer erst einmal gelernt hat, wie Mary spricht, kann er nahezu vollkommen glaubwürdig jede Mundbewegung für jeden beliebigen neuen Satz erzeugen", erklärte Poggio in einem *ARD*-Interview im August 2002. Das Programm nimmt einige echte Sätze, zerlegt sie in einzelne Laute und erschafft zu jedem Laut die passende Mundbewegung. Grundlage dafür sind die „minimal perceptible actions", die festlegen, welche Mundpartien in welcher Art und Weise an der Bildung eines Lauts beteiligt sind. Bei einem „P" sind das zum Beispiel die Oberlippe, die sich zu 30 Prozent aufrichten muss, die Unterlippe, die zu 20 Prozent absinkt, sowie Kiefer und Mund, die sich zu etwa 15 Prozent öffnen. Aus etwa acht Minuten Ausgangsmaterial werden so 15.000 Einzelbilder. Die virtuelle Mundpartie wird in Form und Farbe angepasst. Anschließend muss nur noch der neue Text in die Mundbewegungen übersetzt werden.

Ganz fehlerlos ist die Manipulations-Software aus dem MIT aber bis heute nicht: Eine nahezu perfekte Illusion lässt sich nur erzielen, wenn der Sprecher nicht allzu hell ausgeleuchtet ist und sich nicht zu viel bewegt, die besten Ergebnisse sind bei Frontalaufnahmen möglich. Zu lange darf die Szene nicht dauern, irgendwann beginnt das manipulierte Gesicht des Sprechenden leblos zu wirken. Es ist allerdings nur eine Frage der Zeit, bis diese Kinderkrankheiten überwunden sind. Und dann sind die letzten Ikonen der journalistischen Glaubwürdigkeit in Gefahr: das Fernsehinterview und das schnelle Statement, im Fachjargon gerne „O-Ton" genannt, was nichts anderes heißt als „Original-Ton" – bis jetzt stimmt der Name. Denn trotz aller Technik ist eine gute digitale Fälschung gefilmter Aussagen bislang nicht möglich, mit der neuen Technik wird sich das allerdings ändern. Die Forscher des MIT stellen sich vor, dass Stars in Zukunft die Rechte an ihren bewegten Bildern teuer verkaufen und Werbeagenturen sie dann je nach Bedarf lobende Texte über neue Schokoriegel, Damenbinden oder Autos sprechen lassen, ohne dass dieser Werbespot jemals aufgezeichnet werden muss. Wie heute bei allen Bildern werden wir uns dann sogar beim sogenannten Life-Interview fragen: „Hat der das wirklich gesagt? Oder haben sie es ihm einfach in den Mund geklickt?"

Fauler Zahlenzauber: Lügen mit Statistik

Dass sich mit Statistiken die Wahrheit bis zur Unkenntlichkeit verzerren lässt, ist eine Binsenweisheit, und viele Prominente aus Politik, Wirtschaft oder Wissenschaft haben zu diesem Thema mehr oder weniger Geistreiches geäußert. „Wenn man den Kopf in der Sauna und die Füße im Kühlschrank hat, sprechen Statistiker von einer angenehmen, milden Temperatur", fasste beispielsweise der ehemalige bayerische Ministerpräsident Franz Josef Strauß die Tücken der Tabellen zusammen. Der fast schon überstrapazierte Klassiker ist Winston Churchills Satz: „Ich traue keiner Statistik, die ich nicht selbst gefälscht habe." Damit beschreibt Churchill das Problem der direkten Manipulation, wie etwa die in der DDR übliche Fälschung der offiziellen Außenhandelsstatistik durch hochrangige Politbüromitglieder. Ein aktuelleres Beispiel für eine sehr direkte und ziemlich freche Fälschung ist die „Klinsmann-Torte" der *Bild*-Zeitung vom 12. März 2006. Drei Monate vor der Fußballweltmeisterschaft war man vom „Sommermärchen" noch weit entfernt, und die *Bild* machte in jeder Ausgabe Stimmung gegen den umstrittenen Bundestrainer. So auch in dem Artikel „Sonntagsfrage zur WM", mit der man angeblich ermitteln wollte, wie zufrieden die Deutschen mit Jürgen Klinsmann sind. Laut *Bild* ist das Ergebnis der Umfrage niederschmetternd für „Klinsi": „Nur

5 Prozent sind sehr zufrieden mit Klinsmann" lautet die Schlagzeile. Das ist zwar richtig, doch diese Formulierung verschleiert, dass 34 Prozent der Befragten „zufrieden" angegeben hatten und 28 Prozent „weiß nicht". Nur elf Prozent entschieden sich dagegen für „unzufrieden", 22 Prozent für „weniger zufrieden". Somit stehen 33 Prozent „Unzufriedenen" und „weniger Zufriedenen" insgesamt 39 Prozent „sehr Zufriedene" und „Zufriedene" gegenüber – das Umfrageergebnis war also keineswegs eine Katastrophe für Klinsmann. Das hätte aber nicht zur damaligen Anti-Klinsi-Kampagne der *Bild* gepasst, also las man aus den Zahlen eben das heraus, was man wollte. Das Blatt beschränkte sich aber nicht nur auf eine falsche Interpretation der Zahlen, im illustrierenden Tortendiagramm in der Online-Ausgabe fehlen die „Weiß nicht"- Antworten, die Zeitung hatte sie einfach unter den Tisch fallen lassen. Zählt man die abgegebenen Stimmen in den „Tortenstücken" zusammen, kommt man auf 72 statt auf 100 Prozent – absurd, denn eine Tortengrafik soll ja eine räumliche Vorstellung unterschiedlich großer Anteile der Gesamtheit vermitteln, deshalb entspricht eine ganze „Torte" natürlich stets 100 Prozent. *Bild*-Gegner von „*Bildblog.de*" fanden den Grund für diesen groben Fehler ziemlich schnell: Die Grafik war so etwas wie Resteverwertung, man hatte sie genau in dieser Form und mit exakt der gleichen Aufteilung schon einmal vor dem Länderspiel am 22. März zum Thema „Gewinnt Deutschland den Test gegen die USA" verwendet – sie umzugestalten und an die Zahlen der neuen Umfrage anzupassen war den *Bild*-Mitarbeitern offensichtlich zu arbeitsaufwendig gewesen

Das Adäquationsproblem

Aber es gibt noch andere, nicht ganz so offensichtliche Wege, um mithilfe von Statistik zu lügen. Einen davon umschreibt der Schweizer Mönch und Autor Walter Ludin so: „Weist ein hoher Konsum von Seife auf die Reinlichkeit der Bevölkerung hin oder auf ihre Gewohnheit, sich schmutzig zu machen?" Die Antwort darauf lautet, dass je nach Interpretation beides zutreffen kann. Genau das aber ist eine der Hauptschwierigkeiten der Statistik, ihr wissenschaftlich korrekter Name lautet „Adäquationsproblem". Damit gemeint ist, dass sich Dinge, Phänomene, Einstellungen, Entwicklungen oder was immer man auch messen möchte, mit Worten meist nur unpräzise umschreiben lassen, vieles ist Ansichts- oder eben Definitionssache. Ein Beispiel dafür ist der Begriff „Armut", der momentan im Rahmen der „Prekariatsdebatte" ein Lieblingsthema von Presse und Fernsehen ist. Doch was genau bedeutet „arm sein" eigentlich? Aus Sicht der Weltbank gilt derjenige als arm, der täglich weniger als einen US-Dollar zur Verfügung hat, im Moment sind das weltweit etwa 1,1 Milliarden Menschen – dies nennt man „absolute Armut". Nach dieser Definition gibt es in Deutschland keine wirklich Armen. Demgegenüber steht das Konzept der „relativen Armut": Arm ist nach dieser in den meisten wohlhabenden Staaten geltenden Interpretation jeder, dessen Einkommen unterhalb von 60 Prozent des Durchschnittseinkommens liegt. Nach dem von der Bundesregierung im Jahr 2005 vorgelegten „Armuts- und Reichtumsbericht" betrifft dies 13,5 Prozent der Bevölkerung. Zum Konzept der „relativen Armut" gehört aber nicht nur Geldmangel, sondern auch eine soziokulturelle Verarmung. Die Betroffenen haben zwar meist genügend zu essen und ein Dach über dem Kopf, können aber nicht mehr in normalem Umfang am gesellschaftlichen und kulturellen Leben teilhaben, da sie nicht genügend Geld für Kino, Theater, die Schulausflüge der Kinder und Ähnliches besitzen. Neben der „absoluten" und „relativen" gibt es aber auch noch die „transitorische Armut". Von ihr spricht man, wenn vorübergehend, etwa wegen einer Naturkatastrophe, eine Zeit lang wichtige Grundbedürfnisse nicht befriedigt werden können. Ihr Gegenpart ist die „strukturelle Armut", die auf gesellschaftliche und politische Verhältnisse zurückzuführen ist und aus der die Betroffenen nicht ausbrechen können, wie etwa Slumbewohner in Entwicklungsländern. Daneben existieren Begriffe wie „bekämpfte Armut" – von ihr spricht man beispielsweise bei Hartz-IV-Empfängern – oder „verdeckte Armut". „Verdeckt arm" sind Personen, die einen Anspruch auf Grundsicherungsleistungen hätten, darauf aber aus Scham oder anderen Gründen verzichten. Nicht zu vergessen die „selbst gewählte Armut", wie sie zum Beispiel bei den Franziskanermönchen üblich ist. Bedingt durch diese Unklarheiten sind Armuts-Statistiken oft mehrdeutig, und man kann sie je nach Bedarf instrumentalisieren. So könnte ein Politiker, der Sozialleistungen kürzen will, mit Recht sagen: „In Deutschland gibt es keine Armen!" – das stimmt, wenn man die Definition der Weltbank zugrunde legt. Sein Gegner könnte darauf erwidern: „Aber beinahe jeder sechste Deutsche lebt an der Armutsgrenze, das habe ich hier schwarz auf weiß" – und das wäre nach dem Konzept der „relativen Armut" genauso wahr.

„Armut" ist aber keineswegs das einzige schwammige Wort, das Statistikern das Leben schwer und das Lügen leicht macht. Ein anderes, überraschendes Beispiel ist der „Verkehrstote". Ob jemand im Straßenverkehr ums Leben kommt oder nicht, scheint eine ziemlich eindeutige

Sache zu sein, ist es jedoch nicht: Ein Mann, der am Steuer einnickt, gegen einen Baum rast und 31 Tage später im Krankenhaus verstirbt, gilt in der Bundesrepublik als Verkehrstoter. Nach 32 Tagen wäre er nicht mehr in die Statistik gelangt. In der DDR dagegen hätte er innerhalb von drei Tagen tot sein müssen, um zu den Verkehrstoten zu zählen. Anders in den USA, dort ist selbst derjenige noch ein Opfer des Straßenverkehrs, der ein Jahr nach seinem Unfall an dessen Folgen stirbt. Auch die „Säuglingssterblichkeit", schon immer ein Indikator für Wohlstand, Wachstum und Entwicklung, lässt sich verschieden definieren. Laut offizieller Statistik starben in der DDR weit weniger Babys als in der Bundesrepublik – und auch hier gab es ein Adäquationsproblem. Um die betroffenen Babys zu erfassen, muss man nämlich erst einmal festlegen, ab wann ein Neugeborenes überhaupt lebt. Nur dann gehört es im Todesfall zur „Säuglingssterblichkeitsstatistik", andernfalls ist es eine Totgeburt und aus amtlicher Sicht nie geboren. Wie der deutsche Statistik-Professor Walter Krämer berichtet, galt in der DDR ein Säugling nur dann als „lebend geboren", wenn das Herz arbeitete *und* die Atmung funktionierte. In der Bundesrepublik musste dagegen das Herz des Babys schlagen *oder* die Atmung funktionieren. Im Osten galt also ein Baby bereits als Totgeburt, das im Westen als „lebend geboren" angesehen worden wäre und im Todesfall die Säuglingssterblichkeitsrate erhöht hätte. Sterbefälle, die in der Bundesrepublik in die Statistik eingingen, wären im Osten gar nicht erst aufgetaucht. Auf diese Weise schönte die DDR ihre Zahlen im symbolträchtigen Bereich „Säuglingssterblichkeit" und benutzte die Statistik, um zu behaupten, ihr Gesundheitssystem sei dem westlichen weit überlegen.

Derzeit tritt das statistische Definitionsdilemma sehr

häufig beim Begriff „Arbeitslosigkeit" auf. Auch hier gilt keineswegs der einfache Rückschluss „arbeitslos ist, wer keine Arbeit hat", die genaue Umschreibung ist viel komplizierter. Nach dem Sozialgesetzbuch gilt als arbeitslos, wer weniger als fünfzehn Stunden in der Woche arbeitet, aber mehr arbeiten will; wer älter als 15 Jahre und jünger als das für ihn geltende Rentenalter ist; zudem muss der Betroffene dem Arbeitsmarkt unmittelbar zur Verfügung stehen und bereit sein, jede zumutbare Arbeit anzunehmen; er darf außerdem nicht nur vorübergehend Arbeit suchen oder an einer „Maßnahme der aktiven Arbeitsmarktpolitik", also etwa einer geförderten Weiterbildung, teilnehmen; und er muss sich bei einem Arbeitsamt persönlich als arbeitssuchend melden. Aber wie bezeichnet man dann eine Ehefrau, deren Kinder aus dem Haus sind und die gerne wieder arbeiten würde, sich aber wegen der schlechten Lage auf dem Arbeitsmarkt nicht so recht traut, sich zu bewerben? Sie taucht in keiner Statistik auf, da sie sich nicht arbeitslos meldet, ist aber de facto ohne Job und lebt vom Einkommen ihres Mannes. Oder die Rechtsanwaltsgehilfin, die gerade an einer geförderten Weiterbildung zu ihrem Traumberuf Werbegrafikerin teilnimmt und währenddessen bereits intensiv, aber erfolglos nach einer Stelle sucht? Auch sie wird in keiner Statistik erscheinen. Was ist mit denen, die es aufgegeben haben, über das Arbeitsamt einen neuen Job zu finden und keine Ansprüche mehr anmelden? Oder mit Jugendlichen, die keine Lehrstelle bekommen haben und wieder zur Schule gehen, in der Hoffnung, dass es ein Jahr später klappt? Wie nennt man Schüler, die nach dem Abitur monatelang auf einen Studienplatz warten? Doktoranden, die jahrelang an ihrer Dissertation schreiben und die Abgabe immer weiter hinauszögern, weil sie darauf warten, dass sich der Arbeitsmarkt für Germanisten bessert? Sie alle gelten offiziell nicht als arbeitslos, aber das ist Schönfärberei und nichts anderes als eine Lüge. Die amtlichen Arbeitslosenzahlen sind mit Sicherheit viel zu niedrig, und die jeweilige Regierung tut mithilfe der jeweils passenden Statistik alles, damit das auch so bleibt. Schließlich emotionalisierte kaum ein anderes Thema in den vergangenen Jahren mehr als die wachsende Arbeitslosigkeit.

Deutschland ist damit aber keine Ausnahme, andere Staaten engen den Begriff noch mehr ein: In Frankreich wird man nicht als arbeitslos angesehen, wenn man nur eine Teilzeitstelle mit weniger als 15 Stunden pro Woche hat, auch dann nicht, wenn man mehr arbeiten möchte. Noch strenger ist man in Großbritannien: Ein „Arbeitsloser" ist man nur, solange man auch Unterstützung bekommt. Läuft sie aus, taucht die Person nicht mehr in der Statistik auf, auch wenn sie bei ihrer Stellensuche noch keinen Erfolg hatte. Wieder anders gehen die US-amerikanischen Behörden vor, die ihre Arbeitslosen mithilfe von regelmäßigen Umfragen erfassen, man sich aber nicht selbst melden muss bzw. kann. Wer dort im Befragungszeitraum arbeitet, und seien es nur zwei Stunden am Tag, gilt als Arbeitnehmer und somit als versorgt; wer dagegen sucht, wird als arbeitslos angesehen – auch ein Rentner oder eine Ehefrau, die sich nur etwas dazuverdienen wollen. Mit einem ähnlichen Verfahren zur Erfassung wie in den USA und einem anderen Begriff, nämlich „Erwerbslose", versuchen die Statistiker von der Internationalen Arbeitsorganisation (ILO) in Genf des Adäquationsproblems Herr zu werden. Als erwerbslos gilt nach dieser Zählmethode jede Person im arbeitsfähigen Alter, die aktiv Arbeit sucht und innerhalb von zwei Wochen verfügbar ist. Ob sie sich arbeitslos gemeldet hat, ist unerheblich. Diese Definition würde fast alle oben genannten Fälle, die nicht in der Arbeitslosen-Statistik auftauchen, einschließen; sie entspricht unserem Alltagsverständnis von „arbeitslos" am ehesten und würde zudem die Möglichkeiten internationaler Vergleichbarkeit erhöhen. Statistik-Experte Walter Krämer weist jedoch in Hettlages „Verleugnen, Vertuschen, Verdrehen" zu Recht darauf hin, dass bei der ILO-Definition viele Personen durchs Raster fallen, die heute als „offiziell arbeitslos" angesehen werden. „Nämlich alle diejenigen, die in Wahrheit keine Arbeit suchen und nur zum Abschöpfen verschiedener Vergünstigungen beim Arbeitsamt als arbeitslos gemeldet sind."

Einen Ausweg aus dem Definitionsdilemma gibt es nicht. Sprache ist nicht eindeutig und wird es niemals sein, darum wird das Adäquationsproblem auch in Zukunft Wegbereiter für Lügen sein. Aaron Levenstein, amerikanischer Professor für Betriebswirtschaft, bringt es auf den Punkt: „Statistiken sind wie Bikinis. Was sie enthüllen, ist anregend. Aber was sie verbergen, ist wesentlich."

Umfragen

Die Sprache wird auch bei Umfragen häufig zum Problem. Wie man eine Frage formuliert, wird die Antwort entscheidend beeinflussen, das kennen wir alle aus dem ganz normalen Alltagsleben. Ein Junge, der von seiner Mutter wissen will: „Darf ich beim Musikhören lernen?", wird von ihr höchstwahrscheinlich eine andere Reaktion erwarten dürfen als bei der Formulierung: „Darf ich beim Lernen Musik hören?" Eigentlich leicht zu durchschauen, und trotzdem lassen wir uns von Wortwahl und Satzbau nur allzu schnell in die Richtung lenken, in die man uns haben möchte. Der Fachbegriff für diesen Trick ist „suggestive Fragestellung". Es macht also einen großen Unterschied, ob der ADAC in einer Umfrage wissen will: „Sind Sie der Meinung, dass man ein Tempolimit auf deutschen Autobahnen einführen soll?", oder „Sind Sie der Meinung, dass auf deutschen Autobahnen zu schnell gefahren wird?", oder gar „Sind Sie der Meinung, dass man Raser auf deutschen Autobahnen strenger bestrafen sollte?" Das Ergebnis lässt sich schon jetzt ziemlich klar vorhersagen: Die erste Frage ist relativ neutral formuliert, darum werden sich viele für ein „Nein" entscheiden, ganz ohne schlechtes Gewissen. In der zweiten steckt dagegen eine Wertung – „zu schnell" auf der Autobahn hat einen negativen Beigeschmack –, deshalb wird die Mehrheit „Ja" ankreuzen. Noch klarer wird das Resultat bei der dritten Frage ausfallen: „Raser" ist schon beinahe ein Schimpfwort, es ist klar, dass fast jeder bei dieser Formulierung die Antwort „Ja" wählen wird. Je nach Bedarf kann man also das Ergebnis erhalten, dass die Mehrheit der Deutschen für ein Tempolimit auf der Autobahn ist oder eben nicht.

Statistik-Fachmann Walter Krämer nennt als Beispiel aus der Praxis zwei Umfragen zum Thema Wochenendarbeit, die zu völlig unterschiedlichen Resultaten gelangten, obwohl sie beinahe zeitgleich durchgeführt wurden. Nach dem Umfrageergebnis der IG Metall lehnen es 95 Prozent der deutschen Arbeitnehmer ab, am Samstag zu arbeiten. Glaubt man dagegen der Befragung des Marplan-Institutes in Offenbach, sind 72 Prozent der Deutschen genau dazu bereit. Die Gründe für diesen erstaunlichen Widerspruch finden sich auf den jeweiligen geschickt entworfenen Fragebögen: „,Votum für das freie Wochenende' steht bei der IG Metall in großen Lettern obenan. Es folgt eine lange Erläuterung der Mühen, die das Durchsetzen der Fünftagewoche die Gewerkschaften gekostet habe, und eine Aufzählung aller Vorteile, die der freie Samstag für die Familie, die Gesellschaft, den Frieden und die Menschheitszukunft bringe, die dann zu der eigentlichen Frage überleitet: ‚Was entspricht Deiner/Ihrer Meinung? (i) Nach meiner Ansicht wäre die Abschaffung des freien Wochenendes ein schwerer Schlag für die Familie, Freundschaften, Partnerschaften, für Geselligkeit, Vereine, den Sport und das Kulturleben. (ii) Ich halte den gemeinsamen Freizeitraum des Wochenendes für nicht so wichtig. (iii) Weiß nicht/keine Angabe'". Natürlich hat sich bei dieser Formulierung die Mehrheit für die erste Antwort entschieden. Will man das gegenteilige Ergebnis erzielen, sollte man den Fragebogen besser so gestalten wie das Marplan-Institut: Auf die Frage „Inwieweit wären Sie bereit, samstags zu arbeiten, wenn es für die wirtschaftliche Situation Ihres Unternehmens gut wäre?", kann der Befragte zwischen folgenden Antworten wählen: (a) gelegentlich, wenn dafür an einem anderen Tag arbeitsfrei ist, (b) häufiger, wenn dafür ein Zusatzurlaub herauskommt, (c) abwechselnd und (d) nicht bereit. Wer würde sich nicht bereit erklären, am Wochenende zu arbeiten, wenn es dem eigenen Unternehmen nutzt und dann auch noch ein Zusatzurlaub dabei herausspringt?

Eine weitere Manipulationsmöglichkeit eröffnet die Tatsache, dass die meisten Menschen lieber mit „Ja" als mit „Nein" antworten, wie Krämer in „So lügt man mit Statistik" erläutert. Wünschte sich also der ADAC oder die Autoindustrie eine Statistik, in der die Mehrheit der Deutschen eine Abschaffung des Tempolimits ablehnt, würden sie ihr Wunschergebnis eher bekommen, wenn die Frage lautet: „Sind Sie der Meinung, dass man das Tempolimit auf deutschen Autobahnen abschaffen sollte?" Wollen die Grünen das Gegenteil herausbekommen, sollten sie besser fragen: „Soll das Tempolimit auf deutschen Autobahnen bleiben?" Aber nicht nur wie man fragt ist wichtig, sondern auch wer. Viele Umfragen werden in Form von Telefoninterviews, einige gar in direkten Interviews durchgeführt. Und natürlich beeinflussen die Fragesteller – egal, wie neutral sie sich verhalten – die Antworten. Das Resultat einer Befragung zum Thema „Sind Sie der Meinung, dass Männer besser Auto fahren als Frauen" wird unterschiedlich ausfallen, je nachdem, ob der Interviewer männlich oder weiblich, jung oder alt, hübsch oder hässlich ist. Viele Befragte antworten zudem nicht ehrlich, besonders bei Fragen, bei denen es peinlich wäre, wie „Wechseln Sie Ihre Unterhose täglich?", oder „Haben Sie Ihre Kinder schon einmal geschlagen?", oder „Lesen Sie manchmal ein gutes Buch?". Die Ergebnisse derartiger Umfragen haben mit Wahrheit und Wirklichkeit nichts mehr zu tun.

Aber nicht nur bei derart peinlichen Fragen schwindeln die Umfrageteilnehmer. Häufig sagen sie einfach das, was der Fragesteller ihrer Ansicht nach hören will, oft, um so schnell wie möglich wieder in Ruhe gelassen zu werden, noch öfter aus Gründen der „sozialen Erwünschtheit". Letzteres ist ein typisches Phänomen bei Umfragen und bedeutet, dass Befragte oft so antworten, wie es Zeitgeist, die öffentliche bzw. die veröffentlichte Meinung oder gesellschaftliche Erwartungen verlangen. Das ist die Erklärung dafür, warum seriöse Tageszeitungen und politische Magazine in Umfragen zum Thema „Welche der genannten Publikationen lesen Sie regelmäßig?" im Vergleich mit weniger angesehenen Blättern sehr hohe Werte erzielen, ihre Auflage aber beständig sinkt. Es ist einem eben ein wenig unangenehm zuzugeben, dass man eigentlich *Bild-*, *BAMS-* und *Bunte*-Fan ist, darum wählt man *Süddeutsche* und *Spiegel.* Nur so lässt sich auch erklären, warum 53 Prozent der Deutschen beim Autokauf angeblich in erster Linie auf den Benzinverbrauch achten, nur 22 Prozent dagegen auf PS und gerade mal 16 Prozent auf die Geschwindigkeit, die sich mit dem Wagen erzielen lässt. Bei Mercedes-Benz kann man diesen Zahlen nicht so recht glauben: „Die Kundenanforderungen gehen in eine ganz andere Richtung. Die kleinen und sparsamen Modelle wie unser A140 erweisen sich wirtschaftlich oftmals als Ladenhüter", erklärte die Sprecherin des Konzerns *sueddeutsche.de* im Januar 2007. Aber in den Zeiten des Klimawandels ist das Bekenntnis zu PS-starken Spritfressern politisch nicht korrekt, also sagt man, was die anderen hören wollen.

Solche Widersprüche gibt es auch in anderen Bereichen: 88 Prozent der Deutschen stehen laut einer Umfrage der Bundeszentrale für gesundheitliche Aufklärung einer Organspende positiv gegenüber, 84 Prozent wären mit einer Organentnahme nach ihrem Tod einverstanden. Das klingt sehr gut, dieses Ergebnis relativiert sich allerdings, wenn man sich die Zahlen vor Augen führt, die die Deutsche Stiftung Organtransplantation auf ihrer Website veröffentlicht. Demnach warteten 2003 insgesamt 12 000 schwer kranke Menschen auf ein Spenderorgan, es wurden aber nur 4175 Organe transplantiert – in Deutschland herrscht akuter Organmangel, keine Spur von der Spendenfreudigkeit, wie sie die Umfrageergebnisse vermuten lassen. Erstaunliche Werte erzielt man auch, wenn man nach der Anzahl der Sexualpartner fragt. Eine weltweite Befragung des Kondom-Herstellers Durex aus dem Jahr 2000 zum Thema Sexualverhalten ergab, dass Frauen durchschnittlich 4,6 Sexualpartner in ihrem Leben hatten, Männer dagegen 11,7. „Das kommt mir im Licht der alten Weisheit ,It takes two to tango' doch sehr spanisch vor", lautet dazu der Kommentar von Statistik-Experte Krämer. Die Erklärung liegt natürlich auf der Hand: Immer noch gehört es sich nicht für „anständige" Frauen, mit allzu vielen Männern Sex zu haben, trotz aller Emanzipation gilt eine Frau dann als „Schlampe", während ein Mann zum unwiderstehlichen Frauentyp und Helden aufsteigt, wenn er mit vielen Frauen im Bett war. Darum lügen wahrscheinlich beide Geschlechter bei dieser Frage: Die Frauen korrigieren nach unten, die Männer nach oben, und die Wahrheit liegt irgendwo in der Mitte. Das gilt aber nur im übertragenen Sinn ...

Mittelwert und Median

Denn die Mitte, genauer gesagt der Mittelwert, ist bei Statistiken oft nichts anderes als eine grobe Verzerrung der Tatsachen. Das veranlasste den 32. US-Präsidenten, Franklin Roosevelt, zu der Aussage: „Ich stehe Statistiken etwas skeptisch gegenüber. Laut Statistik haben ein Millionär und ein armer Schlucker jeder eine halbe Million." Eine ähnliche Rechnung stellte der ehemalige Vorsitzende der IG Metall, Franz Steinkühler, auf: „Ich denke bei Statistik an den Jäger, der bei einem Hasen das erste Mal knapp links danebenschoss und beim zweiten Mal knapp rechts vorbei. Im statistischen Durchschnitt gäbe das einen toten Hasen." Steinkühler meint hier mit dem Wort „Durchschnitt" das „arithmetische Mittel", wie wir alle, wenn wir den Begriff umgangssprachlich benutzen. Man errechnet den „Durchschnitt", indem man die Summe der einzelnen Werte durch ihre Anzahl teilt. Wenn also ein Mann in seinem Leben zwei Sexualpartnerinnen hatte, ein zweiter 30, so haben beide laut Statistik mit jeweils 16 Frauen geschlafen – eine sehr drastische Verdrehung der Tatsachen. Sie zeigt sich besonders deutlich, wenn ein krummes Ergebnis bei der Berechnung herauskommt, etwa wenn Statistiker berechnen, dass Frauen in Deutschland durchschnittlich 1,4 Kinder gebären. Ein ähnliches Phänomen tritt beim Thema „Durchschnittstemperatur" auf. 2006 betrug sie in Deutschland 9,6 Grad Celsius. Mit diesem Wissen lassen sich Aussagen zum Klimawandel treffen, wie zum Beispiel, dass sich die Temperatur gegenüber dem Anfang des 20. Jahrhunderts deutlich erhöht hat. Ein Tourist, der seine Urlaubsgarderobe mithilfe dieses Werts zusammenstellt, wird allerdings stark ins Schwitzen geraten oder sich Frostbeulen holen, je nachdem, ob er im August oder im Februar nach Deutschland reist. Der Durchschnittswert berücksichtigt nämlich Ungleichheiten nicht, er ebnet alle Unterschiede ein und gibt keine Auskunft über die sogenannte Streuung um das Mittel. Statistik-Fachmann Walter Krämer rät bei „nackten Mittelwerten" zu größter Vorsicht, zu einem seriösen Durchschnittswert gehöre immer auch ein Hinweis auf die Abweichung davon.

Es gibt neben dem arithmetischen Mittel aber mit dem „Median" noch einen anderen statistischen Durchschnitt. Er ist im wahrsten Sinne des Wortes der Wert, der in der Mitte steht. Schreibt man also eine Reihe Zahlen in aufsteigender Größe auf ein Blatt Papier, so ist der Median diejenige, welche die Mitte bildet. In vielen Fällen entspricht dieser Wert eher der Wirklichkeit als das arithmetische Mittel, wie noch einmal die Anzahl der Sexualpartner verdeutlichen soll: Neun Frauen haben in ihrem Leben bisher nur mit einem Mann geschlafen, eine einzige Sexbombe dagegen mit hundert. Der Median ist also eins. Neun Einsen und eine Hundert am Ende der Reihe ergibt in der Mitte eine Eins. Ein weiteres Beispiel: Bekommen drei Kinder fünf, sechs und sieben Euro Taschengeld, so ist der Median sechs, das arithmetische Mittel in diesem speziellen Fall auch. Jedes Kind bekommt also im Schnitt sechs Euro – und dies bleibt beim Median auch so, wenn eines der Kinder plötzlich 700 statt sieben Euro bekäme. Das arithmetische Mittel würde dagegen sofort stark ansteigen und von sechs auf 237 Euro steigen, obwohl zwei Kinder nach wie vor nur eine kleine Geldsumme erhalten. Der Unterschied zwischen arithmetischem Mittel und Median liegt darin, dass sich im Median Ausreißer nach oben und nach unten nicht widerspiegeln. Er berücksichtigt nicht, wenn Merkmalswerte „schief verteilt" sind, wie es in der Fachsprache heißt. Wie im Taschengeld- und im Sexualpartnerbeispiel findet sich meist eine Schieflage nach rechts: Kleine Werte treten häufiger auf als große, es gibt im richtigen Leben eben nur wenige Sexbomben und Kinder reicher Eltern, die ihre Sprösslinge mit viel Taschengeld verwöhnen. Die rechtslastige Verteilung tritt besonders oft bei Merkmalen wie Einkommen, Vermögen, Grundbesitz oder Erbschaften auf.

In den genannten Beispielen ist das arithmetische Mittel immer höher als der Median. Darum argumentieren Interessengruppen je nach Bedarf mit dem Wert, der besser zu ihren Zielen passt. Wenn es beispielsweise um die mittlere Höhe der Löhne geht, berufen sich Arbeitnehmerverbände bei Lohnverhandlungen gerne auf den Median – er ist mit Sicherheit kleiner als das arithmetische Mittel, das ja auch von den hohen Manager- und Vorstandsgehältern am oberen Ende der Skala beeinflusst wird.

Scheinpräzise Zahlen

Ziffern und Zahlen in Statistiken bereiten aber nicht nur bei der Bestimmung des Durchschnittswertes Probleme, sie eignen sich auch in anderer Form perfekt dazu, die Wirklichkeit zu verzerren. Und zwar vor allem dann, wenn sie besonders genau und präzise sein wollen. So wie auf der Website des Reiseportals http://www-reise-ziele-online.de: In einer Tabelle, mit der man dem Leser einen ersten Eindruck von der Größe des Landes verschaffen will, wird die Einwohnerzahl der Volksrepublik China mit 1 306 314 000 angegeben. Auf der Website http:// www.asien-auf-einen-blick.de findet man dagegen die Einwohnerzahl 1 296 600 000. Jede dieser Zahlen ist falsch oder nur rein zufällig richtig. Selbst nach einer exakten Volkszählung kann man bei einem so großen Land die Einwohnerzahl nie derart genau bestimmen, es bleibt durch nicht registrierte Geburten, Todesfälle und andere Zählfehler stets eine Fehlerquote von +/–0,5 Prozent. Doch die Zahl erfüllt ihre Funktion: Sie macht Eindruck, erweckt den Schein größter Genauigkeit und Sorgfalt – viel mehr als die weit weniger verzerrende Angabe 1,3 Milliarden. Geschickte Zahlenjongleure wissen sehr genau, dass wir uns von einer Zahl beeindrucken und manchmal sogar einschüchtern lassen, je mehr Ziffern sie hat und je genauer sie zu sein scheint. Diese furchterregenden Zahlen erwecken aber nur den Anschein, präzise zu sein, sie sind es nicht wirklich und heißen deshalb „scheinpräzise Zahlen". Wir sollten also immer dann misstrauisch werden, wenn unklar ist, wie man eine solche Genauigkeit bei der Berechnung einer Zahl erreichen kann.

Seit einiger Zeit haben Kosmetikhersteller scheinpräzise Zahlenangaben für sich entdeckt. So wirbt zum Beispiel die französische Firma Vichy damit, dass sich mithilfe ihrer Gesichtscreme NeoVadiol innerhalb von „acht Wochen" „17 Prozent mehr Hautdichte" und „26 Prozent festere Gesichtszüge" erzielen lassen. Die scheinpräzisen Zahlen werden hier mit Begriffen kombiniert, bei denen das Adäquationsproblem auftritt: Was genau hat man denn unter „Hautdichte" und „festeren Gesichtszügen" zu verstehen? Und wie um alles in der Welt misst man Hautdichte und Festigkeit der Gesichtszüge so exakt, dass die aufgeführten Prozentzahlen dabei herauskommen? Das erfährt man in der Werbung leider nicht. In einer anderen Anzeige derselben Firma wird eine Feuchtigkeitscreme gegen unreine Haut angepriesen. Vichy verspricht ein „gleichmäßiges Hautbild in 4 Wochen" und zählt auf, welche Erfolge man bei regelmäßiger Anwendung erwarten darf: „Pickel: – 77 % / Erweiterte Poren: – 72 % / Hautunreinheiten: – 74 %". Wie man auf diese Zahlen gekommen ist, verrät die Werbung natürlich wieder nicht. Die Strategie der Werber ist in diesem Fall offensichtlich: Vichy – eine eher teure Kosmetikmarke – möchte sich ein seriöses, wissenschaftliches Image aufbauen. „Laboratorien", „Forschung" und „dermatologische Kontrolle" sind Begriffe, die in praktisch jeder ihrer Anzeigen vorkommen, oft finden sich lange, pseudowissenschaftliche Erklärungen über „technologische Durchbrüche" und neue Wirkstoffe mit sensationeller Wirkung. Dazu passen die scheinpräzisen Prozentangaben, die noch glaubwürdiger werden, weil weder auf- noch abgerundet wird. Nachprüfen können die Käufer die Angaben nicht, denn wie soll man einen 77-prozentigen Pickelrückgang an sich feststellen?

Aber nicht nur scheinpräzisen Zahlen sollte man misstrauen – auch andere Zahlenangaben in Presse, Funk und Fernsehen sind nichts weiter als fauler Zauber. Zum Beispiel, wenn über Demonstrationen und Massenveranstaltungen wie die Love Parade berichtet wird. Es bleibt oft ein Rätsel, wie die Teilnehmerzahlen zustande gekommen sind. Eine mögliche Erklärung liefert der Münchner Oberbürgermeister Christian Ude in seinen Memoiren. Darin beschreibt er, wie er als 20-jähriger Volontär bei der *Süddeutschen Zeitung* die Zahlen von Demonstrationsteilnehmern schätzte und mit der Zeit zur gefragten Instanz wurde: „Die Kollegin von der *Abendzeitung* wohnte in einer studentischen Wohngemeinschaft und skandierte bei allen Sprechchören mit. Kein Wunder, dass bei ihr auch das kleinste Häuflein zu einer machtvollen Demonstration einiger Tausend Münchner Studenten anwuchs. Der Kollege vom *Merkur* hingegen war es der konservativen Linie des Hauses schuldig, entsprechend der Lehre von der ‚kleinen radikalen Minderheit' jedwedes Protestpotenzial auf einige Dutzend Randalierer schrumpfen zu lassen. Meine liberal-abgewogene Schätzung von ‚knapp tausend Demonstranten' war zwar auch aus der Luft gegriffen, überzeugte aber schon dadurch, dass ich den goldenen Mittelweg des Münchner Pressespektrums beschritt." Ude erzählt, dass die Pressevertreter später nach Kundgebungen sogar inoffizielle Konferenzen abhielten, bei denen sie sich auf eine Zahl einigten, um allzu große Unterschiede in ihren Blättern zu vermeiden. „Geringfügige Abweichungen nach oben aus Sympathie oder nach unten aus staatspolitischen Gründen blieben zwar möglich, mussten sich aber in einem Zehn-Prozent-Rahmen halten, wenn es nicht ernsthaft Ärger geben sollte." Schließlich nahm sogar der Pressesprecher des Polizeipräsidiums an den Treffen teil, um in Erfahrung zu bringen, welche Zahlenangaben am nächsten Morgen in der Presse zu lesen sein würden. „Meinen Triumph erlebte ich bei einem Demonstrationszug zum Bayerischen Landtag, wo der Polizeisprecher – von Anfragen der Landtagspresse genervt – auf mich zukam: ‚Herr Ude, wären Sie mit fünftausend einverstanden?'"

Diagramme und Grafiken

Nicht nur mit den Zahlen selbst lässt sich lügen, auch ihre Darstellung in Form von Diagrammen eröffnet viele Möglichkeiten, die Wirklichkeit nach den eigenen Wünschen umzugestalten. Und dieser Wunsch ist häufig, denn egal, ob man eine Torte, eine Pyramide oder eine Kurve für seine Zahlen wählt – meist ist man enttäuscht, wenn man statistische Sachverhalte in Diagramme umzusetzen versucht. Der Gewinnzuwachs des eigenen Unternehmens sieht mickerig aus, die Unterschiede zu den Vorjahren sind optisch viel weniger beeindruckend als erhofft. Mal ist der Anstieg nicht steil genug, mal wird der Rückgang nicht deutlich, oder der Unterschied zum Vergleichswert ist kaum zu erkennen. Also hilft der Grafiker ein wenig nach und gibt hier ein Stückchen dazu, nimmt dort ein wenig weg, so lange, bis das Diagramm den Vorstellungen entspricht. Mit der Realität hat das aber nicht mehr das Geringste zu tun, denn die Längen- und Flächenverhältnisse stimmen nicht mehr mit den wirklichen Größenverhältnissen überein. Die TV-Wissenschaftssendung *Quarks & Co* hat typische Grafiken aus Geschäftsberichten sowie aus Zeitungen und Zeitschriften analysiert und zeigt auf ihrer Website, wie sie ungeschönt aussehen würden. Zur Verdeutlichung der Erhöhung des Kindergeldes von 1998 bis 2002, benutzte das Finanzministerium zum Beispiel keine Säulen oder Tortenstücke, sondern das Piktogramm eines Kinderwagens. Der wächst in

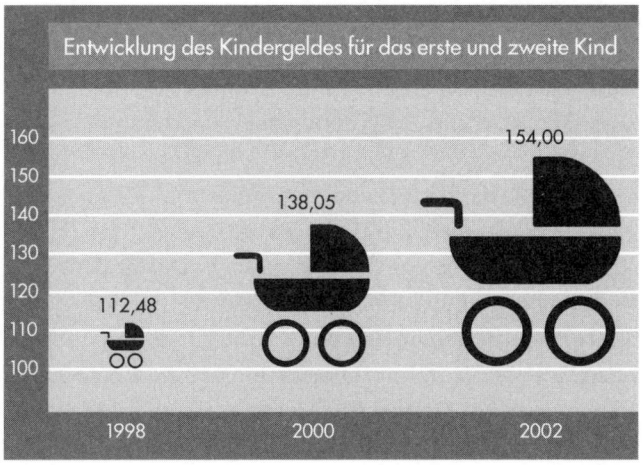

Entwicklung des Kindergeldes für das erste und zweite Kind

drei Schritten von daumennagel- zu beinahe handteller-
groß an, was den Betrachter von einem enormen Anstieg
ausgehen lässt, obwohl das Kindergeld gerade mal von
112,48 auf 154 Euro erhöht wurde. Der riesige Kinderwagen in der Grafik lässt dagegen eher eine Verzehnfa-
chung vermuten. Der Trick des Grafikers war einfach: Die
Skala links, die das Geld symbolisiert, beginnt erst bei
hundert, nicht etwa bei null Euro. Somit zeigt die Grafik
genau genommen nicht die Entwicklung des Kindergeldes in den Jahren 1998 bis 2002, sondern die Entwicklung
über 100 Euro – das sieht optisch beeindruckender aus.
Zudem hat der Grafiker das Piktogramm sehr geschickt
gewählt. Anders als die für Diagramme typischen Säulen
wächst der Kinderwagen nicht nur in die Höhe, sondern
automatisch auch in die Breite, wenn man ihn vergrößert,
der Flächeninhalt wird also größer. Auch das macht mehr
her als eine Säule.

Ein anderes Beispiel für eine geschönte Grafik veröffentlichte der *Spiegel* im Jahr 2002. Sie erschien im Rah-

men eines Berichtes über Müllverbrennungsanlagen und sollte illustrieren, dass die Deutschen immer weniger Hausmüll produzieren. Man sieht einen steilen Anstieg zwischen 1996 und 1997, dann aber einen beeindruckenden Rückgang, die Kurve fällt steil nach unten. Wenn man der Grafik glaubt, sind die Deutschen offensichtlich innerhalb kürzester Zeit sehr umweltbewusst geworden. Aber auch in diesem Fall sieht die Sache anders aus, wenn man genauer hinblickt. Wieder hat der Grafiker die Skala links, in der die Tonnen Hausmüll pro Kopf aufgelistet sind, nicht mit null beginnen lassen, sondern mit 400. Aus einem kleinen Rückgang wird auf diese Weise ein enorm großer. Bildet man die Werte dagegen maßstabsgetreu ab, sehen sie eher nach ganz normalen statistischen Schwankungen aus. Und genau das waren sie auch, denn das Hausmüllaufkommen für die Jahre 1999 und 2000 beruhte auf Schätzungen.

Synthetischer Superlativ und falsche Korrelationen

Nur geschätzt wird auch bei sogenannten „synthetischen Superlativen", mit denen wir jeden Tag bombardiert werden, ohne das immer zur Kenntnis zu nehmen. Mit einem wirklichen Superlativ, also der „Höchststufe", haben diese aber nichts mehr zu tun. In der *Bild* sind sie eines der beliebtesten Stilmittel: Am 6. März 2007 finden sich in der Online-Ausgabe „Die 14 gesündesten Nahrungsmittel der Welt", „12 Superlative aus dem Hotel Adlon", darunter „Das teuerste Zimmer, der dreisteste Diebstahl, der größte Skandal", „Die gefährlichsten Infektionskrankheiten Deutschlands", aufgelistet in einer „Liste des Grauens", sowie der Aufruf an Leserinnen, die „erotischste Männerstimme" zu wählen. Wir sind so sehr an diese unsinnigen Superlative gewöhnt, dass wir sie kaum noch beachten. In meinem Supermarkt lag kürzlich eine Broschüre aus, die „Europas größten Indoor-Schneepark" bewirbt. Das klingt beeindruckend, sagt aber wenig aus, denn dem Leser der Werbung fehlen Vergleichsmöglichkeiten, und es bleiben viele Fragen offen: Wie viele „Indoor-Schneeparks" gibt es denn in Europa? Wodurch unterscheiden sie sich von „Indoor-Skihallen"? Um wie viel größer ist denn der größte Schneepark, um eine solche Werbung zu rechtfertigen? Und was genau ist das eigentlich, ein „Indoor-Schneepark"? Um aus einer großen Halle voll Kunstschnee einen Ort der Superlative zu machen, hat man die Kriterien so zusammengestellt, dass sie für diesen Einzelfall vielleicht zutreffen, sich der Überprüfung aber geschickt entziehen. Die Kriterien sind: „Europa" (und nicht etwa der größte überhaupt) sowie „Indoor" und „Park", eigentlich ein Widerspruch in sich, denn einen Park vermutet man draußen. Die Betreiber wollen sich mit ihrer Wortwahl offensichtlich von den bereits existierenden Hallen abgrenzen, was es noch leichter macht, die Bedingungen dieses Superlativs zu erfüllen. Und so ist diese Bezeichnung ungefähr genau so viel wert wie das Kompliment „Du bist die schönste Frau, die ich je getroffen habe – an einem Dienstag um halb acht in dieser Schwulenbar, die um zehn öffnet". Hinzu kommt, dass bei synthetischen Superlativen wie diesem nicht klar wird, wer den Titel überhaupt vergibt und ob wirklich alle Konkurrenten berücksichtigt wurden. Einem ähnlichen Fall begegnete ich bei Dreharbeiten in der angeblich größten Samenbank der Welt. Sie befindet sich erstaunlicherweise im dänischen Aarhus, in einem mittelgroßen Büro. Die Samenzellen lagern tiefgekühlt in zwei Edelstahltanks, jeder etwas größer als ein Weinfass. Ich konnte bis heute nicht herausfinden, warum dies „die größte der Welt" sein soll. Haben sie weltweit die meisten Spender in ihrer Kartei? Den größten Kundenstamm? Die meisten Spermaproben in den Fässern? Oder finden die Samenbank-Betreiber einfach, es komme bei dieser Thematik eben doch auf die Größe an?

Genau diese Art von falschem Rückschluss lauert nach Expertenmeinung als einer der häufigsten Fehler in Statistiken. Aus Korrelationen werden fälschlicherweise direkte Kausalitäten abgeleitet, man unterstellt also, dass zwei parallel verlaufende Variablen einander bedingen. Eine korrekte Korrelation wäre beispielsweise „Je mehr Futter, desto fettere Schweine". Dieser Zusammenhang ist nicht nur naheliegend, man kann ihn auch ohne größere Probleme nachweisen. Das wird schon schwieriger bei der Behauptung: „Mais gedeiht umso besser, je mehr man ihn bewässert." Denn beim erfolgreichen Maisanbau spielen noch viele andere Faktoren eine Rolle, wie die Temperatur, die Sonnenscheindauer, die Bodenqualität oder der Einsatz von Dünger. Je mehr Variablen es gibt, desto problematischer wird es, einen direkten kausalen Zusammenhang zwischen zweien von ihnen herzustellen. Schließlich kann es sogar irgendwann zu einer völligen Verdrehung der Tatsachen kommen. Es ist natürlich absurd zu sagen, die Feuerwehr sei schuld an Hausbränden, weil sie fast immer vor Ort ist, wenn es brennt. Bei diesem Beispiel ist der Missbrauch des Korrelationsbegriffs offensichtlich, bei anderen nicht sofort. So wird immer wieder behauptet, Glatzköpfe seien erfolgreicher im Beruf und verdienten mehr Geld. In Wirklichkeit sind Männer mit weniger Haaren oder mit Glatze meist älter und haben deshalb bereits die Karriere gemacht, die jüngere noch vor sich haben. Ein anderes Gerücht, das sich hartnäckig hält, ist, dass die meisten Menschen nicht etwa im Straßenverkehr sterben, sondern im

Bett. Tatsächlich liegen alte, kranke und gebrechliche Menschen eben viel im Bett und sterben dort auch. Daraus zu schließen, dass das Bett ein lebensgefährlicher Ort wäre, ist unsinnig. Ebenso wie die Aussage, es sei sicherer im New Yorker Central Park zu übernachten als in der eigenen Wohnung, denn zu Hause werde man statistisch betrachtet häufiger überfallen. Hier wird die Variable „Zeit" nicht beachtet: Man hält sich sehr viel länger in der eigenen Wohnung auf als in einem Park, und wer nur dort schläft, kann auch nur dort überfallen werden. Auch die Krebsgefahr steigt nicht von Jahr zu Jahr an, wie immer wieder gemeldet wird. Es ist zwar richtig, dass zu der Zeit, als unsere Urgroßeltern noch Teenager waren, weniger als zehn Prozent der Menschen an Krebs gestorben sind, während es heute rund 23 Prozent sind. Dieser Anstieg hängt aber nicht nur mit einem gesunden Leben, besserer Ernährung und weniger krebserregenden Stoffen in der damaligen Umwelt zusammen, sondern damit, dass die Lebenserwartung unserer Vorfahren viel niedriger war als unsere heutige. Sie lag bei etwa 45 Jahren – genau mit diesem Alter steigt die Wahrscheinlichkeit, an Krebs zu erkranken. Früher starben also die meisten Menschen, *bevor* sie überhaupt Krebs bekommen konnten, an anderen Krankheiten, in Kriegen oder bei Unfällen – und nicht etwa, weil die Krebsgefahr viel geringer war.

Trugschlüsse wie diesem begegnen wir jeden Tag in den Zeitungen: „Lachen macht schlank", „Zwei Drinks pro Tag gut für Männer ab 65", „Hausarbeit macht krank" und „Zu viel Hausarbeit schadet dem Sex", behauptet die *Bild* am 6. und 7. März 2007. Das Blatt bezieht sich dabei zwar auf wissenschaftliche Studien, die aber mit solchen Schlagzeilen verkürzt und falsch wiedergegeben werden. Wie etwa beim Thema Lachdiät: „Eine Viertelstunde

Gelächter vor der Glotze verbraucht genauso viele Kalorien wie ein Kilometer gehen. (...) Die tägliche Zwerchfellmassage kann pro Jahr bis zu zwei Kilo weniger bringen" steht im Text. Mit „schlank machen" hat dieser geringe Gewichtsverlust wenig zu tun, er fällt wohl eher in die Kategorie „normale Schwankungen". Auch die Meldung zur Schlagzeile „Zu viel Hausarbeit schadet dem Sex" zeigt, dass die Überschrift nichts weiter als eine glatte Lüge ist: „35 Prozent der berufstätigen Frauen haben keine Lust auf Sex – ergab eine neue Umfrage in England. Die viele Hausarbeit macht sie zu müde. (...) Sex haben sie weniger als 15 Minuten. Aber: Die meisten sagen, sie hätten eigentlich gern mehr." In der Studie wurde also nicht der Zusammenhang zwischen Hausarbeit und Sex untersucht, wie *Bild* uns glauben machen möchte, sondern wie sich bei Frauen die Kombination Beruf und Hausarbeit auf das Sexualleben auswirkt. Der Text ist zudem in sich sehr widersprüchlich, denn angeblich vergeht berufstätigen Frauen wegen der anstrengenden Hausarbeit die Lust, und trotzdem hätten sie eigentlich gerne mehr Sex – ja, was stimmt denn nun? Genau diese Frage sollten wir uns immer stellen, wenn wir es mit Statistiken zu tun haben, sei es in Form von reinen Zahlenangaben, Diagrammen, Tabellen, Umfrageergebnissen oder deren Interpretation. Die Manipulationsmöglichkeiten sind so groß, dass sich jeder schnell und ohne große Mühe genau die Werte und Ergebnisse zusammenschustern kann, die seine Argumente untermauern und seinen Zielen entsprechen. Ein gesundes Misstrauen gegenüber den Zahlenspielen der Statistiker und ihren Nutznießern schadet also nicht, ebenso wenig wie ein Taschenrechner, um die Ergebnisse nachzurechnen. Man sollte dabei stets den Satz im Kopf haben, den die Grande Dame und Pionierin der Demoskopie, Elisabeth Noelle-Neumann, angeblich geseufzt hat: „Es ist mir noch heute rätselhaft, dass man herausbringt, was sechzig Millionen Menschen denken, wenn man zweitausend befragt. Erklären kann ich das nicht. Es ist eben so. "

Verlogene Politik

Einer von uns: Politiker sind Lügner wie wir

Welche dieser Politikerlügen würde in einer Top-Ten-Liste den ersten Platz einnehmen? „Niemand hat die Absicht, eine Mauer zu errichten" (Walter Ulbricht) – „I did not have sexual relations with that woman, Miss Lewinsky" (Bill Clinton) – „We found the weapons of mass destruction. We found biological laboratories" (George W. Bush) – „Nur der Staatsvertrag gibt die Chance, dass Mecklenburg-Vorpommern, Sachsen-Anhalt, Thüringen, Brandenburg und Sachsen bald wieder zu blühenden Landschaften werden können" *(Helmut Kohl)*.

„Lügen scheinen zum Handwerk nicht nur des Demagogen, sondern des Politikers und sogar des Staatsmannes zu gehören", schrieb Hannah Arendt in „Wahrheit und Lüge". Mit dieser Aussage stützt die Philosophin auf den ersten Blick das weitverbreitete Vorurteil, Politik sei ein schmutziges, weil grundsätzlich verlogenes Geschäft und dabei angeblich eine Art Gegenwelt zum Privatleben, das von Wahrhaftigkeit geprägt sei, gerade wenn es um Freundschaft und Liebe gehe. Das Klischee von der „verlogenen Politik" hat eine lange Tradition. Der italienische Staatsphilosoph Niccolò Machiavelli riet seinen adeligen Lesern bereits Anfang des 16. Jahrhunderts: „Ein Fürst braucht also nicht alle (…) Tugenden zu besitzen, muss aber im Rufe davon stehen. Ja, ich wage zu sagen, dass es sehr schädlich ist, sie zu besitzen und sie stets zu beachten; aber fromm, treu, menschlich, gottesfürchtig und ehrlich zu *scheinen*, ist nützlich. (…) Auch wird es einem Fürsten nie an guten Gründen fehlen, um seinen Wortbruch zu beschönigen. (...) Denn die Menschen sind so einfältig und gehorchen so sehr dem Eindruck des Augenblicks, dass der, welcher sie hintergeht, stets solche findet, die sich betrügen lassen." Mauscheln und kungeln, vertuschen, verschweigen, verleumden, verdrehen – diese Begriffe werden seitdem nur allzu häufig mit „Politik" in einem Atemzug genannt. Dahinter steht die Vorstellung, Politiker hätten die unbedingte Pflicht, aufrichtig und wahrhaftig zu sein, da sie eine Vorbildfunktion einnähmen. Wer Macht ausübe, wer über andere entscheide, wer eine Führungsposition innehabe, der müsse sich moralisch richtig verhalten – in jedem Fall aber „richtiger" als alle anderen; der Politiker wird damit zu einer Art moralischen Leitfigur.

Diese Sichtweise ist mit einem pluralistischen Demokratieverständnis aber nicht recht vereinbar. Ein Politiker übt lediglich für eine bestimmte Zeit ein Amt aus; er ist ein Repräsentant der Staatsbürger, die ihn gewählt haben, er steht nicht über ihnen. Das Volk ist der Souverän, von ihm geht alle Macht aus. Regeln – auch und gerade moralische – gelten in der Demokratie für alle gleichermaßen. In Politikern geistig-moralische Führer zu sehen, würde sie über alle anderen „normalen" Bürger stellen. Damit soll Politikern aber kein Freibrief zum Lügen ausgestellt werden. Ihr Amt oder Mandat verpflichtet sie zumindest in der Theorie, dem Gemeinwohl zu dienen, vor allem aber die Interessen des Volkes zu vertreten und über ihre politischen Handlungen und Pläne offen und ehrlich Auskunft zu erteilen; auf diese Informationen sind die Bürger und Wähler angewiesen, nur so können sie erkennen, ob ein Politiker in ihrem Sinne agiert, und ihn, wenn er dies nicht tut, bei der nächsten Gelegenheit abwählen und entmachten.

Ganz praktisch zeigt sich dies in Gesetzen zum Informationsfreiheitsprinzip, die inzwischen fast alle demokratischen Staaten erlassen haben. Geheimhaltung wird damit zu einer begründungsbedürftigen Ausnahme. In Deutschland trat das „Bundes-Informationsfreiheitsgesetz" im Sommer 2005 in Kraft. Gegen eine Gebühr von bis zu 500 Euro können Bürger seitdem bei den Bundesministerien und nachgeordneten Behörden Auskünfte einfordern. Das Gesetz, so die Bundesregierung, sei eine „Einladung an die Menschen, sich verstärkt politisch einzumischen". Schon hier zeigt sich dann allerdings der Unterschied zwischen Theorie und Praxis: Nach einer Anfrage des FDP-Bundestagsabgeordneten Volker Wissing Anfang Januar 2007 musste die Regierung eingestehen, dass sie nur bei gut der Hälfte der eingegangenen Ministeriums-Anfragen den „Informationszugang in vollem Umfang gewährt habe", in 156 Fällen lehnte sie aus Sicherheitsgründen die beantragte Information oder Akteneinsicht ganz ab. Es ist also natürlich naiv zu glauben, eine Demokratie käme völlig ohne Geheimhaltung, Hinterzimmer-Gespräche, Diskretion, Verschwiegenheit und Verschleierungstaktiken aus. In sensiblen Bereichen wie der nationalen Sicherheit, der Strafverfolgung oder den Schutzmaßnahmen für die eigenen Wirtschaftsinteressen ist ein gewisser Grad an Geheimhaltung und Täuschung geradezu eine Voraussetzung für den Erfolg einer Demokratie.

Zudem macht es allein die Masse an Informationen unmöglich, alle politischen Ideen, Vorschläge, Entwürfe und Pläne zu veröffentlichen und allen Bürgern jederzeit zugänglich zu machen. Dies wäre nicht totale Transparenz, „sondern ist Ausdruck mangelnder politischer Klugheit. Totaltransparenz mündet in Entscheidungsunfähigkeit und politische Machtlosigkeit", erklärt der Politikwissenschaftler Ulrich Saricinelli in seinem Aufsatz des Buches *Verleugnen, Vertuschen, Verdrehen.* Koalitionsverhandlungen, Tarifgespräche und Fraktionssitzungen sind nur ein paar Beispiele für politisches Agieren hinter verschlossenen Türen. Kompromisse zwischen Gegnern lassen sich auf diese Weise leichter und schneller erzielen als im Licht der Öffentlichkeit. Dies zeigt laut Saricinelli beispielsweise der Erfolg der vertraulichen Gespräche zwischen Israelis und Palästinensern 1992 – die öffentlichen Verhandlungen ein Jahr zuvor in Madrid waren dagegen gescheitert.

Unter diesem Gesichtspunkt lässt sich das Zitat vom lügenden Staatsmann und Politiker von Hannah Arendt anders interpretieren: Verschweigen und Täuschungsmanöver sind notwendiger Teil des politischen Alltags nicht nur beim Demagogen, sondern auch beim Staatsmann mit lauteren Absichten; es handelt sich bei ihren Worten also um eine realistische Einschätzung und keine generelle und rigorose Aburteilung. Verknüpft mit dem Vorurteil der „verlogenen Politik" sind oft der Wunsch und die Hoffnung auf „die eine Wahrheit". Auch dies widerspricht der Idee der pluralistischen Demokratie, in der es kein Wahrheitsmonopol geben darf, insbesondere kein staatlich-politisches; die Demokratie lässt stattdessen viele Sichtweisen, Interessen und Interpretationen zu, auch wenn uns viele nicht gefallen, uns nicht plausibel erscheinen oder von uns sogar als falsch und unwahr empfunden werden. Genau das macht den Charakter „offener Gesellschaften", wie Karl Popper sie nannte, aus, dass es eben nicht darum geht, die „eine Wahrheit" zu finden und damit alles andere zur Lüge zu erklären.

Dennoch hält sich das Klischee von der „verlogenen Politik" hartnäckig und ist einer der Hauptgründe für die zunehmende Politik- und Parteienverdrossenheit in der

Bevölkerung: Nach einer Untersuchung des Allensbach-Institutes für Meinungsforschung ist das Vertrauen der Deutschen in Politiker stark gesunken; in den siebziger Jahren hielten immerhin noch 57 Prozent deutsche Spitzenpolitiker generell für rechtschaffen und ehrlich. Heute vertritt dagegen nur noch ein Fünftel der Deutschen diese Meinung. Die Auswirkungen sind gravierend; im November 2006 waren nach einer Umfrage der *ARD* weniger als die Hälfte der Befragten zufrieden mit dem politischen System – das schlechteste Ergebnis in der Geschichte der Bundesrepublik. Laut der 14. *Shell-Jugendstudie* von 2002 ist der Anteil der politisch interessierten Jugendlichen von 57 Prozent im Jahr 1991 auf inzwischen nur noch 34 Prozent gesunken.

Das Vorurteil vom lügenden und betrügenden Politiker wird von den Medien genährt: In unserer Informationsüberflussgesellschaft wird jede entlarvte Lüge und jeder aufgedeckte Betrug zum politischen Skandal und so zum Medienereignis hochstilisiert. Bei diesen Skandalen geht es in fast allen Fällen um Geld oder um Sex – also entweder um Bestechung, Korruption, ungerechtfertigte Privilegien und unrechtmäßige Bereicherung des Amtsinhabers oder um unübliche Sexualpraktiken und heimliche Affären, wie beispielsweise die im Januar 2007 von der *Bild* öffentlich gemachte außereheliche Beziehung von Bundesminister Horst Seehofer mit einer „brünetten 32-Jährigen", die angeblich von ihm schwanger sei. In dem *Bild*-Artikel „Machtkampf in der CSU wird schmutzig" beschreibt der Autor Dirk Hoeren den Politiker als Lügner und Heuchler, ohne die Worte zu gebrauchen: „Dabei stand Seehofer bisher in einem untadeligen Ruf. Zusammen mit Ehefrau Karin (48) und seinen zwei Töchtern (20, 15) und dem Sohn (18) wohnt er in einem Einfamilienhaus in Ingolstadt. (...) Noch im Spätsommer empfing er dort die Zeitschrift ‚Bunte'. (…) Seine Frau lobte er in den höchsten Tönen, bedankte sich im Interview dafür, ‚dass sie seit 25 Ehejahren eine wunderbare Mutter und verständnisvolle Frau ist'. Und jetzt das!" Die Rede ist von „Doppelleben", „Versteckspiel" und „zwei Gesichtern" des Politikers. Um nicht in den Verdacht des puren Voyeurismus und der Sensationsgier zu kommen, stellt der *Bild*-Autor in dem Text einen Zusammenhang zwischen Seehofers moralischer „Verfehlung" und den ethischen und politischen Grundsätzen der CSU her – wertet damit also nicht nur den Privatmann Seehofer, sondern auch die Arbeit des Politikers ab und stellt damit seine Befähigung als Nachfolger des bayerischen Ministerpräsidenten infrage; denn „im CSU-Grundsatzprogramm steht wie in Stein gemeißelt: ‚Ehe und Familie stehen im Mittelpunkt unserer Politik. Sie sind natürliche Lebensformen und Grundpfeiler einer freien und solidarischen Gesellschaft. Deshalb fördert die CSU Ehe und Familie und hält an ihrem verfassungsrechtlichen Schutz fest.'" Lug und Trug im Privatleben eines Politikers sind zu einer öffentlichen An-gelegenheit und letztlich zu einem neuen „Skandal" um einen weiteren „verlogenen Politiker" geworden; und selbst wenn diese Affäre auf die politische Karriere Seehofers keine negativen Auswirkungen hat, stützt und fördert sie wieder das Klischee.

Zwar haben die Politikwissenschaftler Thomas Geiger und Alexander Steinbach bereits 1996 festgestellt, dass die Zahl politischer Skandale in den letzten Jahrzehnten zugenommen hat, doch sie betonen, dass dies keineswegs bedeuten muss, dass Politiker häufiger Normen übertreten als früher, sondern dass sich unsere Medienlandschaft stark verändert hat. Über problematisches Handeln öffentlicher Personen wird häufiger, länger und ausführlicher berichtet, was nicht zuletzt mit der gestiegenen Anzahl von Sendern, Zeitungen und Magazinen zusammenhängt, die alle unter Erfolgsdruck stehen, permanent auf Themensuche und nur selten bereit sind, etwas unter den Tisch fallen zu lassen, aus dem sich ein Skandal zaubern lässt – vor allem, wenn es um auflagen- und quotensteigernde Themen wie Sex und Untreue geht.

Ein ähnliches Phänomen lässt sich etwa beim Thema „Sexualstraftaten an Kindern" beobachten. Durch die ausführliche und nicht selten reißerische Berichterstattung auf allen Kanälen und in allen Blättern wird der Eindruck erweckt, die Anzahl solcher Missbrauchstaten habe enorm zugenommen, ein Gefühl der Bedrohung macht sich in der Bevölkerung breit. De facto stagnieren Sexualverbrechen an Kindern jedoch seit Jahrzehnten, im Sicherheitsbericht der Bundesregierung ist gar von einem Rückgang die Rede. In allen Bereichen, über die Medien berichten, scheint die Zahl der Skandale zu steigen, egal, ob es sich dabei um Wirtschaft, Sport oder Wissenschaft handelt; man denke nur an die skandalösen Fußballwetten rund um den bestechlichen Schiedsrichter Robert Hoyzer; an die Lawine der Dopingbeichten von Profi-Radsportlern; an die VW-Affäre wegen Korruption und Lustreisen; an den Schmiergeld-Skandal bei Siemens; oder an den koreanischen Forscher Woo Suk Hwang und seine geklonten menschlichen Embryonen, die pure Erfindung aus Geltungssucht waren. Real ist nicht die Anzahl solcher Skandale und Affären gestiegen, sondern die medialen Verbreitungsmöglichkeiten und mit ihnen das voyeuristische Interesse. Jens Bergmann und Bernhard Pörksen sprechen in diesem Zusammenhang von einem „Voyeurismus erster und zweiter Ordnung": bei Ersterem „ergötzt man sich ohne jede Scham am Erfolg oder Misserfolg anderer, ist schadenfroh, wenn man Berühmtheiten scheitern sieht oder trauert mit ihnen, als gehörten sie zur Familie". Diese Form der Schaulust „wird von einem Voyeurismus zweiter Ordnung flankiert, den auch seriöse Medien bedienen. Es ist ein Voyeurismus unter dem Deckmantel der Aufklärung, der den möglichen Vorwurf bereits reflektiert und scheinbar entkräftet. Man reproduziert – unter Berufung auf seine Informationspflicht – guten Gewissens Abseitiges und Widerliches".

Lange Zeit galt zwischen Medien und Mächtigen ein Übereinkommen: Das Privatleben und vor allem das Sexualleben waren tabu, es sei denn, es hatte direkte negative Auswirkungen auf das politische Handeln. So führte die Affäre des britischen Verteidigungsministers Profumo mit dem Callgirl Christine Keeler in den sechziger Jahren nur deshalb zum Rücktritt des Politikers, weil Keeler in der Zeit des Kalten Krieges auch russische Spione und Diplomaten zu ihren Kunden zählte. Dagegen blieben die Affären von Präsident Kennedy stets geheim. Über Franz Josef Strauß wusste man vieles, ohne es zu veröffentlichen – wenn ihm nicht gerade bei einem „Spaziergang" um drei Uhr morgens im New Yorker Central Park die Brieftasche von einer Prostituierten gestohlen wurde. Über die jahrelange Beziehung zwischen Helmut Kohl und seiner Büroleiterin Juliane Weber schwieg man sich ebenso taktvoll aus wie über die Geliebten von Willy Brandt. Heute ist dagegen genau das Gegenteil der Fall. Der Berliner Bürgermeister Klaus Wowereit kam mit seinem inzwischen geflügelten Satz „Ich bin schwul, und das ist auch gut so" den Boulevardmedien zuvor, die seine sexuelle Orientierung zum Thema machen und so seine Nominierung zum SPD-Spitzenkandidaten unterminieren wollten. Auch der Hamburger Bürgermeister Ole von Beust outete sich, weil sein damaliger Koalitionspartner Ronald Schill eine mediale Schmutzkampagne gegen ihn plante.

Natürlich liegt die Schuld nicht allein bei den Medien, sondern auch bei den Politikern selbst, die immer dann bereitwillig tiefe Einblicke in Haus, Garten, Urlaubspläne und Ehe gewähren, wenn es der Publicity dient. Heribert Prantl von der *Süddeutschen Zeitung* schreibt am 16. Januar 2007 von einer „Politisierung des Privatlebens": „Auch über Adenauers Privatleben wurde einst geschrieben: Damals waren es aber nur die Rosen, die der alte Herr züchtete; die hat er gern hergezeigt. Heute zeigen Politiker gern ihr Privatleben – solange sie glauben, dass es ihnen nutzt. (…) Das macht sie rechtlich nicht schutzlos, aber auf perfide Weise angreifbar, weil Schlüssellochgucker so tun können, als sei ihr Voyeurismus Bestandteil notwendiger Politikbeobachtung (…)." Umgekehrt nutzen Politiker die Gier der Medien nach Lügenskandalen, streuen Halbwahrheiten, plaudern aus und spielen Flüsterpost, um Feinde oder Konkurrenten aus dem Rennen zu werfen – „negative campaigning" heißt dieses Vorgehen, mit dem man den politischen Gegner durch das Aufdecken von Details aus seinem Privatleben auszuschalten versucht, laut dem Göttinger Politikwissenschaftler Peter Lösche eine typisch amerikanische Methode. „Bisher war es bei uns eigentlich Konsens, so etwas nicht zu tun", erklärt Lösche am 16. Januar 2007 in der *Netzzeitung.*

Dass dies nicht unbedingt stimmt, lässt sich erneut am Beispiel der Affäre um Seehofer und seiner Geliebten zeigen: Im Mai 2007 schlug er genau mit den unfairen Mitteln zurück, über die er sich zuvor beklagt hatte, als seine Affäre mit der jungen Berlinerin in die Öffentlichkeit gezerrt wurde. Im Stern droht er politischen Feinden offen mit kompromittierendem Material aus deren Privatleben, das ihm geschasste Geliebte der CSU-Politiker zukommen ließen. Auch das Beispiel des deutschen EU-Kommissars Günther Verheugen macht deutlich, dass „negative campaigning" in Deutschland gang und gäbe ist. 2006 klagte er öffentlich darüber, dass die Beamten in Brüssel frei gewählte Regierungen „arrogant und von oben herab" behandelten und sich die demokratisch legitimierte Kommissionsspitze nicht selten wie „Hausbesetzer" vorkommen müsse. Kurze Zeit später tauchten in *Bild* und *Focus* offensichtlich lancierte Geschichten aus dem Privatleben des widerspenstigen Politikers auf. Man unterstellte ihm eine „geheime Liebesaffäre" mit seiner Kabinettschefin Petra Erler und druckte Urlaubsfotos, die ihn Händchen haltend mit der 48-Jährigen zeigten. Die *FAZ* und einige kleinere Blätter warfen ihm Günstlingswirtschaft vor: Erler sei nur auf den hohen Posten in Brüssel berufen worden, weil Verheugen ein Verhältnis mit ihr habe. Seiner Karriere hat die Affäre nicht wesentlich geschadet, nicht zuletzt deshalb, weil seine Frau hinter ihm stand und die Fotos als „olle Kamellen" bezeichnete. Zudem distanzierten sich zahlreiche Zeitungen und Magazine von der Schmutzkampagne. So wies Ludwig Greven in der *Zeit* 04/2006 darauf hin, dass man „bei der FAZ Verheugens Art, Urlaub zu machen, für geschmacklos halten (mag), und für falsch, wen er für den leitenden Posten auswählte – zudem die Missstimmung zwischen dem Frankfurter Blatt und dem Kommissar schon seit einigen Jahren währt. Verboten ist beides nicht. Wohl auch deshalb verlangte Barroso, was von den verantwortlichen Medien wie der FAZ zu erwarten wäre: das Privatleben eines Politikers zu achten. (…) Festzuhalten bleibt: Einen Skandal gibt es nicht".

Weniger Glück hatte Theo Waigel dreizehn Jahre zuvor; sein Fall erinnert stark an die aktuelle Kampagne gegen Seehofer. Damals konnte sich der damalige bayerische Ministerpräsident Max Streibl wegen der „Amigo-

Affäre" nicht mehr halten – unter anderem hatte er mit seiner Familie auf Kosten eines bayerischen Flugzeugbauers Luxusreisen nach Brasilien und Kenia unternommen. Als mögliche Nachfolger wurden der bayerische Innenminister Edmund Stoiber und Bundesfinanzminister Theo Waigel gehandelt. Während der Entscheidungsphase tauchten in den Medien plötzlich Gerüchte über eine Ehekrise des Katholiken Waigel und seine Liebesaffäre mit der Ski-Rennfahrerin Irene Epple auf. Waigel versuchte, die Wogen mit einer öffentlichen Erklärung zu glätten: Es sei korrekt, dass er von seiner Frau seit mehr als fünf Jahren getrennt lebe – über Irene Epple schwieg er sich aus. Doch da war nichts mehr zu retten, denn ein öffentlich angeprangerter Ehebrecher war für die CSU damals nicht der geeignete Kandidat für das Amt des Ministerpräsidenten, Waigel musste in Bonn bleiben. Die Spitzen von Partei und Landtagsfraktion einigten sich auf Stoiber als Nachfolger von Streibl. Schon vor vierzehn Jahren wurde also „negative campaigning" in der deutschen Politik als Mittel zur Vernichtung eines Gegners angewendet. Heribert Prantls Rat: „Die Lehre lautet: Politiker sollten sich bei der Demonstration von Privatheit zu politischen Zwecken wieder mehr zurückhalten."

Allerdings zeigt sich, dass sich derartige Skandale keineswegs immer so negativ auf die Karriere oder das Ansehen der Amtsträger auswirken wie im Fall Waigel, sondern oft eher nutzen als schaden – bei Seehofer rechnen viele Experten gar mit einem Karriereschub. Der Politikwissenschaftler Heinrich Oberreuter begründet dies damit, dass auch der CSU Menschliches nicht fremd und die Wähler längst säkularisiert seien. „Auch wer stockkatholisch ist, weiß, dass selbst im katholischen Pfarrhaus gesündigt wird", so Oberreuter in *spiegel-online*. Der Politologe Peter Lösche blickt noch tiefer in die bayerische

Männerseele: „Beim bayerischen Spießer kommt das doch gut an. Der bewundert Seehofer für seine vermeintliche Männlichkeit", sagt er in der *Netzzeitung* vom 16. Januar 2007. Viel wahrscheinlicher ist, dass Seehofer über seine eigene Schmutzkampagne stolpert.

Eine ganz ähnliche Entwicklung nahm der filmreife Skandal „Monicagate" um die berühmteste Praktikantin der Welt, Monica Lewinsky. Trotz Falschaussagen unter Eid und obwohl sich Bill Clinton im Laufe der Ermittlungen immer mehr in seine eigenen Lügen verstrickte, stand die amerikanische Bevölkerung nach Abschluss des Amtsenthebungsverfahrens in stärkerem Maße hinter ihrem Präsidenten als zuvor. Im August 1997 war im US-Nachrichtenmagazin *Newsweek* ein Artikel erschienen, in dem Linda Tripp, eine ehemalige Mitarbeiterin im Weißen Haus, behauptet, sie wisse von sexuellen Annäherungsversuchen des Präsidenten an eine ihr bekannte Frau. Das Blatt zitiert in dem Text auch den Clinton-Anwalt Robert Benett mit den Worten „Linda Tripp ist eine Lügnerin". Das ist der Augenblick, in dem Tripp loszieht, sich ein Abhörgerät für 100 Dollar kauft und einen Lauschangriff auf ihre Freundin Monica Lewinsky startet, eine ehemalige Praktikantin im Weißen Haus. Lewinsky berichtet ihrer mütterlich erscheinenden Vertrauten am Telefon ausführlich und offen von der Affäre mit dem Präsidenten. Der Auslöser für Ermittlungen gegen Clinton ist eine Klage wegen sexueller Belästigung von Paula Jones, einer Staatsangestellten, der er in seiner Zeit als Gouverneur von Arkansas begegnet war. Am 7. Januar 1998 sagt Monica Lewinsky unter Eid im Paula-Jones-Verfahren aus und bestreitet eine sexuelle Beziehung zu Clinton. Am 12. Januar übergibt Tripp die heimlich aufgezeichneten Gespräche mit Lewinsky an den Sonderermittler Kenneth Starr. Neben der Schilderung ihrer Affäre mit dem Präsidenten erzählt Lewinsky darauf auch, sie sei von Clintons Freund Vernon Jordan dazu aufgefordert worden, notfalls alles abzustreiten. Fünf Tage später wird Clinton sechs Stunden zu seinem Sexualleben vernommen. Unter Eid verneint auch er eine Affäre mit Monica Lewinsky: „I am going to say this again: I did not have sexual relations with that woman, Miss Lewinsky. I never told anybody to lie, not a single time. Never." Diese drei Sätze werden eine der berühmtesten Lügen der Welt bilden. Ende Juli wird bekannt, dass FBI-Experten ein blaues Kleid von Lewinsky auf verräterische Sperma-Spuren untersuchen. Am 6. August sagt Monica Lewinsky in einer Anhörung vor der sogenannten „Grand Jury" aus, eine 18 Monate dauernde sexuelle Beziehung zu Clinton gehabt zu haben, von ihm aber nicht zum Meineid aufgefordert worden zu sein. Nun gibt auch der Präsident die Affäre zu, betont aber, dass es sich nur um Oralsex gehandelt habe, was seinem Verständnis nach nicht als „sexuelle Beziehung" anzusehen sei – eine Ausrede, über die bis heute gespottet wird. Das Weiße Haus wird von nun an gerne „Oral Office" statt „Oval Office" genannt.

In einer Fernsehansprache am selben Abend betont Clinton, dass er nicht etwa falsche, sondern lediglich unvollständige Aussagen gemacht habe. Er übernimmt in der Rede zwar die Verantwortung für seine moralische Verfehlung, bezeichnet die Beziehung aber nach wie vor nur als unangemessen, nicht als sexuelle Beziehung: „Indeed, I did have a relationship with Ms. Lewinsky that was not appropriate. In fact, it was wrong. It constituted a critical lapse in judgement and a personal failure on my part, for which I am solely and completely responsible." Clinton nennt als Rechtfertigungsgründe für sein Verhalten, dass er seine Familie habe schützen wollen vor ei-

ner – aus seiner Sicht – rein politisch motivierten Schlamm-
schlacht gegen ihn. Das Amtsenthebungsverfahren im
Februar 1999 entscheidet der Senat zugunsten von Clinton. Im Anschluss entschuldigt sich der Präsident noch
einmal öffentlich beim amerikanischen Volk für seinen
Fehltritt und zeigt sich zerknirscht: „I want to say again to
the American people how profoundly sorry I am for what
I said and did to trigger these events and the great burden
they have imposed on the Congress and the American
people." Auch bei seinen Mitarbeitern bittet er in einer
Mail um Verzeihung und dankt ihnen für ihre Loyalität.
In Umfragen zeigt sich die amerikanische Bevölkerung
angeekelt von der Schmutzkampagne der Medien und
der Republikaner gegen Clinton, seine Beliebtheitswerte
steigen. Im Nachhinein kann man sagen, dass ihm der
Skandal trotz aller Lügen nicht geschadet hat. Er ist den
Menschen als reumütiger Ehebrecher, vor allem aber als
innen- und außenpolitischer Reformer im Gedächtnis geblieben. Die außereheliche Affäre holte ihn lediglich von
seinem Sockel herunter, ließ ihn menschlich erscheinen
und bot Platz für Identifikation und Projektion, nach dem
Motto: „Er ist schließlich auch nur ein Mensch."

Auch bei uns sind die Wähler geneigt, ihren Politikern
Sex-Affären und die damit verbundenen Täuschungen zu
verzeihen – die Deutschen sind in dieser Hinsicht sogar
weit nachsichtiger als US-Amerikaner. Trotz der auch bei
uns immer stärker werdenden Personalisierung der Politik sind ein Saubermann-Image und ein tugendhaftes Fa-
milienleben für den Erfolg eines Politikers nicht im gleichen Maße ausschlaggebend wie in den USA. Das liegt
an der höheren Säkularisierung und der geringeren Ideo-
logisierung hierzulande, den weniger rigorosen Moralvorstellungen, aber auch an der nach wie vor existierenden Ansicht vieler Deutscher, dass jemand gute politische

Arbeit leisten kann, obwohl er seinen Partner betrügt. Während viele Deutsche die Sex-Skandale der Politiker mit einem Augenzwinkern abtun, rufen Korruption, Bestechung, Betrug und das Erschleichen handfester finanzieller Vorteile dagegen größte Empörung hervor.

Hertel u. a. schildern in einem Aufsatz des Buches *Verleugnen, Vertuschen, Verdrehen* eine Studie des Allensbacher Meinungsforschungsinstitutes. Dieses legte den Teilnehmern sechzehn verschiedene politische Skandale aus den Jahren 1992/93 vor, über die in den Medien ausführlich berichtet worden war und die deshalb den meisten bekannt sein mussten. Die Befragten sollten die Fälle beurteilen und eine Art Ranking erstellen. Auf Platz eins der Affären-Hitliste kam Ex-Verkehrsminister Günther Krause, der sich seine Putzfrau vom Arbeitsamt hatte sponsern lassen. Von gut 850 D-Mark an Lohnkosten hatten die Krauses 660 D-Mark vom Arbeitsamt zurückerhalten, weil die Putzhilfe als ehemalige Langzeitarbeitslose gefördert wurde. Das war zwar nicht illegal, aber angesichts von Krauses Einkommen sehr fragwürdig. Platz zwei belegte der frühere IG-Metall-Vorsitzende Franz Steinkühler, der sein internes Wissen als Aufsichtsratsvorsitzender von Daimler-Benz für Insider-Geschäfte missbraucht hatte: Er spekulierte mit Mercedes-Aktien im Wert von einer Million Mark und erzielte dabei einen sechsstelligen Gewinn. Auf Platz drei erschien schon wieder der damalige Minister Krause, allerdings mit einem anderen Täuschungsskandal: Der Politiker hatte seinen privaten Umzug von Berlin nach Börgerende in Mecklenburg als dienstlichen Aufwand deklariert und sich die Kosten in Höhe von 6390 D-Mark erstatten lassen. Platz vier ging an Oskar Lafontaine, weil er als amtierender Ministerpräsident des Saarlandes das Ruhegeld des Saarbrücker Oberbürgermeisteramts in Höhe von 22 000

Mark einstrich, obwohl er sich zu diesem Zeitpunkt ja keineswegs im Ruhestand befand, sondern sehr aktiv in Amt und Würden. Der ehemalige bayerische Ministerpräsident Max Streibl erreichte mit seiner Amigo-Affäre Platz fünf. Er hatte dem deutschen Flugzeugbauer Grob beim Bundesverteidigungsministerium lukrative Aufträge verschafft, dafür Parteispenden für die CSU erhalten und sich Familienurlaube in Brasilien und Kenia finanzieren lassen. Besonders interessant ist die Wertung der Befragten bei Oskar Lafontaine: Während 52 Prozent seine unrechtmäßigen Ruhegeldbezüge als skandalös empfinden, sind nur 29 Prozent der Ansicht, dass Lafontaines Kontakte ins Rotlichtmilieu nicht zu einem „anständigen Charakter" passen – die Rotlichtaffäre landet abgeschlagen auf den hinteren Plätzen der Skandal-Hitliste und schadet der Karriere des Politikers nicht. Vielleicht ist es typisch deutsch, für Lügen rund um Sex und Liebe größeres Verständnis zu haben als für Lug und Betrug wegen Geldes. Nicht umsonst ist das Schlagwort „Leistung muss sich lohnen" hierzulande extrem populär. Geld ohne Leistung ist aus deutscher Sicht ungerecht und empört gerade in mageren Jahren weit mehr als der Ehebruch Seehofers oder die Bordellbesuche und Zuhälterfreunde Lafontaines.

Die Boulevard-Medien nutzen die Lust am Skandal in jedem Falle geschickt aus und befeuern das Klischee vom „verlogenen Politiker" immer wieder neu. Man kann sich darüber streiten, wer die Verantwortung für die systematische Skandalisierung der Politik trägt. Sind wir es, die Leser, Hörer und Zuschauer, die wir kaufen, authorchen und einschalten, sobald es um Skandale geht? Reagieren die Medien also nur auf unsere Sensationsgier? Oder ist es umgekehrt: Konsumieren wir notgedrungen, was uns vorgesetzt wird, weil wir gar keine andere Wahl haben?

Weil wir von allen Seiten bombardiert werden mit den neuesten Sexskandalen und Bestechungsaffären? Weil Journalisten keine Schamgrenze kennen und noch nie etwas von Privatsphäre gehört haben? Oder sind es vielleicht die Politiker, die die schöne Medienwelt erst gerne für sich und ihre Ziele nutzen, dafür aber irgendwann die Zeche zahlen müssen? Wie so oft gibt es auch auf diese Frage keine einfache Antwort. All die genannten Aspekte tragen dazu bei, dass man Politik für ein „verlogenes Geschäft" hält und auch in Zukunft halten wird. Daran werden selbst ausgefeilte Imagekampagnen wenig ändern. Die Wahrheit über die Lügenpolitiker lautet anders: Sie sind nicht schlimmere Lügner als der Rest der Bevölkerung, sie sind einfach ganz genau so wie wir alle. Der Unterschied besteht darin, dass ihre Lügen ins Fernsehen und in die *Bild* kommen.

Erst mal alles abstreiten:
Typische Mogelmethoden von Politikern

Immer wenn ein neuer „Skandal" um einen Politiker in den Medien auftaucht, beginnt eine Art Duell und Wettrennen zwischen den beiden Konfliktparteien – dem Politiker und seiner Entourage auf der einen Seite und den Medien auf der anderen. Die Vorgehensweise der Beschuldigten ähnelt sich dabei auffällig. Der Grund dafür liegt auf der Hand: Politiker versuchen über Jahre, in der Öffentlichkeit ein möglichst positives Image aufzubauen – der soziologische Fachbegriff dafür lautet „Selbstbild durch Selbstdarstellung". Dies trifft natürlich nicht nur auf Politiker zu, wir alle sind bemüht, ein bestimmtes Bild von uns zu entwerfen und einen spezifischen Eindruck in unserem sozialen Umfeld zu hinterlassen, der nicht unbedingt mit der Realität übereinstimmen muss. Das kann beispielsweise die „karriereorientierte Singlefrau", „der kompetente Chefarzt", „der lässige Lederjackenträger" oder „die überzeugte Vegetarierin" sein. Sie alle verschweigen oder verbergen Eigenschaften oder biografische Ereignisse, die diesem Bild nicht entsprechen, und betonen diejenigen, die es unterstützen; und sie alle versprechen sich Vorteile von ihrer selbst gewählten Rolle wie etwa Ansehen und Bewunderung, Karrierechancen, ein höheres Gehalt, Erfolg beim anderen Geschlecht oder Gesundheit und ein längeres Leben. Dafür ist die bereits beschriebene Selbstinszenierung des Bundesministers Horst Seehofer als treu sorgender Vater und Ehemann ein gutes Beispiel.

Politiker sind nicht zuletzt durch ihre Medienpräsenz besonders stark von ihrem Selbstbild abhängig, ihr Image ist ausschlaggebend für ihren beruflichen Erfolg, ein Imageschaden kann unter Umständen ihre Karriere kosten oder ihr gesamtes Lebenswerk zerstören, wie der ehemalige Außenminister Joschka Fischer in einem bei Bergmann und Pörksen zitierten Interview betont: „Man ist als Regierungsmitglied immer in einer Doppelrolle. Nämlich Mensch zu sein, aus Fleisch und Blut und gleichzeitig Teil der Repräsentanz der Bundesrepublik Deutschland. (...) Glaubwürdigkeit ist ein hohes Gut. Das bauen Sie über Jahre oder sogar Jahrzehnte hinweg auf, das können Sie aber innerhalb kürzester Zeit ruinieren."

Vor diesem Hintergrund ist es nachvollziehbar, warum die ersten Reaktionen meist aggressiv sind, wenn Politiker von den Medien als „Lügner" und „Betrüger" dargestellt werden; ihre Taktiken in diesem Fall heißen *„Abwertung der Quelle der Kritik"* und *„Verteidigung durch Gegenangriff"*. Genauso reagierte etwa Bill Clinton, als er Anfang 1998 sechs Stunden unter Eid vernommen und zu seinem Intimleben befragt wurde: Er stritt alles kategorisch ab und bezeichnete die Beschuldigungen als Schmutzkampagne politischer Gegner, die ihn als Politiker vernichten wollten. Typisch ist auch, im Verlauf politischer Skandale die eigenen Verdienste immer wieder hervorzuheben – das aktuelle Fehlverhalten soll im Vergleich dazu klein und unwichtig erscheinen. Diese Taktik nennt man „*Integrität darstellen*". Ist der politische Skandal dann schon weiter fortgeschritten, wandelt sich die Vorgehensweise häufig von aggressiver zu defensiver Selbstdarstellung. Der Beschuldigte versucht, sein angeschlagenes Image zu verteidigen, zu retten oder wieder aufzubauen. Die Soziologin Astrid Schütz entwickelte Anfang der neunziger Jahre ein „Stufenmodell defensiver Selbstdarstellung", das sie in Hettlages *Verleugnen, Vertuschen, Verdrehen* skizziert. Mithilfe dieses Modells lassen sich die Reaktionsmuster der Beschuldigten in politischen Skandalen aufzeigen. Demnach ist die Verteidigungstechnik typischerweise so:

- Leugnen („Ereignis X hat nicht stattgefunden!")
- Umdeuten („Ereignis X ist nicht negativ zu werten!" bzw. „Es ist anders als behauptet!")
- Urheberschaft bestreiten („Ich war es nicht!" bzw. „Ein anderer trägt die Schuld!")
- Rechtfertigen („Was ich getan/gesagt habe, war richtig und unumgänglich!")
- Kontrollfähigkeit bestreiten („Ich habe es nicht gewollt!" bzw. „Es ist einfach so passiert!")
- Implikationen minimieren („So etwas mache ich normalerweise nicht!" bzw. „Wer mich kennt, weiß, dass ich nicht so bin!")
- Um Verzeihung bitten

Natürlich handelt es sich bei diesem Stufenmodell um ein theoretisches Konstrukt. Es berücksichtigt nicht, dass bei den Beschuldigten nicht immer nur taktische Erwägungen, sondern auch Gefühle eine große Rolle spielen und das Handeln beeinflussen. In der Realität werden deshalb nicht immer zwingend alle Stufen in genau dieser Reihenfolge durchlaufen; manchmal werden Stufen übersprungen oder zwei Taktiken gleichzeitig angewendet. Oftmals kann man bei politischen Affären auch beobachten, dass der Beschuldigte mit Schweigen reagiert und öffentliche Stellungnahmen komplett verweigert. Üblicherweise streitet der Betroffene jedoch anfangs alles ab und macht so wenige Eingeständnisse wie möglich. Er wird aber darauf bedacht sein, zumindest das zuzugeben, was die Öffentlichkeit schon weiß oder in Kürze erfahren wird.

Zusammen mit den Psychologinnen Daniela Groeschke und Janine Hertel analysierte Astrid Schütz zahlreiche bekannte politische Affären und Skandale. Das Forschertrio bewies, dass das theoretische Stufenmodell häufig verblüffend genau der tatsächlichen Vorgehensweise der Beschuldigten entspricht, wie der Fall Helmut Kohls zeigt. Zur Erinnerung: Am 4. November 1999 erlässt das Amtsgericht Augsburg einen Haftbefehl gegen den ehemaligen CDU-Schatzmeister Walther Leisler Kiep. Ihm wird vorgeworfen, 1991 eine Million Mark erhalten, das Geld aber nicht versteuert zu haben. Der Wirtschaftsprüfer Horst Weyrauch erklärt in seiner Zeugenaussage, die betreffende Summe sei nicht an Leisler Kiep ausgezahlt, sondern auf ein Treuhandkonto der CDU als Parteispende überwiesen worden. Damit geraten die CDU und mit ihr der ehemalige Regierungschef Helmut Kohl in den Fokus der Untersuchung. Am 6. November 1999 erklärt Kohl, von einer Spende in dieser Höhe nichts zu wissen; am

21. November weist er jeden Korruptionsverdacht von sich: „Diese Unterstellungen sind falsch und verleumderisch." Diese beiden ersten Reaktionen lassen sich als „Leugnen" sowie als „Angriff auf die Quelle der Kritik" interpretieren. Am 30. November übernimmt Kohl die politische Verantwortung für die „schwarzen Kassen" der CDU, bemüht sich aber, die Ereignisse in einem anderen Licht erscheinen zu lassen („Umdeuten"): „Eine von den üblichen Konten der Bundesschatzmeisterei praktizierte getrennte Kontoführung erschien mir vertretbar (...) ich bedaure, wenn die Folge dieses Vorgehens mangelnde Transparenz und Kontrolle sowie möglicherweise Verstöße gegen Bestimmungen des Parteiengesetzes sein sollten." In derselben Erklärung versucht er kurze Zeit später, „Implikationen zu minimieren", also darauf hinzuweisen, dass das angeprangerte Verhalten nicht typisch für ihn ist: „Jeder, der mich kennt, weiß, dass ich mich ausschließlich der Verantwortung für das Wohl unseres Landes verpflichtet sah und auch weiterhin sehe."

Mitte Dezember 1999 legt Kohl in der ZDF-Sendung „Was nun?" eine Art Teilgeständnis ab, verteidigt sich aber zugleich mit der Taktik „Urheberschaft bestreiten" – schuld an der Geheimniskrämerei rund um die Spendengelder seien nicht er oder die Schatzmeisterei, sondern die Geldgeber: „Ich habe Spenden entgegengenommen in einem Umfang zwischen 1993 und 1998, der zwischen 1,5 bis 2 Millionen Mark liegt (...) Die Spender haben mir ausdrücklich erklärt, (...) sie geben dieses Geld nur, wenn es, wenn es nicht in die Spendenliste kommt." Er entschuldigt sich auch in dieser ZDF-Sendung: „Das ist der Fehler, den ich gemacht habe, zu dem ich mich bekenne und auch sehr bedaure." Eine weitere „Entschuldigung" folgt am 18. Januar 2000, als Kohl als Konsequenz auf den Parteispendenskandal sein Amt als Ehrenvorsitzender

der CDU niederlegt; zugleich betont er in dieser Erklärung seine Verdienste für Deutschland, nutzt also die klassische Verteidigungstechnik *„Integrität darstellen"*, das Fehlverhalten soll neben den eigenen Leistungen unbedeutend wirken: „Ich habe ihr (der Partei) über vier Jahrzehnte hinweg in wichtigen Ämtern gedient. Dabei habe ich auch Fehler gemacht, zu denen ich mich öffentlich bekannt habe. Ich habe immer versucht, meine Pflicht zu tun." Ähnlich äußert sich Kohl kurze Zeit später in der *ARD*: „Meine ganze Arbeit war ein ganz anderes Ziel, nämlich dem Land zu dienen. (…) Jeder, der mich kennt, (…) weiß, ich bin weder bestechlich, noch nehme ich Geld an, ich bin in meinen privaten Verhältnissen der geblieben, der ich war: bescheiden." Parallel dazu startet er erneut einen *„Angriff auf die Quelle der Kritik"*, indem er den Medien eine gezielt gegen ihn gerichtete, ungerechtfertigte Schmutzkampagne vorwirft: „Was Sie da tun, und das wissen Sie, das ist nichts anderes als eine Hetzjagd rund um die Uhr. Das machen Sie mit mir nicht." Immer noch weigert er sich, die Namen der Geldgeber zu nennen. Er beruft sich dabei auf sein „Ehrenwort", das er den Spendern gegeben habe. Im März beginnt Kohl damit, eine Millionensumme für seine Partei zu sammeln; er will so den finanziellen Schaden begrenzen, welcher der CDU durch ein Bußgeld drohen könnte. Mit dieser Sammelaktion und seiner öffentlichen Entschuldigung sieht er die Sache für sich als erledigt an und lässt von nun an Medienkontakte von seinen Anwälten regeln. Im März 2001 verkündet das Bonner Landgericht, dass das Ermittlungsverfahren gegen die Zahlung einer Geldbuße in Höhe von 30 000 D-Mark eingestellt wird. Kohl akzeptiert, und die Staatsanwaltschaft beendet die Ermittlungen. Helmut Kohl durchlief während der Parteispendenaffäre somit fast alle Stufen des Modells der „defensiven

Selbstdarstellung": *„Leugnen", „Umdeuten", „Urheber-schaft bestreiten", „Implikationen minimieren"* und *„Um Verzeihung bitten"*; er nutzte auch eine sogenannte „as-sertive Technik" wie *„Integrität darstellen"*, mit deren Hilfe man einen positiven Eindruck hinterlassen will; ebenso setzte er aggressive Techniken ein wie die *„Abwer-tung der Quelle der Kritik"* oder den *„Gegenangriff"*.

Ein weiteres Beispiel, an dem sich das Modell der „de-fensiven Selbstdarstellung" gut nachvollziehen lässt, ist die „Traumschiffaffäre"; sie zwang den damaligen Minis-terpräsidenten Baden-Württembergs, Lothar Späth (CDU), 1991 zum Rücktritt. Der Skandal nahm seinen Anfang mit einer Aussage von Helmut Lohr, dem ehemaligen Chef der Firma Standard Elektrik Lorenz AG *(SEL)*. In einem Ge-richtsverfahren wegen Steuerhinterziehung musste Lohr zugeben, Späth samt Familie zu Luxusjachtreisen in der Ägäis eingeladen und die Kosten als „Repräsentations-aufwand" von der Steuer abgesetzt zu haben. Lohr und Späth waren seit vielen Jahren befreundet. Die ersten Reaktionen des baden-württembergischen Landesvaters auf Berichte in den Medien und auf Rechercheanfragen der Journalisten waren *„Schweigen"* und *„Leugnen"*. Er selbst äußerte sich nicht, ließ aber den Sprecher des Mi-nisteriums zu Wort kommen: „Man sollte nicht so tun, als ob sich der Ministerpräsident da zu rechtfertigen habe", zitierte ihn die *Stuttgarter Zeitung*. Einige Tage später gibt Späth die Reisen zu, bedient sich dabei aber der Verteidi-gungstechniken *„Umdeuten"* und *„Urheberschaft be-streiten"*: Der Ministerpräsident erklärt, er hätte die Einla-dung nicht angenommen, wenn er gewusst hätte, dass die Kosten von der Firma SEL getragen wurden. Er habe die Einladungen für einen Freundschaftsdienst gehalten (*„Umdeuten"*). Zudem sei der Kontakt zu Familie Lohr 1990 ohnehin abgebrochen, weil der Unternehmer plötzlich Gegenleistungen für die Reisen gefordert habe („*Urheberschaft bestreiten*"). Späth nutzt die Gelegenheit, in seiner Erklärung auch noch die „*Implikationen zu minimieren*", indem er betont, er habe Lohrs Ansinnen empört zurückgewiesen und sei von da an auf Distanz gegangen, getreu dem Motto: „So etwas würde ich nie tun!"

In den folgenden Wochen kommen immer neue Details über Späths Traumurlaube auf Kosten verschiedener Firmen ans Tageslicht. Der Ministerpräsident hatte sich Reisen nach Manila, Hongkong, Indonesien, Mexiko, Malaysia und Singapur finanzieren lassen, sogar einen Ponyhof-Aufenthalt seiner kleinen Tochter. Zudem kommt heraus, dass Späth bei einigen Reisen einen Pass unter falschem Namen verwendet hatte, wahrscheinlich, um nicht unter Korruptionsverdacht zu geraten. Späth erklärt die Geheimnistuerei damit, dass er häufig ohne Begleitschutz im Ausland herumgereist sei; die Decknamen und falschen Papiere seien Sicherheitsmaßnahmen gewesen, die der Landespolizeipräsident verlangt habe („*Umdeuten*", „*Urheberschaft bestreiten*"). Gegenüber Journalisten leugnet Späth mehrfach seine „*Kontrollfähigkeit*": Als Ministerpräsident könne man gar nicht anders, als Einladungen anzunehmen, wenn man mit Wirtschaftsvertretern zu tun habe. Mit einem vollen Terminkalender wie dem seinen gebe es gar keine andere Möglichkeit, als dann und wann Firmenflugzeuge zu nutzen, so Späth. Zugleich fand er „*Rechtfertigungsgründe*" für sein Verhalten: Die Karibikreise mit dem Unternehmer Max Grundig auf dessen Luxusjacht sei aus seiner Sicht völlig in Ordnung gewesen, schließlich habe er auf dem Schiff wichtige Investitionsprojekte für Baden-Württemberg vereinbaren können. Letztlich macht sich Späth über die Vorwürfe der Presse lustig und versucht sie ad absurdum zu führen: „Soll ich denn fragen, ob ich mich am Dieselkraftstoff beteiligen soll?", sagt er in einer Pressekonferenz und fügt hinzu, er sei im Übrigen schon „auf schöneren Schiffen gewesen!". Am 13. Januar 1991 muss Lothar Späth zurücktreten, Ende Juli gibt er auch sein Landtagsmandat ab und verzichtet auf eine erneute Kandidatur als CDU-Landesvorsitzender. Während der ganzen Affäre hatte er demonstrativ vermieden, von einer gezielten Medienkampagne gegen ihn zu sprechen. Seinen Rücktritt begründet er dann aber mit den Worten: „Ich bin Opfer einiger, die es geschafft haben, mich niederzumachen. Ich hatte keine faire Chance" – ein klassischer „Angriff des ‚Opfers' auf die Quelle der Kritik", wie man ihn auch bei Helmut Kohl während der Parteispendenaffäre häufig beobachten konnte.

Die negativen Auswirkungen für Späth hielten sich wie bei Kohl in Grenzen. Von einem Untersuchungsausschuss des baden-württembergischen Landtages wurde Späth nicht zuletzt dank der CDU-Mehrheit von jeder persönlichen Schuld freigesprochen. Nach dem vorläufigen Ende seiner politischen Tätigkeit wechselte er in die Wirtschaft und war als Chef der *Jenoptik AG* sehr erfolgreich; er moderierte eine Talkshow auf *ntv* und ist derzeit in verschiedenen Aufsichtsräten und Vorstandsetagen diverser Unternehmen aktiv; im Wahlkampf 2002 saß er als potenzieller Wirtschaftsminister im Schattenkabinett von Edmund Stoiber. Somit hatte auch Späth mit seiner Verteidigungsstrategie Erfolg: Sein Image hat nur einige Kratzer abbekommen, aber nicht wirklich gelitten; seine Karriere konnte er nahtlos in der Wirtschaft fortsetzen; nachdem genügend Gras über den Skandal gewachsen war, erhielt er sogar neue Chancen in der Politik. Das „Modell der defensiven Selbstdarstellung" ist offensichtlich eine äußerst erfolgreiche Verteidigungstechnik für Politiker.

Aber nicht nur Politiker, auch ganz normale Allerweltslügner – wir alle also – gehen häufig nach diesem Muster vor. Etwa der kleine Junge, der neben der zerbrochenen Vase erwischt wird:

- „Ich hab sie nicht runtergeworfen!" (*Leugnen*)
- „Sie lag schon so da, als ich ins Wohnzimmer kam!" (*Umdeuten*)
- „Ich war's nicht! Sandra war's!" (*Urheberschaft bestreiten*)
- „Die steht da aber auch so blöd, dass man dranstoßen muss!" (*Rechtfertigen*)
- „Ich bin über den Teppich gestolpert!" (*Kontrollfähigkeit bestreiten*)
- „Ich schmeiße sonst nie was runter! Ich bin immer vorsichtig!" (*Implikationen minimieren*)
- „Es tut mir leid!" (*Um Verzeihung bitten*)

Oder der ertappte Ehemann, der zwar seit Längerem eine Geliebte hat, aber zunächst alles „*leugnet*": „Da ist nichts mit einer anderen Frau!" Sobald die Beweise erdrückend werden, versucht er, die Sache abzuwiegeln, indem er die Strategie des „*Umdeutens*" anwendet: „Es stimmt, ich habe mit ihr geschlafen, aber nur einmal. Ich betrüge dich nicht seit Monaten, es war ein einmaliger Ausrutscher!" Parallel dazu bietet es sich an, die „*Urheberschaft bestreiten*", also in diesem Fall die Schuld von sich zu weisen: „Sie hat mich regelrecht verführt! Ich habe das nicht gewollt!" Hören die Vorwürfe der betrogenen Ehefrau immer noch nicht auf, reagiert er eventuell mit einer „*Rechtfertigung*": „Kein Wunder, dass ich fremdgehe, du interessierst dich ja nur noch für deinen Job! Ich habe mich nach Nähe und Wärme gesehnt!", oder er bestreitet seine „*Kontrollfähigkeit*": „Ich war völlig betrunken, ich hatte mich nicht mehr unter Kontrolle!" Will er das Vertrauen zurückgewinnen, sollte er die Technik des „*Implikationen-Minimierens*" anwenden: „Du weißt genau, dass ich kein Casanova bin, ich war dir bisher immer treu!" Zu guter Letzt folgt die *„Entschuldigung"*: „Es tut mir leid, bitte verzeih mir. Es wird nie wieder passieren!" Jede Stufe kann er mit assertiven oder aggressiven Techniken kombinieren – zum Beispiel das anfängliche *Leugnen* mit einem *„Angriff auf die Quelle der Kritik"*: „Du weißt genau, welche Lügen X über andere verbreitet. Sie ist einfach eifersüchtig, weil sie selbst keinen abkriegt!" Das *„Bestreiten der Kontrollfähigkeit"* lässt sich in diesem Fall gut mit der Strategie *„Integrität darstellen"* verbinden: „Du weißt, dass ich nie trinke, ich war immer für dich und die Kinder da. Jetzt habe ich einmal über die Stränge geschlagen, war völlig betrunken und habe einfach die Kontrolle verloren! Aber ich liebe dich und brauche dich!"

Diese Strategie führt nicht nur bei öffentlich inszenierten Lügenskandalen, sondern auch im Privatleben durchaus zum Erfolg. Opfer von Lug und Trug scheinen sich eher mit einer Täuschung abzufinden, wenn ihnen die Wahrheit häppchenweise serviert wird. Dadurch können sie sich langsam an die unangenehme und emotional aufwühlende Situation gewöhnen. Erklärungen, Rechtfertigungen und Entschuldigungen des Täters ermöglichen es dem Opfer, das Gesicht zu wahren. Sie eröffnen auch eine Chance zur Selbsttäuschung, wie etwa: „Eigentlich bin ich selbst schuld an seiner Untreue, ich habe mich nur um meine Karriere gekümmert" oder „Wenn man betrunken ist, kann so was schon mal passieren". Während allerdings bei Polit-Profis davon auszugehen ist, dass sie über ein gutes Krisenmanagement, gute Berater und Spindoktoren verfügen und somit bewusst eine derartige Verteidigungsstrategie verfolgen, durchlaufen wir im normalen Leben die Stufen wohl eher unbewusst und ohne Planung. Aber doch auch mit der Hoffnung, ungeschoren davonzukommen.

Echt falsch: Die Wahlkampflügen

„Es ist unfair, die CDU und die SPD an ihren Wahlkampf-
versprechen zu messen", klagte Franz Müntefering,
Vizekanzler und Arbeitsminister, während der Koalitionsverhandlungen im Sommer 2006. Der saarländische
Ministerpräsident Peter Müller erklärte etwas vorsichti-
ger in einem Interview mit der *FAZ* im Jahr 2002, dass Politik „möglicherweise manchmal vor der Herausforderung (steht), auf die Dokumentation von Wahrheit zu
verzichten, um die Mehrheit nicht zu gefährden". In jedem
Wahlkampf sind wir mit vollmundigen Versprechen, Halbwahrheiten, Über- und Untertreibungen konfrontiert. So
versprach etwa Helmut Kohl, die Arbeitslosigkeit bis zum
Jahr 2000 zu halbieren; Gerhard Schröder machte seine
Wiederwahl davon abhängig, dass es unter seiner Regierung gelänge, die Erwerbslosenzahlen unter 3,5 Millionen zu senken. Stattdessen stiegen bei beiden die Zahlen
enorm an. Dass man endlich ein Rezept gegen die Arbeitslosigkeit gefunden habe, scheint eine Pflichtlüge für
alle Politiker zu sein. Ihr Einfluss auf die wirtschaftliche
Lage ist in den Zeiten der Globalisierung begrenzt, dennoch müssen sie ihn groß herausstellen. Aus Sicht der
Wahlkämpfer sind Lügen unumgänglich, um Mehrheiten
und damit Macht zu gewinnen. Und nur wer Macht hat,
kann regieren, gestalten und verändern – oder sich zumindest sein Pöstchen sichern.

„Wahlkampf ist Wahlkampf", sagt dazu der ehemalige
Außenminister Joschka Fischer in einem Interview bei
Bergmann und Pörksen. Er hält den Wahlkampf für eine
Ausnahmesituation, in der vieles möglich, nötig und erlaubt ist, was sonst nicht geht. Auch nach Meinung der
meisten Wahlforscher hat eine Partei ohne solche Lügen
nicht die geringste Chance, gewählt zu werden. „Wahlen

sind weniger denn je ein Mittel, um ein Programm durchzusetzen, programmatische Aussagen sind vielmehr das
Spielmaterial, mithilfe dessen Parteien an die Regie-
rungspositionen kommen wollen. Es geht um nichts: außer um die Macht. (...) Wahlkämpferische Übertreibungen werden ohnehin schon in den ersten Wochen nach
der Wahl zurückgenommen, wenn der erste ‚Kassasturz‘
gemacht wird“, meint dazu der Soziologe Manfred Pri-
sching.

Praktisch alle Politiker, Journalisten und Wissenschaftler gehen davon aus, dass die Mehrheit der Bürger das
stark ritualisierte Wahlkampf-Lügentheater durchschaut
und es als lästige, aber notwendige Selbstverständlichkeit ansieht. So schreibt etwa Robert Birnbaum im Berliner *Tagesspiegel* am 3. Juli 2003 über den Lügenausschuss nach der Bundestagswahl 2002: „Im Privatleben
ist einer ein Lügner, der nur die für ihn selbst günstige
Hälfte der Wahrheit sagt. Vor Gericht ist das gleiche Verhalten das verbriefte Recht des Angeklagten. Die Politik
liegt irgendwo dazwischen: Komplette Unwahrheit wird
bestraft, aber die komplette Wahrheit erwartet niemand.“
Doch das stimmt nicht in jedem Fall: Viele Bundesbürger,
vor allem politisch weniger gebildete oder uninteres-
sierte, nehmen die Versprechen der Politiker ernst und
machen ihre Entscheidung in der Wahlkabine davon abhängig. Argumente und Auftreten der Kandidaten werden keineswegs als reine Inszenierung zum Stimmenfang
gesehen.

Nach der Auswertung der Bundestagswahlen von 2002
stellten Wahlforscher fest, dass die Bürger heute sehr viel
flexibler wählen als früher, immer öfter geben kurzfristige
Faktoren wie etwa die TV-Kanzlerduelle den Ausschlag
für Erfolg oder Scheitern – und damit auch die oft falschen
Versprechen der Wahlkämpfer. 2005 trat Schröder als me-

dialer Charismatiker mit Machocharme und Kanzler-Bonus gegen eine demonstrativ nüchtern und rational argumentierende Angela Merkel mit protestantischer Demutsethik an, die dem deutschen Volk „dienen" wollte. Den Wählern war dabei nicht unbedingt klar, dass hier nicht zwei Politiker ehrlich ihre Meinung sagten, sondern Rollen spielten, die Wahlkampfstrategen zuvor entwickelt hatten. Nicht jeder Bundesbürger weiß, dass man Wahlkampf heutzutage durchaus mit Werbung für Joghurt oder Autos vergleichen kann. Das erklärt den großen Erfolg des „Steuersongs" des Schröder-Imitators Elmar Brand, der den Frust und die Empörung über nicht eingehaltene Wahlversprechen zum Ausdruck bringt:

„Mit Umsatz- und Getränkesteuer / mach ich zwar das Bierchen teuer, / doch das ist mir noch zu wenig! / Denn nun habt ihr mich gewählt / und jetzt habt ihr den Salat. / Ich bin noch mal 'n paar Jahre Kanzler! / Was du heute kannst versprechen, / darfst du morgen wieder brechen / (…) / Ich erhöh euch die Steuern! / Gewählt ist gewählt / ihr könnt mich jetzt nicht mehr feuern / das ist ja das Geile / an der Demokratie!"

Nicht eingehaltene Wahlversprechen lösen in weit größerem Maße Politik- und Parteienverdrossenheit aus, als sich das manche Politiker klarmachen. Aktuelles Beispiel ist die dreiprozentige Mehrwertsteuererhöhung der Großen Koalition. Die Partner hatten vor der Wahl keine bzw. nur eine zweiprozentige Erhöhung angekündigt. Gerade wenn es ums Geld geht, sind die Deutschen aber nur sehr begrenzt bereit, Über- und Untertreibungen oder Halbwahrheiten zu akzeptieren. Aber auch die Lüge der „blühenden Landschaften" nahm man Kohl sehr übel.

Gründe für Wahlkampflügen finden die Wahlkämpfer

zuhauf: etwa die Komplexität politischer Arbeit, die man dem Wähler nur schwer vermitteln könne. So antwortet der ehemalige PDS-Politiker und jetzige Fraktionsvorsitzende der Linkspartei Gregor Gysi in einem Interview auf die Frage, ob man es Wählern nicht zutrauen könne, sich selbst ausreichend über Politik zu informieren: „Diese Sicht ist arrogant. Ich mache den ganzen Tag nichts anderes, als mich um Politik zu kümmern. Eine Verkäuferin kann das nicht. Die sitzt acht Stunden an der Kasse und schafft es abends vielleicht, zehn Minuten Nachrichten zu schauen (…). Dort muss ich ihr eine Botschaft übermitteln, die sie auch verstehen kann, denn diese Frau geht wählen." Ein anderer, immer wieder genannter Grund sind die Medien, die zu einer Verknappung, Vereinfachung und Zuspitzung komplizierter Inhalte zwingen, selbst die als seriös geltende *Tagesschau* mit ihrer maximalen Beitragslänge von einer Minute dreißig: „Ich kann in einer Minute dreißig nicht erklären, wie ich Arbeitslosigkeit wirksam bekämpfen will. Dann muss ich, dann muss jeder Politiker oberflächlich werden", erklärt Gysi im selben Interview. Der ehemalige Bundesaußenminister Joschka Fischer spricht vom „magischen Element", das politischem Handeln innewohnt, und bezeichnet rückblickend einen großen Teil seiner politischen Arbeit als „Regentanz": „Den müssen Sie immer dann für die Öffentlichkeit aufführen, wenn Sie eigentlich nicht agieren können."

Es scheint also nicht zu gehen ohne Wahlkampflügen. In jedem Wahlkampf ist es aber auch üblich, die jeweiligen Gegner der Lüge zu bezichtigen, das gehört dazu und ist nichts weiter als ein Ritual. Absurd wird die Situation allerdings dann, wenn man die Wahlkampflügen der gegnerischen Parteien als scharfe Waffe *nach* den Wahlen einsetzt, wie im Fall des „1. Untersuchungsausschusses der 15. Wahlperiode des Deutschen Bundestages", umgangssprachlich schlicht „Lügenausschuss" genannt. Er wurde am 2. Dezember 2002 von der Bundestagsfraktion der CDU/CSU beantragt und befasste sich mit dem Vorwurf, die Regierung unter Gerhard Schröder habe schon lange vor der Wahl 2002 gewusst, dass das Defizit des Bundeshaushaltes die Prognosen übersteige, die Maastricht-Kriterien deshalb nicht eingehalten werden könnten und dass Steuererhöhungen deshalb unumgänglich seien. Am 23. November 2003 legte der Ausschuss seinen Abschlussbericht vor, und was herauskam, dürfte keinen überrascht haben: Es habe keine geheime Absprache der Regierenden gegeben, dem Volk im Wahljahr die Wahrheit zu verschweigen. Aber die Regierung habe den Bürgern im Wahlkampf nicht die ganze Wahrheit über die Finanzlage offenbart, sondern nur die guten Aspekte. Sie verschwieg beispielsweise, dass die Fachleute um Finanzminister Hans Eichel schon Mitte Juli einen Anstieg der Neuverschuldung auf 33 Milliarden Euro vorausgesagt hatten; Eichel selbst sprach im September immer noch von 21,1 Milliarden. Diese Vorgehensweise ist klassischer Wahlkampf, mit diesen oder ähnlichen Lügen haben alle Parteien irgendwann schon einmal operiert. Darum war der Lügenausschuss und seine Suche nach der Wahrheit eine besonders verlogene Angelegenheit, versuchte doch die Opposition damit den Anschein zu erwecken, im Wahlkampf generell viel „ehrlicher" zu sein. Wirklich gebracht hat der Ausschuss nichts, beide Seiten haben den Abschlussbericht in ihrem Sinne interpretiert und als Sieg über die Gegner gefeiert. Das wird keineswegs, wie etwa Hans-Jürgen Leersch von der Tageszeitung *Die Welt* am 4. Juli 2003 schreibt, dazu führen, dass Regierungen „in Zukunft bei ihren Wahlaussagen mehr Vorsicht walten lassen" werden. Die einzige Konsequenz wird wohl ein weiterer Anstieg der Politikverdrossenheit der Bürger sein, die diese Widersprüche nicht mehr nachvollziehen können: Politiker halten Wahlkampflügen für unvermeidlich, erklären sie aber nach der Wahl in einem Lügenausschuss zu einem verdammenswerten Vergehen der Gegenseite.

Doch die Wähler schlagen mit den gleichen Mitteln zurück, sie lügen während des Wahlkampfes. Das behauptet zumindest der Chef des Meinungsforschungsinstitutes Vox Populi in der *Netzzeitung* vom 18. September 2005. Er erklärt damit die falschen Prognosen vor der Bundestagswahl 2005: „Wir haben ein neues Phänomen: Ein Teil der Wähler verbirgt seine wahren Absichten. Deshalb geben die Meinungsumfragen nur noch wieder, was die Leute am Telefon sagen, aber nicht mehr, was sie wirklich meinen und wirklich tun."

Verlogenes entlarven

Weder kurze Beine noch lange Nasen:
Warum man Lügnern das Lügen nicht ansieht

In meinem Freundes-, Bekannten- und Kollegenkreis sind alle der Meinung, sie würden sofort merken, wenn jemand lügt. Auch ich selbst hielt mich bisher für unschlagbar, wenn es darum geht, zu erkennen, ob man mich anschwindelt. In einem Leserbrief an den *Spiegel*, eine Reaktion auf einen Artikel über die neuesten Erkenntnisse des amerikanischen Lügenforschers Paul Ekman im Januar 2007, schrieb der Leser Axel Mende: „Fast jeder Mensch mit gesundem Verstand, sozialem Interesse und Aufmerksamkeit kann seinem Gegenüber nachempfinden und erahnen, was dieses bewegt. Das braucht man nicht wissenschaftlich beweisen." Leider irrt Axel Mende genau wie meine Freunde, Bekannten, Kollegen und ich selbst. Die meisten von uns sind erbärmlich schlecht darin zu erkennen, was in anderen vorgeht, und erst recht darin zu merken, ob wir belogen werden. Die amerikanische Psychologin Bella DePaolo hat Hunderte Studien analysiert, die sich mit dem Thema Lügenerkennung beschäftigten. Ihr Fazit lautet, dass wir aufmerksam beobachten und hinhören können, verbale und nonverbale Hinweise auswerten, abwägen, aufrechnen und auflisten – oder einfach eine Münze werfen. Die Wahrscheinlichkeit, einen Lügner zu ertappen, ist bei beiden Vorgehensweisen ungefähr gleich hoch. Wissenschaftler haben sogar festgestellt, dass wir uns vor allem dann irren, wenn wir uns unserer Sache dank küchenpsychologischer Kenntnisse besonders sicher sind. Eine Freundin erzählte mir von einer wichtigen Konferenz, zu der sie ein neues, sehr auffälliges rotes Sommerkleid trug. Das Kleid war trägerlos, und meine Freundin hatte es an diesem Tag zum ersten Mal an. Darum bemerkte sie zu spät, dass es beim Sitzen nach unten rutschte, wenn sie sich bewegte oder nach vorne beugte, und viel zu tiefe Einblicke in ihren Ausschnitt gewährte. Während der gesamten Konferenz saß sie mit verschränkten Armen, steif, angespannt und unbeweglich auf ihrem Stuhl, um einen unfreiwilligen Striptease zu vermeiden. Später machte ihr die Vorgesetzte den Vorwurf, sie sei bei der Beurteilung der Vorschläge der anderen Konferenzteilnehmer nicht offen und ehrlich gewesen, ihre Körpersprache habe sie verraten. Eine typische Fehlinterpretation: Die Vorgesetzte hatte meiner Freundin angemerkt, dass sie sich unwohl fühlt, die Zeichen dafür – wie etwa die verschränkten Arme und die Anspannung – aber fälschlicherweise als Hinweise für mangelnde Offenheit und Ehrlichkeit gedeutet.

Weder das Lebensalter noch das Geschlecht, weder die Ausbildung noch die Berufserfahrung und erst recht nicht ein enges Verhältnis zum Gesprächspartner haben einen entscheidenden Einfluss darauf, ob wir Lügnern leicht auf den Leim gehen oder nicht; nicht einmal Fachleute, die sich mit der menschlichen Psyche auskennen sollten, sind davor sicher. Ein berühmt-berüchtigtes Experiment zu diesem Thema ist die „Rosenhan-Studie", die Anfang der siebziger Jahre durchgeführt wurde. Der amerikanische Psychologie-Professor David Rosenhan schickte Pseudopatienten in psychiatrische Anstalten, wo sie vorgaben, eine körperlose Stimme zu hören, die beständig die Worte „leer", „hohl" und „plumps" sagt. Abgesehen davon sollten sie sich völlig normal verhalten und ehrlich über sich

Auskunft geben. Die Ärzte diagnostizierten bei allen schwerwiegende psychische Probleme und wiesen sie in die Anstalten ein. Die kerngesunden „Patienten" – fünf Männer und drei Frauen aus unterschiedlichen Berufen – beschränkten ihre Schauspielerei auf das Aufnahmegespräch in der jeweiligen Klinik, danach hörten sie nach eigener Auskunft keine Stimmen mehr. Trotzdem wurde kein Einziger durch das medizinische Personal als Simulant entlarvt. Die echten Patienten waren nicht so leichtgläubig: Einige äußerten den Verdacht, dass die Neuzugänge geschauspielert hatten – aber keiner hörte auf sie. Die Pseudopatienten blieben zwischen sieben und 52 Tagen in der Psychiatrie, noch bei ihrer Entlassung diagnostizierte man „abklingende Schizophrenie". Nach der Veröffentlichung seines wissenschaftlichen Streichs kündigte Rosenhan an, ihn in absehbarer Zeit zu wiederholen. Daraufhin wurden plötzlich viele Personen in Kliniken als Pseudopatienten entlarvt – obwohl der Wissenschaftler gar keine mehr losgeschickt hatte.

Bei einem relativ aktuellen Experiment aus dem Jahr 1991 verglichen die Psychologen Paul Ekman und Maureen O'Sullivan, wie gut Angehörige bestimmter Berufsgruppen Täuschungen entlarven können. Sie wählten dafür Probanden aus, denen man von Berufs wegen nachsagt, darin besonders begabt zu sein, wie etwa Geheimdienstmitarbeiter, Polizisten aus dem Raub- und Morddezernat, Richter, Psychiater, aber auch, als eine Art Kontrollgruppe, interessierte Laien und Studenten. Am besten schnitten die Geheimdienstangehörigen ab: Bei ihnen lag der Prozentanteil richtig erkannter Täuschungen immerhin bei 64 Prozent. Am schlechtesten waren die Studenten mit 53 Prozent. Alle anderen landeten bei Werten zwischen 55 und 57 Prozent und hätten, wie von Bella DePaolo angemerkt, genauso gut raten können, anstatt auf nonverbale Zeichen oder verdächtige Hinweise in der Lügengeschichte zu achten, schließlich ist die Trefferquote beim Raten mit 50 Prozent nur unwesentlich niedriger. Bei diesem erstaunlich schlechten Ergebnis darf man zudem nicht vergessen, dass die Versuchspersonen weit bessere Voraussetzungen hatten als wir im normalen Alltagsleben, denn sie *wussten*, dass man sie im Rahmen des Experimentes gleich belügen würde, sie waren also mit Sicherheit achtsamer und aufmerksamer als normalerweise.

Auch wir wissen eigentlich, dass wir jeden Tag belogen werden. Trotzdem rechnen wir nicht permanent damit, sondern gehen davon aus, dass unser jeweiliger Gesprächspartner bei der Wahrheit bleibt. Denn Misstrauen ist anstrengend für Körper und Geist: Die Adrenalinausschüttung steigt, das Herz schlägt schneller, wir gucken genauer hin, hören aufmerksamer zu, wittern beständig Verdächtiges oder gar Unheil, machen uns zu viele Gedanken und Sorgen oder schlafen schlechter. Vor allem aber haben wir weniger Zeit und Kraft, uns auf anderes, womöglich weit Wichtigeres zu konzentrieren, wenn wir dauernd auf der Lügenlauer liegen. Hinzu kommt, dass wir darauf programmiert sind, sehr schnell auf Reize zu reagieren, denn auch für unsere Vorfahren war dies eine überlebenswichtige Eigenschaft. Wer damals im Überlebenskampf zu lange überlegte und abwog, war womöglich tot, bevor er zu Ende denken konnte. Darum fallen wir auch auf falsche Reize schnell herein, etwa ein nettes, aber falsches Lächeln, auf kornblumenblaue Kontaktlinsen in eigentlich putzwasserfarbenen Augen oder auf ein nicht ernst gemeintes Kompliment.

Aber das ist noch nicht alles: Wir bemerken so selten, dass wir beschwindelt werden, weil wir oft belogen werden *wollen*, auch wenn das erst mal jeder abstreitet. Wir erwarten von der Jeans-Verkäuferin zwar Ehrlichkeit, ärgern uns aber, wenn sie sagt: „Für diese Hose braucht man längere Beine." Wir fragen nach der Meinung unseres Friseurs und sind sauer über seine Antwort: „Für Ihr Alter haben Sie wirklich einen hohen Grauanteil im Haar." Wir bitten den Kollegen um eine schonungslose Beurteilung unseres Abschlussberichtes und sind beleidigt, dass er so oft den Rotstift ansetzt. Dem Klassenlehrer, der unserem Kind eröffnet, dass es sich mit diesen miesen Noten das Abitur und den Traumberuf abschminken kann, werfen wir in der Sprechstunde mangelnde Sensibilität vor. Die eindringlichen Ratschläge unseres Arztes, uns gesünder zu ernähren und ein weniger stressiges Leben zu führen, verdrängen wir erfolgreich. Den Politiker, der angesichts leerer Kassen Kürzungen, Steuererhöhungen und Sparzwang ankündigt, wählen wir lieber nicht. Wie würden wir wohl auf die Sekretärin reagieren, die uns am Telefon unverblümt sagt: „Herr Krämer hat im Moment nicht die geringste Lust, mit Ihnen zu sprechen, er hat Wichtigeres zu tun. Er knutscht wieder mal mit der neuen Praktikantin." Ist uns da der Satz „Herr Krämer ist gerade in einer Besprechung" nicht sehr viel lieber? Die Wahrheit über die Wahrheit ist: Wir wollen sie, aber bitte nicht zu viel davon. Wir wünschen sie uns, ohne in der Lage zu sein, sie zu ertragen. Dies scheint ein in *Gehirn und Geist* (04/2006) wiedergegebenes Experiment des Emotionsforschers Julian Paul Keenan von der Montclair State University in New Jersey aus dem Jahr 2004 zu bestätigen. In seinen Tests ließ er 34 Studentinnen Männer einschätzen, die sich als besonders attraktiv und erfolgreich darstellten. So behauptete einer, einen Ferrari zu besitzen, ein anderer gab sich als reicher Unternehmer aus. Es stellte sich heraus, dass die Singles unter den Studentinnen weitaus besser in der Lage waren, die Lügner zu entdecken als Probandinnen mit einer festen Beziehung. Keenan zog nach seinen Experimenten den Schluss, dass Frauen eine feine Antenne für männliche Mogler besitzen, sie aber nur bei Bedarf einsetzen. In einer festen Partnerschaft, so Keenans Vermutung, seien Frauen weniger motiviert, ihr Lügenradar einzuschalten, weil sie sich dann für einen Mann entschieden hätten und das Aufdecken einer Täuschung die Beziehung gefährden könne. Also schalten sie ihren eingebauten Lügendetektor einfach aus und akzeptieren die Lüge. Kein Wunder also, dass wir Wahrheitsapostel nicht leiden können. Ein kaukasisches Sprichwort rät: „Wer die Wahrheit sagen will, sollte sein Pferd gesattelt lassen." Und Papst Paul IV. (1476–1559) wusste schon im Mittelalter: „Die Welt will getäuscht werden, also wird sie getäuscht."

Aber keine Sorge, es gibt noch andere Gründe für unsere Unfähigkeit, Lügner zu entlarven – und sie sprechen uns von der Alleinschuld frei. Der wichtigste ist, dass kein einziges eindeutiges, allgemeingültiges Zeichen existiert, mit dem sich ein Lügner verrät – keine Geste, kein Gesichtsausdruck, keine Fußstellung oder Handhaltung, kein Muskelzucken; auch die Stimmhöhe, eine veränderte Sprechweise, viele Versprecher oder „Ähs", wenig Augenkontakt, Schweiß auf der Stirn oder Nervosität sind keine sicheren Beweise für eine Täuschung. Obwohl das genau die Dinge sind, die uns misstrauisch machen: „Ich hör's an seiner Stimme", „Sie spricht dann viel schneller", „Er reibt sich am Hals", „Sie kann die Füße nicht stillhalten", „Lügner können einem nicht in die Augen sehen", „Er fängt an zu stottern" sind typische Antworten, wenn man im Bekanntenkreis selbst ernannte Lügendetektive fragt. Regelmäßig findet man in Zeitungen, Zeitschriften oder im Internet angeblich unfehlbare Merkmalslisten, mit deren Hilfe man jeden Lügner zur Strecke bringen könne. Die Liste auf www.gelogen.com zählt beispielsweise folgende Kennzeichen auf: „Arme verschränken/Lippen lecken/Handflächen nach außen drehen/Seufzer/häufiges Blinzeln/hohe Tonlage der Stimme/Kratzen im Gesicht, oft an der Nase/rotes Gesicht (kein sicheres Zeichen)/tiefere Atemzüge (…).‟ All diese Merkmale *können* zwar ein Zeichen für eine Lüge sein, müssen es aber nicht. Es ist ebenso gut möglich, dass die Person aufgeregt ist und Angst hat, unschuldig verdächtigt zu werden, oder aus ganz anderen Gründen nervös ist, so wie meine Freundin im roten Sommerkleid. Die scheinbar verdächtigen Verhaltensweisen zeigen lediglich Anspannung oder Erregung, und damit Gefühle, die beispielsweise bei einem Lügner, der kein schlechtes Gewissen kennt, gar nicht erst auftreten.

Der Lügenforscher Paul Ekman weist darauf hin, dass die meisten Menschen zudem genau das Falsche im Blick hätten, wenn sie einen Lügner enttarnen wollen, nämlich die Mimik und das, was gesagt wird. Seine Studien hätten aber gezeigt, dass Versuchspersonen, die auf Gesicht, Wörter und Inhalte achten, bei den Tests besonders schlecht abschnitten. Wir sind es gewöhnt, unsere Aufmerksamkeit auf das Mienenspiel und auf die Worte unseres Gesprächspartners zu richten, und bleiben auch dann bei dieser Gewohnheit, wenn wir herausfinden wollen, ob wir beschwindelt werden. Dass diese Strategie völlig falsch ist, zeigen Versuche mit Patienten, die eine Verletzung der linken Gehirnhälfte erlitten und deshalb Probleme haben, zu sprechen und Gesprochenes zu verstehen. Notgedrungen achten sie mehr auf die Körpersprache und entlarven bei wissenschaftlichen Tests Lügner viel schneller und besser als Gesunde. Aber auch gesunde Probanden erzielen laut Ekman bessere Ergebnisse, wenn sie die Körpersprache beobachten. Verdächtig sind nach Ansicht aller Lügenforscher eine auffällige Zu- oder Abnahme von Arm- und Handbewegungen, weniger Bewegungen des Kopfes, des Oberkörpers, der Beine und Füße; auch die „Illustratoren", also redebegleitende Gesten, nehmen manchmal ab; dagegen treten bei Lügnern oftmals mehr „Adaptoren" auf wie Am-Kopf-Kratzen, Haare-Zurückstreichen, Hände-Kneten oder Kleidung-Zurechtzupfen. Ein Hinweis können auch häufiges Schulterzucken oder sogenannte „Kanaldiskrepanzen" sein, was bedeutet, dass Gestik und Mimik nicht zu dem passen, was gesagt wird. Für Letzteres gibt es ein amüsantes Beispiel aus einem Experiment mit amerikanischen Psychologiestudenten: Sie wurden zu einem Gespräch mit einem ihrer Professoren gebeten, der für ihre weitere Unikarriere sehr wichtig war, was den Stressfaktor erhöhen sollte. Die Studenten nahmen freiwillig an dem wissenschaftlichen Versuch teil und wussten, dass ihre Reaktionen unter Stress getestet werden sollten; ihnen war jedoch nicht klar, dass sie bei der bewusst provokativen Befragung durch ihren Professor nur verlieren konnten, egal, was sie antworteten. So wollte er beispielsweise von ihnen wissen, ob sie schon einmal eine Psychotherapie gemacht hätten. Antworteten sie mit „Ja", fragte der Professor, wie sie auf die Idee kämen, mit einer psychischen Störung ausgerechnet Psychologe bzw. Psychiater werden zu wollen. Antworteten sie dagegen mit „Nein", sagte der Professor, dass sie ohne diese Erfahrung niemals in der Lage sein würden, Patienten erfolgreich zu behandeln. Nach wenigen Minuten wurde jeder Proband nervös und unsicher, manche auch ärgerlich, was sie sich aber nicht anmerken lassen durften. Der Versuchsleiter beobachtete das Experiment von einem anderen Zimmer aus durch einen halb durchsichtigen Spiegel und sah plötzlich, dass eine Studentin dem Professor den Mittelfinger zeigte, ohne es zu merken. Ihre rechte Hand lag mit der Handfläche nach unten auf dem Schoß, mit der linken hielt sie das Handgelenk der rechten umklammert. Sie hatte die rechte Hand zur Faust geballt, der Mittelfinger lag ausgestreckt auf ihrem Knie und zeigte dem nervigen Fragesteller das, was sie gerne gesagt hätte, sich aber aus Angst und Höflichkeit verkniff: Fuck you!

So eindeutig wie in diesem Fall sind die Zeichen allerdings selten, die Wahrscheinlichkeit, sich zu irren, ist auch bei einer Analyse der Körpersprache hoch. Besonders wenn man bei einem Gespräch nicht den ganzen Körper des Gegenübers im Blick hat, wie etwa bei einem Essen im Restaurant, bei einem Meeting am Konferenzoder bei einem Bewerbungsgespräch am Schreibtisch. In solchen Fällen bleibt uns oft gar nichts anderes übrig, als unsere Rückschlüsse aus der Mimik zu ziehen – doch hier ist die Gefahr der Fehlinterpretation noch größer als bei der Körpersprache. Den Grund dafür hat der Psychologe Paul Ekman in einem seiner bekanntesten Experimente mit angehenden Krankenschwestern herausgefunden. Dabei zeigte er den Schwesternschülerinnen ein Video von Menschen mit schweren Verbrennungen sowie Amputationen von Gliedmaßen. Ekman und sein Team hatten mit Absicht besonders schreckliche und aufwühlende Aufnahmen zusammengestellt. Die Aufgabe der Teilnehmerinnen war, einen Interviewer, der den Film nicht sehen konnte, davon zu überzeugen, dass sie gerade wunderschöne Naturaufnahmen betrachten. Um die zukünftigen Krankenschwestern zu motivieren, sich beim Lügen Mühe zu geben, hatten ihnen die Versuchsleiter im Vorfeld erklärt, wie wichtig es für ihren späteren Beruf sei, Patienten manchmal die Unwahrheit sagen zu können, etwa um sie zu beruhigen oder um Ekelgefühle zu verbergen. Um Mimik und Gestik besser analysieren zu können, filmte Ekman die Schwesternschülerinnen bei ihren Lügenversuchen – nur dadurch war die erstaunliche Entdeckung später möglich: Selbst die überzeugendsten Lügnerinnen verrieten sich durch einen Gesichtsausdruck, allerdings geschah dies so schnell, dass man ihn nur erkennen konnte, wenn man die einzelnen Aufnahmen Bild für Bild oder in Zeitlupe anschaute. „Micro-Expressions", also „Mikro-Gesichtsausdrücke", nannte Ekman die kurzen Augenblicke, in denen der Lügner sein wahres Gesicht offenbart, im Normalfall nicht länger als eine Viertelsekunde.

Auf dieses Phänomen war Ekman zum ersten Mal in den siebziger Jahren rein zufällig bei einer Psychiatrie-Patientin namens Mary gestoßen. Sie litt an Depression und war selbstmordgefährdet. Nach einigen Wochen Klinikaufenthalt äußerte sie den Wunsch, ein Wochenende zu Hause bei ihrer Familie zu verbringen. Das Gespräch mit ihrem Arzt, das ausschlaggebend für die Erlaubnis war, wurde gefilmt. Mary erklärte, sie sei nicht länger depressiv und habe auch keine Selbstmordgedanken mehr. Als sie die Aufnahmen betrachteten, fiel den Psychologen auf, dass Mary beim Reden mehr gestikuliert und mit den Achseln gezuckt hatte als normalerweise; in der Zeitlupe fiel außerdem ein flüchtiger, aber extrem trauriger Gesichtsausdruck auf: Mary sah so aus, als würde sie gleich in Tränen ausbrechen. Das dauerte aber nur einen winzigen Augenblick, davor und danach lächelte sie sehr überzeugend. Mary gab später zu, dass sie gelogen hatte: Sie fühlte sich immer noch unglücklich und spielte ständig mit dem Gedanken, ihr Leben zu beenden.

Ekman glaubt, wie sein Kollege Aldert Vrij, dass man trainieren kann, diese Mikro-Gesichtsausdrücke wahrzunehmen. Beide haben Polizisten, CIA- und FBI-Mitarbeiter unterrichtet und dabei angeblich innerhalb kurzer Zeit große Erfolge erzielt. Seit 2006 stehen sogar von Ekman ausgebildete Sicherheitsbeamte an vierzehn amerikanischen Flughäfen. Die uniformierten Lügendetektoren spähen nach verdächtig wirkenden Personen im Strom der Passagiere, denen man am Gesichtsausdruck ansieht, dass sie etwas zu verbergen haben. „Spot" heißt die von Lügenforscher Ekman entwickelte Technik, eine Abkürzung für „Screening Passangers by Observational Technique". Grundlage ist das vom Psychologen in jahrzehntelanger Forschungsarbeit erstellte 500-seitige Nachschlagewerk für Gesichtsausdrücke, das „Facial Action Coding System" (Facs). „Das Gesicht ist das Fenster des Geistes", sagt Ekman im *Spiegel*. Seine Methode ist allerdings höchst umstritten, Fehlgriffe sind an der Tagesordnung. Die Gegner werfen den Spot-Teams einen ungerechtfertigten Eingriff in die Intimsphäre vor und fürchten rassistische Tendenzen. Vor Kurzem schlug die Spot-Einheit ausgerechnet bei einem farbigen Koordinator einer Antirassendiskriminierungskampagne mit einem angeblich verdächtigen Gesichtsausdruck zu – seitdem laufen mehrere Gerichtsverfahren, um zu klären, ob die Vorgehensweise überhaupt legal ist. Ekman aber bleibt dabei: „Jeder kann es lernen", sagt er und schlägt folgende Trainingsmethode für zu Hause vor: Man nehme Porträtfotos von Menschen mit verschiedenen Gesichtsausdrücken und halte sie sich ganz kurz vor die Augen. Dann versuche man die jeweilige Emotion zu erraten. Nach ein paar Hundert Bildern sei man dann in der Lage, die „Micro-Expressions" wahrzunehmen. Andere Wissenschaftler bezweifeln, dass dies im normalen Leben, außerhalb einer künstlichen Versuchssituation, wirklich möglich ist. „Im Alltag hat man allenfalls den vagen Eindruck, dass etwas ‚nicht stimmt', oder man hat ‚ein komisches Gefühl' beim Anschauen eines Gesichtes", erklärt der Psychologe Helmut Lukesch in Mayers „Kulturen der Lüge". Die meisten Beobachter übersähen die sehr kurzen Änderungen des Ausdrucks jedoch einfach.

Neben den Mikro-Gesichtsausdrücken können auch mimische Merkmale wie vermehrtes Zwinkern, seltenes Lachen oder Lächeln und – erstaunlicherweise – mehr und nicht etwa weniger Blickkontakt Hinweise auf eine Täuschung sein. Paul Ekman und Wallace Friesen verweisen in ihren Studien außerdem mehrfach auf das „falsche Lächeln": Es ist nach Ansicht der beiden Wissenschaftler die beliebteste Maske, wenn Menschen ihre wahren Absichten oder Gefühle verbergen möchten. Wir überdecken damit beispielsweise Erstaunen, Angst, Ekel, Ungeduld oder Verachtung. Der Grund für unsere Liebe zum Lächeln ist, dass es der erste Gesichtsausdruck ist, den wir beherrschen; schon wenige Wochen alte Kinder sind dazu in der Lage. Wir betrachten gerne lächelnde Gesichter und lächeln unwillkürlich zurück, wenn uns jemand anlächelt. Kein Wunder also, dass wir uns oft für diesen Gesichtsausdruck entscheiden, um eine Lüge zu maskieren. Ein falsches Lächeln erkennt man laut Ekman und Friesen daran, dass es im Gegensatz zum echten asymmetrisch ist, dass also einer der Mundwinkel höher gezogen wird als der andere. Außerdem stimmt der Zeitpunkt nicht, denn das falsche Lächeln kommt ein paar Sekundenbruchteile zu früh und verschwindet ein bisschen zu schnell. Auch die Augenpartie verrät den lügenden Lächler, da sie beim falschen Lächeln unbewegt bleibt. Ein angeblich untrügliches Zeichen für ein echtes Lächeln dagegen ist, dass sich die Augenbrauen in der Mitte leicht senken. Leicht zu erkennen ist aber keines der genannten Merkmale, auch das falsche Lächeln nicht. Zudem sagt es noch überhaupt nichts aus, wenn einer oder einige wenige dieser Lügen-Hinweise auftreten. Und hundertprozentige Sicherheit ist in keinem Fall gegeben, auch wenn die verdächtigen Zeichen noch so eindeutig scheinen.

Wie bei jeder Regel gibt es aber auch hier eine Ausnahme. Ein paar wenige Menschen lassen sich nicht so leicht einen Bären aufbinden wie die große Mehrheit, sie sind wahre Genies, wenn es darum geht, Täuschungen zu enttarnen und Lügner auffliegen zu lassen. Paul Ekman stieß Mitte der achtziger Jahre auf den ersten dieser lebenden Lügendetektoren. Der Mann hieß James Newberry und kam bei allen wissenschaftlichen Tests auf eine Trefferquote von fast hundert Prozent, ihm entging kaum eine noch so geschickt verpackte Täuschung, keine winzige Nuance im Mienenspiel, keine beinahe unsichtbare Geste, Fehlinterpretationen kamen bei ihm nicht vor. Newberry arbeitete damals als Ermittler beim „US-Bureau of Alcohol, Tobacco, Firearms and Explosives" und beschäftigte sich dort vor allem mit organisierter Kriminalität und Drogenhandel. Sein Talent, bei Verhören Lügner zu erkennen, war legendär, darum ließ man ihn junge Kollegen ausbilden. Ekman überzeugte sich persönlich mehrmals von Newberrys Fähigkeiten und begann danach zusammen mit der Psychologin Maureen O'Sullivan, systematisch nach anderen Menschen zu suchen, die sie „Wizards", also Hexenmeister bzw. Zauberer, nannten. Nach Tests mit rund 14 000 Probanden hatten sie insgesamt 29 Personen gefunden, die beim Lügen-auf-decken ähnlich gut abschnitten wie Newberry. Mögliche Erklärungen für die spezielle Begabung fanden die beiden Forscher in den Lebensläufen. Die meisten der Wizards hatten eine schwierige Kindheit mit alkoholkranken Eltern hinter sich, oft waren sie stark vernachlässigt worden. Ekman und O'Sullivan vermuteten, dass die Wizards schon als Kinder ein großes Einfühlungsvermögen entwickelt hatten, um mit der schwierigen Situation leben zu können. Die Wizards bleiben jedoch eine Ausnahmeerscheinung, wir Normalbürger müssen uns darüber klar sein, dass wir längst nicht so gut in anderen lesen können, wie wir uns das vielleicht einbilden. Wir werden uns deshalb auch weiterhin viele Bären aufbinden lassen, denn nur im Märchen sind Lügen so leicht zu erkennen, wie die Fee im Märchen Pinocchio gegenüber behauptet: „Weißt du nicht, dass es zwei Arten von Lügen gibt? Die einen haben kurze Beine und die anderen eine lange Nase. Deine gehört zur zweiten Sorte."

„Good cop, bad cop": Die Verhörtricks von Kriminalbeamten

Ein tristes Verhörzimmer. Ein verstockter Verdächtiger. Er lügt, das ist ganz offensichtlich. Der Beamte fackelt nicht lange: Er fordert den jungen Mann auf, ihm einen seiner Schuhe zu geben, und drückt ihn so fest auf seine eigene Brust, dass man einen dunklen Abdruck auf dem weißen Hemd sieht. „Jetzt bist du dran", sagt der Beamte und grinst, „du hast einen Polizisten angegriffen und getreten. Das macht mindestens ..." Der Verdächtige sackt in sich zusammen. „Schon gut, schon gut ...", sagt er. Und gesteht.

So oder so ähnlich laufen Verhöre ab, zumindest die, die wir jeden Tag im Fernsehen sehen. Bei der weltweit erfolgreichsten Krimiserie *CSI* entlarven modelverdächtige Cops mit Designersonnenbrillen ununterbrochen Lügner und lösen jeden Fall. Jede Folge endet mit einem sehr emotionalen Geständnis. Und einer der häufigsten

Sätze der Serie lautet: „Ich bin *sicher*, er/sie lügt." Meistens steht der Beamte in dem Moment hinter einem halb durchsichtigen Spiegel. Dass das mit der Realität nicht viel zu tun hat, ist klar. Doch auch im richtigen Leben müssen Kriminalbeamte Vernehmungen führen und im besten Fall den Verdächtigen zu einem ehrlichen Geständnis bewegen sowie aus Zeugen so viel Wahrheit wie möglich herausholen. Lügen sind in ihrem Berufsalltag allgegenwärtig: In einem Radiointerview der *Uniwelle Tübingen* vom 27. Juni 1999 behauptete Strafrechtler Axel Wendler, Experte für Aussagepsychologie, dass 50 Prozent aller Aussagen in polizeilichen Verhören oder vor Gericht unzuverlässig seien. „Einmal, weil sie auf absichtlichen Verzerrungen – der Lüge – beruhen, und zum anderen, weil es sich um Irrtümer, um unbewusste Fehler handelt." Wie aber gehen Profis vor, um die Wahrheit trotzdem ans Licht zu bringen? Wie erkennen sie Täuschungen? Und können wir uns ein paar ihrer Tricks abschauen?

Thomas Gundlach, Professor an der Polizeihochschule in Hamburg, kennt die wissenschaftlichen Studien zum Thema „Lügen entlarven" aus den USA natürlich auch; er weiß, dass Polizisten, Staatsanwälte und Richter dabei auch nicht besser abgeschnitten haben als Laien. So ganz mag er daran aber nicht glauben. Er ist sich sicher, dass Erfahrung beim Erkennen von Lügen eine große Rolle spielt: „Wenn ich im Laufe der Jahre viele erlebt habe, die mich angelogen haben, und viele, die mir die Wahrheit gesagt haben, entwickle ich als Ermittler mit der Zeit Menschenkenntnis und kann mich auf mein Bauchgefühl verlassen." Gundlach ist großer Fan der Wallander-Krimis des schwedischen Schriftstellers Henning Mankell. Er bezeichnet die Beschreibung der Ermittlungsarbeit als sehr realistisch. Und natürlich hat er auch zum Thema

„Lügen beim Verhör" ein Zitat des weltberühmten Krimi-Kommissars parat: „Schon vom ersten Augenblick an hatte er etwas Unbestimmtes und Ausweichendes an ihr wahrgenommen. Die langen Jahre als Polizist, in denen er gezwungen war, den Unterschied zwischen Lüge und Wahrheit zu erspüren, hatten ihm ein fast unfehlbares Gefühl dafür gegeben, wann jemand von der Wahrheit abwich." Das, so Gundlach, könne er nur unterschreiben.

Natürlich lerne man als Ermittler aus seinen Fehlern. Ein typischer Anfängerfehler sei beispielsweise, dass man dem Verdächtigen zu früh zu viele Informationen präsentiere. So ist es falsch zu sagen: „Wir haben am Tresor der Firma XY Ihre Fingerabdrücke gefunden. Können Sie das erklären?" Damit gibt man dem Verdächtigen die Möglichkeit, sich herauszureden, eine schwer überprüfbare Geschichte zu erfinden wie etwa: „Ich habe mich da mal beworben und muss dabei den Tresor angefasst haben." Erfahrene Ermittler fragen stattdessen: „Kennen Sie die Firma XY?" Verneint der Gefragte, ist die Falle zugeschnappt, man hat ihn bei einer Lüge ertappt. Sagt er „ja", kann man ihn auffordern zu erzählen, woher, und darauf hoffen, dass er sich bei der Geschichte in Widersprüche verstrickt, denn er weiß ja noch nicht, warum man ihm ausgerechnet diese Frage stellt. „Festlegungsvernehmung" nennt man diese Vorgehensweise, der Beschuldigte soll sich mit seinen Aussagen schrittweise immer mehr festlegen, erst dann konfrontiert man ihn mit allen Informationen und Widersprüchen, was in der Fachsprache „Vorhalten" heißt. Doch nicht nur der Zeitpunkt ist von Bedeutung, beim Verhör kommt es laut Gundlach auch darauf an, die richtigen Fragen zu stellen. „Oft bringt es mehr, sich auf Nebenkriegsschauplätze zu begeben, wenn man einen Lügner entlarven will." Der potenzielle Täter habe sich im Vorfeld vielleicht ein passendes Alibi zurechtgelegt, aber wahrscheinlich haben er und eventuelle Komplizen nicht alle Kleinigkeiten bedacht. Wenn er sagt, er war zum Tatzeitpunkt mit Freunden im Kino, kann er wahrscheinlich den Filminhalt schildern. Aber kann er auch sagen, ob er die Karten telefonisch vorbestellt hat? Welche Abholnummer wurde ihm zugeteilt? Wie viel kosteten die Karten? Und das Popcorn? Hat eine Frau oder ein Mann die Karten kontrolliert? Welche Werbespots sind vor dem Film gelaufen? Je mehr solcher Detailfragen man stelle, desto höher die Wahrscheinlichkeit, dass sich ein Lügner verrät, so Gundlach, immerhin seien die meisten dieser Behauptungen nachprüfbar.

Ein weiterer Anfängerfehler ist es, das Verhör mit einer langen Fragenliste zu beginnen. Das wirkt verunsichernd und verwirrt den Verdächtigen oder auch den Zeugen, der sich an den Tathergang erinnern soll. Vielversprechender ist die „freie Sachfallschilderung", wobei der Verdächtige oder Zeuge mit seinen Worten und in seiner eigenen Geschwindigkeit das Geschehen beschreibt. Erst danach stellt der Ermittlungsbeamte Fragen, verweist auf Lücken und Widersprüche. „Aber das halten viele Vernehmer nicht aus", sagt Gundlach, „sie sind viel zu ungeduldig. Denn bei der freien Sachfallschilderung muss man auch Pausen und Schweigen ertragen können. Und das ist manchmal gar nicht so leicht." Als erfahrener Ermittlungsbeamter dürfe man sich auch nicht von Titel, Beruf oder Herkunft der Person blenden lassen: „Professoren lügen, und Obdachlose sagen die Wahrheit. Und nur weil Menschen beim ersten, zweiten und dritten Gespräch gelogen haben, heißt das nicht, dass sie es beim vierten wieder tun." Das scheint auf der Hand zu liegen, und trotzdem lassen sich viele Ermittler genau bei diesen Punkten in die Irre führen. Nonverbalen Hinweisen misst der Hamburger Kriminalistik-Professor dagegen keine allzu große Bedeutung bei, denn „sie können ein Warnzeichen sein, müssen aber nicht". Er habe bei seinen Vernehmungen schon viele Täter erlebt, die äußerlich völlig ruhig und gelassen waren, ohne die geringsten Anzeichen von Nervosität; andererseits gebe es viele Unschuldige, deren Gestik, Mimik und Körpersprache verdächtig wirkten. „Man muss das beim Verhör im Blick haben, sollte sich aber nicht darauf versteifen, dafür reagieren die Menschen einfach zu unterschiedlich." Es sei aber wichtig, bei einer Vernehmung den ganzen Körper der Person sehen zu können, nicht nur den Oberkörper hinter einem Tisch. „Das kann hilfreich sein, wenn der Verdächtige etwas verbirgt."

Seine Kriminalistik-Studenten lehrt Gundlach, Vernehmungen nach den vier GEMAC-Phasen durchzuführen. Die Abkürzung steht für „Greeting" (Begrüßung), „Explanation" (Erklärung), „Mutual Activity" (gemeinsame Aktivität) sowie „Closure" (Abschluss). In dem Lehrbuch „Psychologie der Vernehmung" von Rebecca Milne und Ray Bull heißt es dazu: „Das GEMAC-Modell hilft Polizeibeamtinnen und -beamten, Einvernehmen herzustellen, sowohl den Informationsfluss als auch die Informationsinhalte bewusst zu steuern und sich von der Vernehmung als Ganzes ein globales Bild zu machen." Die Begrüßung des Tatverdächtigen oder des Zeugen gilt als besonders wichtig. Der Ermittler sollte versuchen eine möglichst entspannte Gesprächsatmosphäre zu schaffen, soweit dies bei einem Verhör möglich ist. „Das Eis brechen", fasst Gundlach den ersten Schritt zusammen. Dazu gehört, sich selbst vorzustellen und auf eine korrekte Anrede des Gesprächspartners zu achten. Ein kurzes Gespräch über das letzte Bundesligaspiel bewirke oft Wunder, weiß Gundlach. Aber das sind natürlich nicht alle Tricks, um das Vertrauen des Befragten zu gewinnen: Das Vernehmungslehrbuch rät, eine angemessene Körperdistanz einzuhalten; etwa eine Armlänge sei der „persönliche Raum" eines Individuums, vorne und seitlich sei er deutlich größer als hinter der Person. Dabei spielt aber auch die Herkunft eine Rolle, denn in Asien oder Lateinamerika darf der Abstand weit geringer sein als etwa in Westeuropa. Dringt der Vernehmer in den „persönlichen Raum" des anderen ein, wird das der Tatverdächtige als unangenehm empfinden – was der Ermittler natürlich durchaus nutzen kann, um Druck auszuüben. Die Beamten sollen zudem auf die Körperhaltung und -ausrichtung achten. Nur wenn beide stehen oder beide sitzen, kommt ein intensives Gespräch zustande. Die Ausrichtung des Körpers ist ein Anzeichen für den Status und die Einstellung: So signalisiert eine gegenüberliegende Position Konfrontation, nebeneinanderzusitzen bedeutet Kooperation. Besonders vielversprechend ist angeblich die „Zehn-vor-zwei"-Position, bei der beide Gesprächspartner einander in einem 120-Grad-Winkel zugewandt sind.

Bei der nächsten Vernehmungsphase, der „Erklärung", geht es darum, die „Route festzulegen". Die befragte Person sollte ungefähr über Vorgehensweise und Ziele informiert werden, um sich nicht hilflos und ausgeliefert zu fühlen. Das eigentliche Verhör findet dann in der dritten Phase statt, der „Gemeinsamen Aktivität". Schon die Namensgebung weist darauf hin, dass es bei Vernehmungen zumindest theoretisch nicht darum gehen sollte, den Beschuldigten mit psychologischem Druck Geständnisse abzupressen. „Wir sind bei der Verhörtechnik noch nicht so weit wie zum Beispiel Schweden und Norwegen – dort legt man größten Wert darauf, eine Kommunikation auf Augenhöhe zu führen. Aber wir sind immerhin meilenweit entfernt von den USA, die haben eine sehr konservative, fast reaktionäre Einstellung, wie so eine Vernehmung ablaufen sollte. Druck auf die befragten Personen ist dort gang und gäbe", erklärt Gundlach. Genau davon will man sich laut dem Vernehmungslehrbuch aber distanzieren: „Sicheres Auftreten (des Beamten) liegt genau in der Mitte zwischen Dominanz und Unterwerfung. Allzu dominantes, aggressives Verhalten kann den Informationsfluss unterbinden. Ständige Unterbrechungen, Zurechtweisungen und abrupte Themenwechsel können Widerstand wecken. (...) Wenn sie (die Befragten) sich in einer solchen Situation abweisend verhalten und nur kurze, ausweichende Antworten geben, braucht das nicht auf ihre Schuld hinzudeuten. In den meisten Fällen spiegelt dies eher ein inadäquates Vernehmungsverhalten wider." Um die Person zum Reden zu bringen, sollen die Beamten stattdessen andere Techniken einsetzen, wie etwa eine bewusst leise Stimme. Die wichtigste aber ist das „aktive Zuhören", wozu regelmäßiger Blickkontakt zählt; Nicken und zustimmende Äußerungen wie „mm-hm" haben die gleiche Funktion; bei der „Echo"Technik wiederholt man das, was der Gesprächspartner gesagt hat, allerdings in Frageform: „Er hatte ein Küchenmesser" – „Ein Küchenmesser?" – damit demonstriert man Aufmerksamkeit und lenkt das Gespräch auf die interessanten Fragen und Details; mithilfe von Zusammenfassungen kontrolliert man, ob man alles richtig verstanden hat, was die befragte Person soeben erzählt hat. Diese Vorgehensweise funktioniert natürlich nur bei gutwilligen Zeugen oder halbwegs kooperativen Tatverdächtigen, die sich nicht herausreden oder auf ihr Recht zu schweigen berufen.

Thomas Gundlach und die Autoren des Lehrbuchs betonen ausdrücklich, dass Widerstand beim Verhör, also etwa Schweigen, Ausflüchte, mangelnde Kooperationsbereitschaft und Lügen, nicht unbedingt ein Zeichen für Schuld sein müssen, sondern oft einfach mit Angst vor der ungewohnten Situation zu tun haben. Darum ist es auch nicht sinnvoll, ein Geständnis um jeden Preis anzustreben. „Das Geständnis ist für die meisten Beamten die Krone der Vernehmung, aber davon müssen wir wegkommen", sagt Gundlach. Es gehe vielmehr darum, möglichst viele korrekte Informationen zu erhalten. Geständnisse, die man mit Druck und Tricks erzwungen habe, seien viel zu oft falsch und würden im Nachhinein widerrufen. „Den Befragten ging es nur darum, möglichst schnell aus der unangenehmen Situation wegzukommen, sie lügen sich und uns ein Geständnis zurecht, um ihre Ruhe zu haben. Das ist Zeit-, Kraft- und Geldverschwendung!"

Um sicher zu sein, ob sie der befragten Person glauben können, orientieren sich viele Ermittlungsbeamte an den „Neunzehn inhaltlichen Realkennzeichen", welche die beiden Experten für forensische Psychologie, Günter Köhnken und Max Steller, entwickelt haben. Dieses Raster wird auch verwendet, um psychiatrische Glaubwürdigkeitsgutachten zu erstellen, die beispielsweise bei Gerichtsprozessen eine Rolle spielen. Die beiden Wissenschaftler beschreiben aber nicht etwa, woran man Lügen erkennt, sondern was dafür spricht, dass die befragte Person die Wahrheit sagt, wobei sie sich ausschließlich auf den Inhalt der Aussage konzentrieren. Der amerikanische Lügenforscher Paul Ekman hält diese Konzentration auf den Inhalt für besonders fehlerträchtig, allerdings ging es ihm bei seinen Versuchen ja stets darum, Unwahrheiten aufzudecken und nicht darum, wahrhaftige oder zumindest glaubwürdige Aussagen zu erkennen. Die wichtigsten „Realkennzeichen" sind laut Köhnken und Steller, dass die Geschichten der befragten Person eine logische Konsistenz besitzen, also in sich stimmig sind. Sie sollten aber nicht chronologisch erzählt werden, sondern „sprunghaft", dabei aber die innere Logik nicht verlieren – also durcheinander, aber nachvollziehbar. Für hohe Glaubwürdigkeit spricht, dass der Befragte Gespräche wiedergibt, von Schwierigkeiten und Komplikationen im Handlungsverlauf erzählt, ausgefallene und nebensächliche Einzelheiten erwähnt und auch versucht, Ereignisse, Eindrücke oder Handlungen zu schildern, die er eigentlich nicht verstanden hat. Weitere Realkennzeichen sind nach Erkenntnis der beiden Wissenschaftler, dass die befragte Person von eigenen Gefühlen und Empfindungen berichtet und Spekulationen darüber anstellt, wie sich andere Beteiligte in dem entsprechenden Moment gefühlt haben müssen. Glaubwürdig wirkt auf die Experten auch, wer sich beim Erzählen selbst spontan verbessert oder seine Aussage präzisiert, wer Erinnerungslücken eingesteht, wer die Richtigkeit der eigenen Behauptung infrage stellt, wer sich selbst be- und andere entlastet. Auf folgende reale Zeugenaussage aus einem Kriminalistik-Lehrbuch treffen viele der genannten Merkmale zu: „Frage: ‚Wie wurde der Überfall beendet?' Antwort: ‚Danach hat er zu mir gesagt: Bleib knien und zähl bis 20. Das weiß ich jedoch nur noch sinngemäß. Ich habe daraufhin relativ schnell auf 20 gezählt, da ich nur noch wollte, dass die Sache vorbei ist. Bei 17 oder 18 hörte ich, wie der Täter die Tür aufschloss und hinauslief.'" Der Zeuge gibt bei der Befragung ein Gespräch in direkter Rede wieder, er erwähnt Details, wie die Aufforderung, sich hinzuknien und sein schnelles Zählen; er spricht über Emotionen und gesteht Gedächtnislücken ein. Laut Gundlach kann man diese Aussage fast schon als Musterbeispiel für Glaubwürdigkeit ansehen. Ein sicheres Wahrheitskriterium im Verhör ist auch, wenn der Befragte ungewöhnliche Details erzählt, die typisch für das jeweilige Delikt sind – ein Wissen, das ein Laie im Normalfall nicht haben kann. Dies ist vor allem dann wichtig, wenn man die Glaubwürdigkeit von Zeugen und Opfern ermitteln muss. Thomas Gundlach nennt als Beispiel eine typische Verhaltensweise von Triebtätern, die ein Vergewaltigungsopfer erwähnte, ohne zu wissen, dass genau dieses Detail als deliktspezifisch gilt: „Mir fällt jetzt noch ein, dass er mir während des Geschlechtsverkehrs mehrmals auf den Hintern schlug und mich anschrie: ‚Wie devot bist du?'" Dieses Detail ließ die Ermittlungsbeamten erkennen, dass die Frau den Tathergang korrekt wiedergegeben hatte.

Doch es gibt für Gundlach Grenzen, die ein Kriminalbeamter, egal, wie geschickt und erfahren er sein mag, nicht überschreiten kann und vielleicht auch nicht überschreiten will: „John Steinbeck hat mal gesagt, es gibt Menschen, die in Erfahrungswelten leben, die wir nicht betreten können, egal, wie viel Mühe wir uns geben. Die Fragen ‚Warum?' oder ‚Wie kann man so etwas tun?' kann man nicht immer beantworten. Da geht es dann nicht mehr um wahr und falsch, das ist jenseits dessen, was man als normaler Mensch begreifen kann. Und vielleicht ist das auch gut so."

Lügendetektor: Ein Selbstversuch

„Das können Sie sich abschminken", sagt der Psychologieprofessor zu mir und schüttelt den Kopf, „um mit Ihnen einen echten Test mit einem Lügendetektor durchzuführen, müssten Sie schon etwas ausgefressen haben. Etwas Schwerwiegendes, eine Sexualstraftat, einen Raub oder Mord. So ein Test funktioniert nur, wenn Sie wirklich etwas zu verbergen haben." Michael Stadler ist emeritierter Professor für Psychologie und Kognitionsforschung, noch immer an der Universität in Bremen tätig und gilt als einer der wenigen Experten für Lügendetektoren in Deutschland. Er weiß also, wovon er spricht, trotzdem wage ich zu widersprechen. Schließlich war es in den USA bis vor einigen Jahren bei vielen Firmen gang und gäbe, die Redlichkeit von Bewerbern mithilfe von Lügendetektoren zu prüfen, und die hatten ja auch nicht unbedingt einen Mord begangen oder eine Bank ausgeraubt. „Mag ja sein", sagt Michael Stadler, „aber die wollten immerhin unbedingt die Stelle bekommen, es ging für sie um etwas." Außerdem sei die Durchführung der Tests in vielen Fällen unseriös, ethisch sehr fragwürdig und deshalb seit Anfang der neunziger Jahre in den USA in der Privatwirtschaft nicht mehr zulässig. „Aber all die Tests im Fernsehen und in Zeitungen …", wende ich ein. „Alles Schrott", unterbricht Stadler. „Ich will gar nicht wissen, was die da genau machen. Ich zeige Ihnen gleich mal, wie es richtig geht. Ich mache mit Ihnen einen Zahlentest, der hat bisher immer funktioniert. Das ist sozusagen das Aufwärmtraining vor dem echten Test. Da können Sie mal ausprobieren, wie gut Sie lügen können."

Lügendetektoren sind im Moment groß in Mode: Es gibt den „Handy Truster", ein kleines preiswertes Gerät für den Hausgebrauch, das Lügen angeblich an der Stimme erkennt. Man kann das Gerät ans Telefon, das Radio oder den Fernseher anschließen und wahlweise die Wahrheitsliebe von Partner, Popstar oder Politiker überprüfen. Die Technologie wurde laut Hersteller vom „israelischen Geheimdienst" entwickelt, darum erreiche man eine Erfolgsrate von „sagenhaften" 86 Prozent – in Wahrheit dürfte sie eher bei null liegen. Mehrere Firmen bieten inzwischen PC-Programme zum Herunterladen an, die ungefähr genauso funktionieren und Namen tragen wie „Love Detector" oder „Love Truster". Das Klatschblatt *Die Aktuelle* titelte im Februar 2007: „Stéphanies Ex-Mann am Lügendetektor! Liebt er sie noch? Die ganze Wahrheit". Der Artikel handelte von einem Lügendetektor-Test von Daniel Ducruet, dem Exmann von Stéphanie von Monaco, im spanischen Fernsehen. Natürlich stellt sich am Ende heraus, dass der untreue Bodyguard die Prinzessin immer noch liebt und eigentlich ein ganz netter Kerl ist. Bei der Talkshow *Britt* auf *SAT1* kommt der Lügendetektor regelmäßig zum Einsatz, um Seitenspringer und Liebeslügner auffliegen zu lassen. Der Test selbst wird vor der Sendung ohne Zuschauer durchgeführt, das Ergebnis an passender Stelle während der Show eingeblendet. Das führt nicht selten zu Tobsuchtsanfällen, Tränen und Trennungen vor laufender Kamera. Wie das Ergebnis zustande gekommen ist, bekommt man nicht zu sehen, die Moderatorin erwähnt allerdings häufig, das Vorgehen sei „wissenschaftlich abgesichert". Das behaupten auch die Macher der Containershow *Big Brother* auf *RTL*, die seit Kurzem die Stimmen der Kandidaten bei Einzelinterviews analysieren und daraus auf „Wahrheit" oder „Lüge" schließen. Wie das Verfahren funktioniert, bleibt unklar, aber auch hier betonen die Moderatoren, das verwendete Gerät werde „von Wissenschaftlern anerkannt". Auch das Fußballmagazin *RUND* und die hochseriöse Online-Ausgabe der *Zeit* nutzen einen Lügendetektor für nicht ganz ernst gemeinte Sportler-Interviews und teilen die Antworten der Befragten in „+____ Flunkern, ++__ Leichte Lüge, +++_ Mittlere Lüge, ++++ Große Lüge" ein. Das macht Michael Stadler ratlos: „Keine Ahnung, was das soll. Ich könnte Ihnen so eine Einteilung nicht liefern. Ich kann nur ermitteln, wie jemand bei einer bestimmten Frage körperlich reagiert." Genau darum ist der Name „Lügendetektor" eigentlich völlig falsch. Das Gerät ist nicht in der Lage, Lügen zu erkennen, es misst lediglich vegetative Körperfunktionen, meist Brust- oder Bauchatmungsbewegungen, den Blutdruck, den Blutdurchfluss sowie die Hautleitfähigkeit. Die Daten werden anschließend von einem Experten ausgewertet. Um die Werte zu erhalten, ist es nach den Erfahrungen von Stadler gar nicht unbedingt notwendig, dass die Testperson antwortet. Es genüge meist, die Frage zu stellen, um die körperliche Reaktion hervorzurufen, obwohl der Befragte dann gar nicht aktiv lügt. „Ich erkenne also mithilfe des Apparates, ob eine Frage für die Person eine bestimmte Bedeutung hat, darum wäre der bessere Name eigentlich ‚Bedeutsamkeitsdetektor'", meint Stadler. Aber der Name „Lügendetektor" hält sich hartnäckig, die treffendere Bezeichnung „Polygraf", „Vielschreiber" (wegen der verschiedenen Werte, die er parallel aufzeichnet) kennen die meisten gar nicht. Genauso hartnäckig wie der unpassende Name hält sich die falsche Vorstellung von einer geheimnisvollen Maschine, die selbstständig in der Lage ist, Unwahrheiten zu entlarven.

Das liegt daran, dass die Idee, die hinter dem Lügendetektor steckt, eine lange Tradition hat: Aus dem China der Kaiserzeit ist überliefert, dass man Verdächtige Reismehl kauen und wieder ausspucken ließ. War das Mehl nach dem Ausspucken trocken, hielt man die Aussage des Beschuldigten für gelogen, denn ein Lügner hat nach chinesischer Auffassung einen trockenen Mund vor Aufregung. Schon damals wertete man also eine körperliche Reaktion als Zeichen für eine Lüge. Die Technologie des Lügendetektors entwickelten Physiologen Mitte des 19. Jahrhunderts. Sie erfanden Instrumente, mit deren Hilfe sich Blutdruck, Puls und Atemfrequenz in Form einer Kurve darstellen ließen. Die Psychologen Max Wertheimer und Carl Gustav Jung veröffentlichten bereits Anfang des 20. Jahrhunderts unabhängig voneinander Arbeiten, in denen sie diskutierten, wie man die aufgezeichneten Messdaten bei Straftaten und vor Gericht nutzen könnte. Der deutsche Psychologe Hugo Münsterberg, der in Harvard lehrte, schlug schließlich 1911 vor: „Wir müssen den Menschen an ein Aufzeichnungsgerät anschließen, um herauszufinden, ob in seinem Geist Sonne oder Wolken überwiegen." Genau das machten der Polizeiarzt John Larson und der Labortechniker Leonardo Keeler, die beide bei der Polizei im kalifornischen Berkley arbeiteten. Larson hatte den ersten Apparat gebaut und zusammen mit Keeler erprobt; Keeler wiederum war der Erste, der ein Gerät patentieren ließ; darum gelten die zwei Polizisten als Väter des Lügendetektors. Der Apparat passte damals perfekt zur aufklärerischen Strömung in den USA, die Willkür, Subjektivität und Intuition durch Wissenschaft, objektive Messungen und Werte ersetzen wollte. Übertragen auf die Polizeiarbeit bedeutete das die Forderung nach einem Ende brutaler Verhörmethoden, korrupter Ermittler, vager Intuition und ungerechter Fehlurteile. An ihre Stelle sollte eine nachprüfbare wissenschaftliche Vorgehensweise bei der Aufklärung von Verbrechen treten; eine unparteiische Maschine sollte den Menschen ersetzen. „Das war aus der damaligen Sicht verständlich, ist aber Unsinn", sagt Stadler. Man dürfe nicht dem Gerät irgendwelche Fähigkeiten unterstellen, diese besitze vielmehr der Mensch, der den Apparat bediene und die Daten auswerte.

In meinem Fall ist dies er selbst, die Sache wird nämlich langsam ernst. Michael Stadler hat den Lügendetektor in sein Büro geschleppt und baut ihn gerade auf, gleich kann ich beweisen, wie gut ich im Flunkern bin. Denn natürlich ist genau das meine Absicht: die Maschine austricksen. Das kann nicht allzu schwer sein, großen Eindruck macht das Gerät nicht auf mich. Es wirkt altmodisch, so unmodern wie eine Radiotruhe in Uromas Wohnzimmer. Wenn man sich netter ausdrücken wollte, würde man es mit „Retro-Design" umschreiben. Es sieht ein wenig aus wie ein aufgeklappter Samsonite-Koffer, mit vielen schwarzen Kabeln, Reglern, Knöpfen und Drehschaltern und natürlich den vier Metallärmchen, die mit Tinte die Kurven aufs Papier malen – ich bin mir sicher, dass sie dabei laut quietschen. Der Apparat hat sogar einen Namen: „The Statesman", passend zu seiner Herkunft, den USA. Trotz des altmodischen Äußeren ist das Gerät alles andere als billig, über 8000 Euro verlangt die Firma Lafayette für ihren „Staatsmann". „Das Design hat sich seit seiner Erfindung tatsächlich nicht stark verändert. Man misst heute nur mehr Werte als früher", sagt Stadler. Es gibt inzwischen auch computergestützte Verfahren, aber davon hält der Bremer Psychologe wenig. „Da zeigt einem der Computer am Ende nur ‚wahr' oder ‚falsch' an, aber man hat die Kurven nicht mehr vor sich. Es ist unmöglich, nachzuvollziehen, wie es zu der Bewertung gekommen ist. Mit meinem Gerät kann ich genau ablesen, ob jemand einfach mal tief eingeatmet hat, was völlig bedeutungslos wäre, auch wenn das einen Ausschlag ergibt." Ich nehme mir sofort vor, das später auszuprobieren. Michael Stadler beugt sich immer noch über das Gerät, testet, justiert, dreht an Knöpfen. Er bereitet die Elektroden und Messgeräte vor, gleich wird er mich verkabeln. „Na, aufgeregt?", fragt er und grinst. „Nein", sage ich. „Doch", denke ich und wundere mich über mich selbst. „Das kann ich kaum glauben", sagt Stadler und lacht wieder. Er hat mich schon jetzt durchschaut, ganz ohne Maschine. Ich muss mich auf einen Stuhl setzen und ihm während des Tests den Rücken zuwenden. Vor mir ein Stapel Psychologie-Dissertationen, ein Fensterbrett mit einer halb vertrockneten Grünpflanze und einer Flasche Flüssigdünger. Draußen scheint die Frühlingssonne. „Eigentlich müssten Sie in einem fensterlosen Raum sitzen und auf eine weiße Wand schauen, damit Sie durch nichts abgelenkt werden. Aber es klappt bestimmt auch so", sagt Stadler. „Na warte!", denke ich.

Ich weiß, was er mit mir vorhat. Der Zahlentest ist fast immer der Beginn eines Lügendetektortests, eine Art Vorspiel. Der Versuchsleiter behauptet, er müsse das Gerät individuell einstellen. In Wirklichkeit will er nur eines: die Testperson beeindrucken, indem er sie bei einem unwichtigen Thema beim Lügen ertappt. Die Versuchsperson soll denken: „Meine Güte, der Apparat erwischt mich sogar bei dieser kleinen Schwindelei. Dann wird er mich erst recht drankriegen, wenn es um meine Straftat geht, denn dann habe ich meinen Puls, die Atmung und den Rest noch viel weniger unter Kontrolle!" – „Es ist wichtig, dass der Befragte an das Gerät glaubt", wird Stadler später sagen, „das erhöht die Wahrscheinlichkeit, dass es klappt. Man muss schon ein bisschen Drumherum bieten und das Ganze aufbauschen." Der Zahlentest wirkt deshalb auch ein wenig wie ein Zaubertrick im Zirkus. Die Testperson sucht sich eine Zahl aus, die der Versuchsleiter herausbekommen muss, allen Schwindelversuchen zum Trotz. Ich habe die Auswahl zwischen Zwei, Drei, Vier, Fünf und Sechs. Ich entscheide mich für die Fünf und notiere sie auf einen Zettel, den ich aus dem Altpapier fische. In den USA ist es durchaus üblich, dass die Versuchsleiter beim Zahlentest mogeln, damit nur ja nichts schiefgeht. Der Befragte schreibt die Zahl auf einen Block, behält den Zettel, gibt aber den Schreibblock zurück. Das Papier ist extra dünn, so dass der Versuchsleiter am Abdruck auf dem Block erkennt, welche Zahl die Testperson aufgeschrieben hat. Manchmal benutzen die Versuchsleiter auch gezinkte Karten, um ihr Ziel zu erreichen. Michael Stadler schummelt aber nicht, im Gegenteil. Er bittet mich, erst zu schreiben, wenn er den Raum verlassen und die Tür hinter sich geschlossen hat. Ich schiebe den Zettel mit der Fünf in meine Hosentasche und lasse mich verkabeln. Um die Brust bekomme ich etwas, das wie ein altmodisches geringeltes Telefonkabel aussieht, daran ist das Gerät befestigt, das meine Atemfrequenz messen wird. An den linken Zeigefinger kommt eine Art Wäscheklammer, der sogenannte Plethysmograf – er wird die Stärke meines Blutflusses ermitteln. Dahinter steht der Gedanke, dass wer lügt, kalte Füße oder Hände bekommt. Meine sind es jetzt schon. Die Elektroden an Zeige- und Mittelfinger der rechten Hand messen die Hautleitfähigkeit, also wie gut die Haut Strom leitet. Ist sie vor Nervosität besonders feucht, leitet sie besser als in trockenem Zustand. Das Blutdruckmessgerät lässt Stadler weg: „Das tut nach einiger Zeit richtig weh, das will ich Ihnen nicht antun. Sie werden sehen, es funktioniert trotzdem." Er ist sich seiner Sache wirklich sehr sicher!

Kritiker des Lügendetektors sehen das ganz anders. In einer experimentellen Studie des Psychologen David Lykken sagten nur 53 Prozent der Unschuldigen laut Lügendetektor die Wahrheit, bei 47 Prozent der Teilnehmer ermittelte das Gerät ein falsches positives Ergebnis, sie wurden also zu Unrecht der Lüge bezichtigt. Ob man diesen Zahlen vertrauen will, ist eine Glaubensfrage. Man findet Forschungsergebnisse in jeder gewünschten Höhe, die Trefferquoten des Polygrafen liegen je nach Studie zwischen 40 und 95 Prozent bei Schuldigen und zwischen 20 und 95 Prozent bei Unschuldigen. Klar ist, dass ein Lügendetektor keine hundertprozentige Sicherheit garantiert, das geben selbst die Befürworter zu. Wer beim Lügen kein schlechtes Gewissen hat und deshalb keine körperlichen Reaktionen zeigt, bleibt unentdeckt. Trotzdem wird der Einsatz des Gerätes in vielen Staaten als Selbstverständlichkeit betrachtet, allen voran in den USA. Ende der neunziger Jahre mussten sich annähernd zwei Millionen Amerikaner im Rahmen von polizeilichen Ermittlungen, nationalen Sicherheitsüberprüfungen oder firmeninterner Überwachung einem Lügendetektor-Test unterziehen. Immer wieder passiert es, dass Unschuldige wegen falscher Ergebnisse oder falsch durchgeführter Tests ins Gefängnis wandern – obwohl die Tests in den meisten Staaten vor Gericht gar nicht zugelassen sind. Traurige Berühmtheit erlangte der 18-jährige Peter Reilly, der 1997 verdächtigt wurde, seine Mutter ermordet zu haben. Nachdem er den Polygrafen-Test nicht bestanden hatte, war Peter derart verunsichert, dass er ein volles Geständnis ablegte und zwei Jahre im Gefängnis absaß, erst danach konnte man seine Unschuld beweisen. Doch nicht nur wegen der Fehlerquoten gerät der Apparat immer wieder in die Kritik. Man hatte ihn zwar ursprünglich entwickelt, um polizeiliche Verhöre menschlicher zu gestal-

ten, um Druck, Gewalt und Einschüchterung zu verhindern, doch schon seit Langem dient der Lügendetektor
genau diesem Zweck. Ein Beispiel dafür ist der Fall des
Ägypters Abdallah Higazy. Der 31-Jährige hatte wenige
Wochen vor dem 11. September 2001 ein Ingenieurstu-
dium an der Polytechnischen Universität in Brooklyn be-
gonnen und wohnte in einem Hotel gegenüber dem World
Trade Center, weil er noch keine Wohnung gefunden
hatte. Als er nach dem Terroranschlag in sein Zimmer
zurückkehrte, um seine Habseligkeiten einzusammeln,
wurde er festgenommen. Man hatte im Safe seines Zim-
mers ein tragbares Funkgerät gefunden, das oft von Pilo-
ten benutzt wird. Higazy musste einen vierstündigen Test
am Lügendetektor über sich ergehen lassen. Die Beamten
sagten ihm, das Gerät habe ihn als Lügner entlarvt und
drohten, die ägyptische Sicherheitspolizei auf seine Familie anzusetzen: „Wir sorgen dafür, dass sie deiner Familie die Hölle heißmachen!" Higazy wusste, was das für
seine Eltern und Verwandten bedeutet hätte: Folter und
Verfolgung. Unter Tränen gestand er, dass er der Besitzer
des Funkgerätes sei. Wenige Tage danach erschien ein
Pilot, um das Gerät abzuholen, er hatte es versehentlich
liegengelassen.

Auf dem Moskauer Flughafen Domodedovo erprobt
man seit einem Bombenanschlag im Jahr 2004 zwei Lügendetektoren des israelischen Herstellers Suspect De-
tection Systems (SDS). Verdächtig wirkende Personen
werden hinter einen Vorhang gebeten und müssen eine
Hand auf einen Scanner legen, der Puls, Schweißbildung
und Blutdruck misst, während ihnen Sicherheitsbeamte
Fragen zu Herkunft, Reiseziel, Waffen und Drogenbesitz
stellen. Das Gerät des SDS-Konkurrenten Nemesyco erkennt angeblich an der Stimme, ob jemand lügt. Beide
Methoden sind stark umstritten, die Wahrscheinlichkeit,

dass Unschuldige zu Unrecht beschuldigt werden, ist hoch, denn neben den ganzen Problemen, die ein Lügendetektortest mit sich bringt, stehen die Sicherheitsbeamten an Flughäfen beim Testen auch noch unter Zeitdruck – das kann nicht funktionieren.

In Deutschland gibt es mehrere Urteile zum Einsatz von Polygrafen. Bereits 1954 erklärte der Bundesgerichtshof die Verwendung von Lügendetektoren im Strafrecht für unzulässig, weil sie in die Intimsphäre des Beschuldigten eingreife und seine Menschenwürde verletze. Amts-, Familien- und Vormundschaftsgerichte setzten ihn jedoch weiterhin als Beweismittel ein. Seit 1998 ist aber auch damit Schluss: Der Bundesgerichtshof stufte Lügendetektoren auch in Zivilprozessen als ungeeignetes Beweismittel ein. In dem Urteil betonen die Richter allerdings, dass der Einsatz eines Lügendetektors nicht gegen die Menschenwürde verstoße, solange der Beschuldigte freiwillig an der Untersuchung teilnimmt. Dies nutzen viele Anwälte und legen einen negativen Testbefund zu den Akten, in der Hoffnung, dass Richter oder Staatsanwälte ihn wohlwollend zur Kenntnis nehmen. Selbst Richter geben manchmal Lügendetektor-Tests in Auftrag, wenn sie sich unsicher sind, wie sie urteilen sollen. Das Ergebnis wandert dann in die Akte und ist eigentlich kein offizielles Beweismittel. „Es beeinflusst aber natürlich die Entscheidung", erklärt Polygraf-Spezialist Michael Stadler und sagt dann: „Jetzt konzentrieren Sie sich bitte, wir fangen an."

Er erklärt mir, wie er vorgehen wird: Er wird der Reihe nach alle Zahlen durchgehen und mich fragen, ob ich sie gewählt habe. Ich soll jedes Mal mit „Nein" antworten, auch bei derjenigen, die ich auf den Zettel notiert habe – ich muss dann also lügen. Mein Herz klopft jetzt schon ein wenig schneller. „Haben Sie die Zwei gewählt?", fragt Michael Stadler. „Nein", antworte ich und hoffe, möglichst

lässig zu klingen. „Haben Sie die Drei gewählt?" „Nein",
sage ich und komme mir ein wenig doof vor. „Haben Sie
die Vier gewählt?" – „Nein." Im Hintergrund höre ich leise
meinen Herzschlag. Ich atme schneller und hoffe, dass dadurch das Ergebnis verfälscht wird und bei der Vier ein
falscher Ausschlag entsteht. „Haben Sie die Fünf gewählt?" Jetzt kommt's drauf an. Ich habe gelesen, dass ein
amerikanischer Geheimdienstmitarbeiter den Lügendetektor durch unauffällige Fuß- und Schulterbewegungen
ausgetrickst hat. Ich bewege heimlich Fuß und Schulter
und versuche, mein „Nein" genauso cool wie vorher klingen zu lassen. Das Metallärmchen, das die Kurve aufzeichnet, quietscht laut. Viel lauter als vorher. Man hört
förmlich, wie es einen sehr hohen, sehr spitzen Berg aufs
Papier malt. Bin ich so eine schlechte Lügnerin?

Im Internet kursieren Anleitungen, wie man einen
Lügendetektor überlistet. Man soll sich bei harmlosen
Fragen in einen Erregungszustand versetzen und versuchen, bei den entscheidenden möglichst ruhig zu bleiben.
In meinem Fall heißt das, dass ich bei den Fragen nach
Zwei, Drei, Vier oder Sechs an etwas denken sollte, das
mich sehr aufregt oder ärgert, sodass die Werte nach oben
schießen. Bei der Fünf müsste ich dagegen entspannende
Bilder im Kopf haben und hoffen, dass meine Atmung ruhig bleibt, mein Blutdruck unten, das Blut in den Finger-
spitzen und meine Haut trocken. Mit viel Training sollen
das einige Menschen tatsächlich geschafft haben. Manche legen sich laut Stadler sogar eine Reißzwecke in den
Schuh und treten bei den unwichtigen Fragen drauf, um
sich wehzutun und dadurch die körperlichen Reaktionen
zu verfälschen. „Aber da gibt es ein ganz einfaches Ge-
genmittel", meint Stadler. „Wir treten der Testperson –
natürlich ganz unabsichtlich – leicht auf den Fuß. Wenn
sie aufjault, wissen wir, dass sie schummeln will." Fest

steht, dass es möglich ist, das Gerät zu überlisten, vor allem wenn man sehr kaltblütig oder psychisch gestört ist, oder die Lüge gar nicht als solche empfindet. „Ich würde es mir allerdings nicht zutrauen", sagt der Bremer Psychologe. Ich auch nicht mehr. Stadler stellt mir immer noch die Zahlenfragen. Nach der Fünf fragt er besonders oft. Das Metallärmchen quietscht und quietscht. Ich resigniere. „Antworten Sie jetzt bitte wahrheitsgemäß. Haben Sie die Fünf gewählt?" Mist, erwischt. Das ging ja unglaublich schnell. Und dabei dachte ich immer, ich sei eine begabte Lügnerin.

Der Zahlentest hat bei mir genau das erreicht, was er erreichen sollte: Ich bin unfreiwillig beeindruckt und kann mir nicht vorstellen, diese Maschine zu täuschen. Aus Sicht der Versuchsleiter wäre das genau die richtige Gemütslage für das, was jetzt bei einem wirklichen Lügendetektor-Test folgen würde, nämlich der Tatwissens- oder der Kontrollfragentest. Bei Letzterem werden die Reaktionen auf Fragen zur Tat mit Reaktionen auf Kontrollfragen verglichen. Die Kontrollfragen müssen aus einem ähnlichen Themenbereich stammen wie die Tatfragen und sollten sich auf lang zurückliegende Zeiträume beziehen. Im Falle eines Diebstahls wäre die tatbezogene Frage beispielsweise „Haben Sie die Uhr Ihrer Kollegin gestohlen?". Die Kontrollfrage dazu wäre: „Haben Sie als Teenager schon einmal etwas geklaut?" Michael Stadler nennt typische Beispielfragen aus dem Test eines Sexualstraftäters: „Die tatbezogene Frage wäre: ‚Haben Sie das Mädchen an der Scheide berührt?' Die Kontrollfrage: ‚Haben Sie vor Ihrem 18. Geburtstag onaniert?'" Wichtig sei, so Stadler, Kontrollfragen zu wählen, die bei der Mehrheit der Bevölkerung eine Reaktion hervorrufen würden: „Fast jeder hat als Kind mal geklaut, 97 Prozent der Menschheit onanieren – diese Fragen betreffen also so gut wie jeden und rufen mit hoher Wahrscheinlichkeit eine körperlich messbare Reaktion hervor." Die These beim Kontrollfragentest ist, dass Täter stärker auf die tatbezogenen Fragen reagieren, Unschuldige dagegen auf die Kontrollfragen. Diese Testform wird von vielen Experten und vom Bundesgerichtshof abgelehnt, da sie wissenschaftlichen Standards nicht genüge – die Methode funktioniert zwar, aber nur bei relativ einfachen Delikten wie Diebstählen. Bei Sexualstraftätern dagegen ist die Fehlerwahrscheinlichkeit sehr hoch, wie das Radio-Feature „Wer kennt die Wahrheit? Lügendetektoren und kindliche Zeugen vor Gericht" des *SWR2* vom 24. Januar 2001 erklärt: „Unter anderem auch deshalb, weil sich die Täter bei sexuellem Kindsmissbrauch oft nicht über ihre Schuld im Klaren sind. Sie denken, sie hätten das Recht oder sogar die Pflicht, so zu handeln. Von daher kann es passieren, dass plötzlich auch für einen Schuldigen die Kontrollfragen von größerer Bedeutung sind als die tatbezogenen relevanten Fragen. Ein weiterer Haken an dieser Methode ist, dass in einem Vorgespräch erst einmal abgeklopft werden muss, wo der Tatverdächtige ‚heikle Punkte' in seiner Vergangenheit hat. Denn schließlich müssen die Kontrollfragen von einer gewissen emotionalen Bedeutung sein, damit sie bei einem grundlos Verdächtigen eine ähnliche Reaktion erzeugen wie die tatbezogenen Fragen beim Täter. Viel hängt also von der Menschenkenntnis und dem Geschick, man könnte auch sagen, von der Tagesform des Interviewers ab."

Der Tatwissenstest ist dagegen allgemein anerkannt und gilt als sicheres Verfahren, um bei einer größeren Anzahl von Verdächtigen den Täter oder Hauptverdächtigen zu ermitteln. Er ist laut Michael Stadler vor allem in einer frühen Phase polizeilicher Ermittlungen sinnvoll, wenn über eine Straftat noch nicht allzu viel in der Öffentlichkeit bekannt ist. Diese Methode ist eine Art Multiple-Choice-Test. Der Versuchsleiter stellt ausschließlich Fragen zum Vergehen, deren Antworten niemand außer dem Täter kennen kann. Die Annahme ist, dass der Schuldige auf Tatdetails heftiger reagiert als ein Unschuldiger. Michael Stadler erklärt die Vorgehensweise mit einem Beispiel aus der Praxis: „Ich würde dann also nacheinander fragen: Hat die Getötete ein gelbes T-Shirt getragen? Hat sie einen geblümten Rock getragen? Hat sie eine Jeansjacke getragen? Und der Verdächtige muss wie Sie gerade eben immer mit ‚Nein' antworten. Es stimmt aber nur eine der Angaben – und wenn er genau darauf reagiert, hat man ein ziemlich sicheres Zeichen dafür, dass er in die Tat zumindest verwickelt war." Allerdings muss der Beschuldigte freiwillig an der Untersuchung teilnehmen, andernfalls verstößt der Test gegen Verfassungsgrundsätze.

Michael Stadler befreit mich von Kabeln und Elektroden. Und lacht natürlich wieder. Er verrät mir, dass das Quietschen der Metallärmchen beim Kurvenzeichnen und der leise Herzschlag als Hintergrundgeräusch volle Absicht sind. „Hat doch gewirkt, oder?", fragt er. Meine Lügen-Kurven sind beeindruckend – sie haben mich schon bei der ersten Fragenrunde auffliegen lassen. „Eigentlich habe ich bei Ihnen nur die Hautleitfähigkeit gebraucht, um die Zahl herauszufinden. Das ist sowieso der wichtigste Wert, das Ergebnis basiert zu 75 Prozent auf dieser Kurve." Also die, die bei mir aussieht wie eine Berg-und-Tal-Bahn für Extremsportler – meine kalten, feuchten Hände haben mich verraten. Ich kann offensichtlich überhaupt nicht lügen. Und werde deshalb ab jetzt immer die Wahrheit sagen – ungelogen. Das können Sie jetzt glauben. Oder auch nicht.

ANHANG

Literatur

Aranus, Ernst: Lieben ohne Reue. Lust und Leid in der Liebe. Das notwendige Lehrbuch der Liebe; München 1957.

Arendt, Hannah / Nanz, Patrizia: Wahrheit und Politik; Berlin 2006.

Augustinus: Die Lüge und Gegen die Lüge; Hg.: Paul Keseling; Würzburg 1986.

Becker, Jurek: Jakob der Lügner; Frankfurt/Main 2004.

Bergmann, Jens / Pörksen, Bernhard (Hg.): Medienmenschen. Wie man Wirklichkeit inszeniert; Münster 2007.

Bettetini, Maria: Eine kleine Geschichte der Lüge. Von Odysseus bis Pinocchio; Berlin 2003.

Beucker, Pascal / Überall, Frank: Endstation Rücktritt. Warum deutsche Politiker einpacken; Berlin 2006.

Campbell, Jeremy: Die Lust an der Lüge; Bergisch Gladbach 2003.

Collodi, Carlo: Pinocchio; Stuttgart/Künzelsau 1967.

Cyr, Marie-France: Die Wahrheit über die Lüge; München 2004.

Dietz, Simone: Die Kunst des Lügens. Eine sprachliche Fähigkeit und ihr moralischer Wert; Hamburg 2003.

Dietzsch, Steffen: Kleine Kulturgeschichte der Lüge; Leipzig 1998.

Ekman, Paul: Telling Lies. Clues to Deceit in the Marketplace, Politics and Marriage; New York 2001.

Fein, Ellen / Schneider, Sherrie: Flirt-m@il: Die Kunst, den Mann fürs Leben im Netz zu angeln; München 2005.

Festinger, Leon (Hg.): Theorie der kognitiven Dissonanz; Bern 1998.

Freud, Sigmund: Über Psychoanalyse; in: Gesammelte Werke, Band 8; Frankfurt/Main 1973.

Freud, Sigmund: Zur Psychopathologie des Alltagslebens; in: Gesammelte Werke, Band 4; Frankfurt/Main 1973.

Freund, Gisèle: Photographie und Gesellschaft; Hamburg 1997.

Hettlage, Robert (Hg.): Verleugnen, Vertuschen, Verdrehen. Leben in der Lügengesellschaft; Konstanz 2003.

267

Innes, Brian: Das große Buch der Fälschungen. Die Tricks der größten Fälscher aller Zeiten; Wien 2006.

Kant, Immanuel: Die Metaphysik der Sitten; in: Werkausgabe, Band 8; Hg.: W. Weischedel; Frankfurt/Main 1978.

Kant, Immanuel: Kritik der praktischen Vernunft; in: Werkausgabe, Band 7; Hg.: W. Weischedel; Frankfurt/Main 1978.

Kant, Immanuel: Kritik der reinen Vernunft; in: Werkausgabe, Band 3; Hg.: W. Weischedel; Frankfurt/Main 1978.

Kant, Immanuel: Über ein vermeintes Recht aus Menschenliebe zu lügen; in: Werkausgabe, Band 8; Hg.: W. Weischedel; Frankfurt/Main 1978.

Krämer, Walter: So lügt man mit Statistik; München 2005.

Krause, Stefan: Sadder but wiser. Zum Realismus der Selbsteinschätzung hinsichtlich der Belastungswahrnehmung und der motorischen Funktionswiederherstellung nach ZNS-Schädigungen in Abhängigkeit vom Grad der Depressivität (Dissertation); Göttingen 1997.

Liessman, Paul (Hg.): Der Wille zum Schein. Über Wahrheit und Lüge; Wien 2005.

Livingstone Smith, David: Why we lie; New York 2004.

Luhmann, Niklas: Vertrauen. Ein Mechanismus der Reduktion sozialer Komplexität; Stuttgart 1989.

Machiavelli, Niccolò: Il principe: Der Fürst; Frankfurt/ Main 1990.

Mankell, Henning: Die fünfte Frau; München 2000.

Mary, Michael: 5 Lügen, die Liebe betreffend; Hamburg 2004.

Mayer, Mathias (Hg.): Kulturen der Lüge; Köln 2003.

Milne, Rebecca / Bull, Ray: Psychologie der Vernehmung. Die Befragung von Tatverdächtigen, Zeugen und Opfern; Bern 2003.

Moers, Walter: Die 13 ½ Leben des Käpt'n Blaubär; Frankfurt/Main 1999.

Nawratil, Ute: Glaubwürdigkeit in der sozialen Kommunikation (digitale Ausgabe der Dissertation); München 2006.

Oheim, Gertrud: Die gute Ehe. Ein Ratgeber für Mann und Frau; Gütersloh 1959.

Page, Susan: Endlich verheiratet, warum bin ich nicht glücklich? Acht Wege zum dauerhaften Eheglück; München 1996.

Page, Susan: Jetzt mache ich uns glücklich. Liebevolle Lenkung in Partnerschaften; Frankfurt/Main 2000.

Pease, Allen / Pease, Barbara: Warum Männer lügen und Frauen immer Schuhe kaufen; München 2002.

Platon: Kratylos; in: Sämtliche Werke, Band 3: Kratylos, Parmenides, Theaiteos, Sophistes, Politikos, Philebos, Briefe; Hg.: U. Wolf; Reinbek bei Hamburg 2004.

Reinhard, Marc-André: Der Prozess der Glaubwürdigkeitsbeurteilung im Alltag: Zur Wirkung von Motivation und subjektiver Kompetenzerwartung (Dissertation); Gießen 2001.

Reinhard, Wolfgang: Unsere Lügengesellschaft. Warum wir nicht bei der Wahrheit bleiben; Hamburg 2006.

Rill, Hans-Georg: Forensische Psychophysiologie: Ein Beitrag zu den psychologischen und physiologischen Grundlagen neuerer Ansätze der „Lügendetektion" (Dissertation); Mainz 2001.

Schockendorf, Eberhard: Zur Lüge verdammt? Politik, Justiz, Kunst, Medien, Medizin, Wissenschaft und die Ethik der Wahrheit; Freiburg 2005.

Schopenhauer, Arthur: Preisschrift über die Grundlage der Moral; in: Werke, Band 3, Hg.: L. Lütkehaus; Zürich 1991.

Seligman, Martin: Pessimisten küsst man nicht. Optimismus kann man lernen; München 1991.

Stiegnitz, Peter: Die Lüge – Salz des Lebens; Wien-Klosterneuburg 1997.

Stiegnitz, Peter: Lügen lohnt sich. Lüge – Wahrheit – Wirklichkeit. Eine sozialanalytische Studie; Frankfurt/Main 1991.

Tolstoi, Lew N.: Sämtliche Erzählungen; Frankfurt/Main 2003.

Ude, Christian: Meine verfrühten Memoiren; München 2001.

von Senger, Harro: 36 Strategeme für Manager; München 2006.

von Senger, Harro: Die Kunst der List. Strategeme durchschauen und anwenden; München 2001.

Vrij, Aldert: Detecting Lies and Deceit. The Psychology of Lying and the Implications for Professional Practice; Chichester 2005.

Walters, Stan B.: The Truth about Lying. How to Spot a Lie and Protect Yourself from Deception; Naperville/Illinois 2000.

Wlodarek, Eva: Den richtigen Mann finden. Sechs Schritte zur passenden Partnerschaft; Frankfurt/Main 2006.

Bernhard Bueb
Lob der Disziplin

Eine Streitschrift

176 Seiten. Gebunden mit Schutzumschlag.
ISBN 978-3-471-79542-2

Der Bestseller, der Deutschland in Aufruhr versetzt

Dreißig Jahre lang hat Bernhard Bueb die Eliteschule Schloss Salem geleitet. Der renommierte Pädagoge gilt als einer der bekanntesten Kritiker des deutschen Erziehungswesens.
In *Lob der Disziplin* hat er seine provokanten Thesen erstmals zusammengestellt. Ein richtungweisendes und engagiertes Plädoyer für eine Erziehung zu mehr Selbstdisziplin und Verantwortung.

»Das Buch hat sein Ziel schon längst erreicht: Die Debatte um Erziehung in Deutschland ist angestoßen.«
Frankfurter Allgemeine Zeitung

List